Zeit und Bildung

Waxmann Verlag GmbH
Steinfurter Straße 555, 48159 Münster
info@waxmann.com

Sabine Schmidt-Lauff (Hrsg.)

Zeit und Bildung

Annäherungen an eine
zeittheoretische Grundlegung

Waxmann 2012
Münster / New York / München / Berlin

Bibliografische Informationen der Deutschen Nationalbibliothek
Die Deutsche Nationalbibliothek verzeichnet diese Publikation in
der Deutschen Nationalbibliografie; detaillierte bibliografische
Daten sind im Internet über http://dnb.d-nb.de abrufbar.

ISBN 978-3-8309-2660-3

© Waxmann Verlag GmbH, 2012
Postfach 8603, 48046 Münster

www.waxmann.com
info@waxmann.com

Umschlaggestaltung: Anne Breitenbach, Tübingen

Gedruckt auf alterungsbeständigem Papier,
säurefrei gemäß ISO 9706

Printed in Germany

Inhalt

Zeit und Bildung
Annäherungen an eine zeittheoretische Grundlegung

Anders als in anderen großen Disziplinen (Philosophie, Soziologie, Naturwissenschaften) hat die Frage nach der Bedeutung von Zeit in der Bildungswissenschaft bislang keine eigenständige Linie einer Temporaltheorie oder Zeitforschung hervorgebracht. Bildungswissenschaftliche Aspekte und Fragestellungen zu Bildung, Erziehung und Lernen sind als Zeitgestalten in der Pädagogik zumeist spezifisch, auf ein Zeitphänomen (z.B. Beschleunigung) oder eine Zeitmodalität (z.B. Zukunftsorientierung; Zeitstrukturierung) hin bearbeitet. Das führt dazu, dass Zeit bisher als Grundgestalt bzw. Grundbegriff der Pädagogik nicht übergreifend akzeptiert ist. Stattdessen wird sie meist implizit – aber zugleich ubiquitär – mitgeführt.

Wenn auch nicht für die gesamte Pädagogik global von einer Zeitvergessenheit gesprochen werden darf, so muss sich die Erziehungs- und Bildungswissenschaft diesem Vorwurf in systematischer Hinsicht, empirisch wie theoretisch, doch in besonderem Maße stellen. Umfassende Interpretationen zeitpädagogischer Fragestellungen über die Verhältnishaftigkeit von Zeit in der Pädagogik stehen noch aus. Allerdings existieren bislang einzelne Positionen, die meist teildisziplinär, erst in Ansätzen ineinandergreifend und sich auf unterschiedliche disziplinübergreifende Theorielinien beziehend, temporale Bezüge ausschnitthaft bearbeiten (zur differenzierten Übersicht siehe Beitrag: Schmidt-Lauff im vorliegenden Band).

Es geht mir mit dem vorliegenden Sammelband nicht (mehr) um eine grundsätzliche Verteidigung von Zeit als Grundbegriff oder besser Grundkategorie und -dimension von Bildung. Ob ein *grundsätzliches Verhältnis* (*Zeit als Grundbegriff*) von Zeit und Bildung, von Zeit in der Pädagogik besteht, sollte m. E. nicht länger als verzögernde Kernfrage behandelt werden. Dass Zeit als unhintergehbare Prämisse und Modalität von Bildung in pädagogische Prozesse, in Biographien, in (didaktisierte) Zeitstrukturen, im lebensbegleitenden Lernen, als Zeitfenster für Bildung in der Programmgestaltung, im subjektiven Zeiterleben u.v.m. wirksam wird, ist vielfach beschrieben. Nun gilt es die *spezifischen Dimensionen dieses Verhältnisses* bzw. die „grundbegrifflichdimen-sionalen Bezüge" (Tenorth, 2006, S. 58) des ‚Wie' systematisch zu klären, um zu einer Zeittheorie der Pädagogik zu gelangen. Darin sehe ich weder eine Utopie noch eine Idealisierung, sondern eine reflexive Selbstverständlichkeit für die Bil-

dungswissenschaft bzw. Pädagogik in der Moderne. Und es gehört selbstverständlich auch dazu, dass eine genuin pädagogische Zeitsemantik und temporale
Begrifflichkeiten Raum greifen, um nach und nach geklärt zu werden. Hierzu
bieten die Beiträge des vorliegenden Sammelbands vielfältige Annäherungen.
Zugleich können sie lediglich eine Auswahl und einzelne Schwerpunktsetzun-
gen vorstellen, weil (notwendigerweise) immer eine Selektion in der Vielfalt
temporaler Phänomene und ihrer Verhältnismäßigkeiten stattfindet.

Eine temporal- und zeittheoretische Grundlegung wird sich letztlich in einem
kontinuierlichen Bestreben um dauerhafte, konsistente (nicht endgültige) Klärungen ihrer Verhältnishaftigkeit bewegen müssen. Der temporalen Komplexität
in theoretischen Auseinandersetzungen wie auch empirischen Analysen um Bildung gerecht zu werden, scheint somit schwierig, wenn nicht sogar (paradox)
unmöglich. Dies ist ernüchternde Bilanz und zugleich Herausforderung aller
Forschung um Zeit. Da ihre Phänomene selbst zeitbezogene Erscheinungen
sind, erzeugt man in Betrachtungen zwangsläufig eine dynamische Unendlichkeit. Entsprechend stellt die Suche nach einer angemessenen Zeittheorie deshalb
keinen einfachen Vorgang dar, weil – temporaltheoretisch gesprochen – wir auf
die Historizität und Anthropogenität unseres Zeitverstehens zurückgeworfen
sind: sozial-gesellschaftlich, wie individuell-subjektiv, phänomenologisch, wie
thematisch-inhaltlich, theoretisch und konzeptionell. Damit gelangt die Vorstellung und Hoffnung auf *eine* Zeittheorie der Bildungswissenschaften an eine
Aporie, die sie selbst nicht auflösen kann. Um dies nicht als Endpunkt einer
(noch nicht einmal wirklich begonnenen, umfassenden) theoretischen Auseinandersetzung zu verstehen, möchte ich eine kontrastive Auslegung versuchen:
Beinahe alle bildungswissenschaftlichen Arbeiten und Theoriestränge laden an
irgendeiner Stelle zu zeitbezogenen Ausdeutungen ein. Öffnet man sich diesen
Phänomenen und führt man eine temporale Perspektive bewusst, d.h. grund-
begrifflich und nicht lediglich transformiert oder zufällig mitbehandelt aus, gewinnt man ein Mehr an Eindrücken und Verstehen, neue Auslegungen und weiterführende Erkenntnisse. Das zeigen auch die im vorliegenden Band versam-
melten Beiträge zu temporalen Grundbezügen von Bildung und semantischen
Ausdeutungen für die Pädagogik, zu Zeitgestalten in Erfahrungen, in Emergen-
zen aus Kontinuität und Kontingenz, Zeitdimensionen von Bildung und Lernen
zwischen Vergangenheit, Gegenwart und Zukunft, sowie in Lehr-Lern-Prozessen mit ihren differenten Zeitlogiken.

Dabei wird eine *Zeittheorie der Pädagogik* möglicherweise immer Annäherung bleiben, d.h. eine kontinuierlich und teildisziplinär sich wiederholt erwei-
ternde, je neu ausdeutungswürdige Auseinandersetzung darstellen. Und es sind
nach (grundlagen)theoretischen Positionierungen zu Zeit und Bildung immer
auch reflektierende Weiterarbeiten bzw. empirische Forschungen in den Blick

zu nehmen. In diesem Prozess ist angelegt, dass unter den sich zwangsläufig verändernden epistemischen Perspektiven einer Verzeitlichung, die Wissenschaft der Pädagogik ihrer Historizität und damit Zeitlichkeit gestaltend (zugleich) nachfolgt. So greifen auch die Beiträge in diesem Band aktuelle Zeitgestalten der Gegenwart auf und nehmen generelle gesellschaftliche Zeittendenzen diagnostisch mit in den Blick (Beschleunigung, Transformation). Annäherungen über unterschiedliche temporaltheoretische Stränge von Zeit und Bildung sind geschaffen.

Allen Beiträgen gelingt es genuin bildungswissenschaftliche Fragestellungen zu verfolgen – unter je unterschiedlichen temporalen Fokussen, aber doch so, dass deutlich wird, wie und an welchen Stellen Zeit untrennbar mit der Pädagogik verbunden ist. Am Ende der Lektüre des vorliegenden Bandes steht die Gewissheit, dass Zeit konstitutiv für Bildung ist und somit als Grundgestalt der Pädagogik zählt.

Es soll dazu eingeladen werden, die Beiträge im Gesamten oder einzeln auf sich wirken zu lassen und nicht – wie üblich – über kurze Zusammenfassungen meinen Eindruck vorweg zunehmen. Den herausgearbeiteten Positionen ist damit die Möglichkeit gegeben, für sich selbst zu sprechen und – zeittheoretisch gesehen – die Verzeitlichung der Zeit als eine sich entwickelnde, langsam reifende Zeitbewusstheit in der Rezeption und Auseinandersetzung mit den Überlegungen der Autorinnen und Autoren bzw. ihren Argumentationen ‚gegenwärtig‘ werden zu lassen.

Hohen Neuendorf, Januar 2012

Sabine Schmidt-Lauff

Sabine Schmidt-Lauff

Grundüberlegungen zu Zeit und Bildung

Das Verhältnis von Zeit und Bildung ist ein spannungsreiches, reziprok konstitutives Aufeinander-Bezogen-Sein. Bildung ist Ereignis in der Zeit und zugleich charaktergebende Konstrukteurin bzw. Gestalterin von Zeit. Zeit ist also nicht nur bedingender Faktor für Bildungsprozesse, sondern wir verhalten uns im Lernen und durch Erziehung zu ihr in besonderer Art und Weise (de Haan, 1996; Dolch, 1964; Dörpinghaus, 2005; Oelkers, 2001; Pfeiffer, 2007; Schäffter, 1993; Schmidt-Lauff, 2008a; Göhlich & Zirfas, 2007). Neben der individuellen Inanspruchnahme von Lernzeiten und dem Einlösen von Zeit für Bildung, spiegelt sich in der Offenheit und Unterstützung einer Gesellschaft für (lebensbegleitende) Prozesse des Lernens eine spezifische Bildungskultur.

Diese Annahmen sind leitend für die folgenden grundlegend gedachten Auseinandersetzungen um das *Verhältnis von Zeit und Bildung*. Dabei geht es mir um Zeitmodalitäten, um die Aufschlüsselung verschiedener temporaler Phänomene von Zeit in der Pädagogik und ihre Interpretation und Funktion für Bildung und Lernen. Zugleich rücken dadurch generelle zeitliche Seinsbedingungen der Moderne (zeitdiagnostisch) ebenso in den Blick, wie ihre temporalen Gestaltungs- und Wirkrichtungen auf den verschiedenen Struktur- und Handlungsebenen der Pädagogik (s. Kapitel 1.4). Das Ergebnis sind zeittheoretische Implikationen (s. Kapitel 2.), die als verdichtete Temporale Grundbezüge (s. Kapitel 2.1–2.10) eine vorsichtige Annäherung an eine Temporaltheorie der Pädagogik versuchen.

Von einem grundsätzlichen Verhältnis zwischen Zeit und Bildung gehe ich aus. Dessen Qualitäten als spezifische Verhältnismäßigkeiten werden als spannungsreich, widersprüchlich, komplementär, konstitutiv, anreichernd, konfligierend und vieles mehr bezeichnet. Temporale Aspekte und zeitliche Wirkungen in der Pädagogik sind akzeptiert und gegenwärtig – aber nicht ausdifferenziert. Im Anliegen einer Klärung und Beschreibung der grundbegrifflich-dimensionalen Bezüge (Tenorth, 2006, S. 58) gilt es die bisherigen Positionen zu Zeitverhältnissen innerhalb der Pädagogik zwischen *reiner Akzidentialität* (Brinkmann, 2000; Lüders, 1995; Nahrstedt u.a., 1997)*, spezifischen Bedeutsamkeiten* (Benner, 2005; Dörpinghaus, 2003 und 2005; Göhlich & Zirfas, 2007; Meyer-Drawe, 2005; Oelkers, 2001) und *substanzieller Grundsätzlichkeit* (Berdelmann, 2010; de Haan, 1996; Geißler, 1985; Pfeiffer, 2007; Schmidt-Lauff, 2008a) weiter aufzuspannen (s. Kapitel 1). Eine temporal- und zeittheoretische Grundlegung für die Pädagogik bewegt sich in einem kontinuierlichen Bestre-

ben um dauerhafte, konsistente (nicht endgültige) Klärungen ihrer Verhältnismäßigkeiten für Bildung und Lernen.

Der *Bildung*sbegriff ist unauflöslich mit dem Begriff der Zeit verbunden
(vgl. Beiträge im vorliegenden Band). Er fasst das Verhältnis Mensch bzw. Ich
und Welt als verknüpfende Aneignung im zeitlichen Zueinander. Die subjektive
Aneignung von Welt ist immer uno actu (zeitgleich) ein Prozess der Selbstbil-
dung, Identitätsentwicklung, Mitbestimmung und Solidarität (Klafki, 1985) –
letztlich des Menschseins (vgl. Zirfas, 2011). Bildung ist aber auch ein theoretischer, praktischer und ästhetischer Prozess, der sich in den Dimensionen formal,
material und kategorial zeitlich vorwärtsgerichtet entfaltet oder entfaltet wird
(z.B. durch Erziehung). Da sich im Bildungsbegriff als *dem* Grundbegriff der
deutschen Pädagogik das jeweilige Selbst- und Weltverständnis des Menschen
widerspiegelt, „kann er nicht zeitlos definiert" werden (Böhm, 1994, S. 99).

Lernen ist ein Handeln in der Zeit, sei es in der jeweiligen gesellschaftlichen
Zeitsozietät (Wissensgesellschaft), sei es in mehr oder weniger didaktisierten
Zeitverläufen oder in der individuellen Zeit (lebensbegleitend). Es geht um Lernen als spezifische Zeit(verwendungsform) neben anderen Tätigkeiten – didak-
tisiert, offen, informell, selbstgesteuert. Bildungstheoretisch ist Lernen nicht nur
ein Handeln in der Zeit, sondern zugleich ein (Er)Schaffen und (Er)Leben von
Zeiten und von Zeitlichkeit (Benner, 2005; Meyer-Drawe, 2003; Oelkers, 2001).
Im Lernen rücken individuelle Entwicklungen über die Auslegung und Erfahrung von Welt und deren Gestaltung zusammen. Die Programmatik lebenslangen bzw. lebensbegleitenden Lernens fordert eine Auseinandersetzung um die
Balance zwischen Eigenrecht auf eine selbstgestaltete Zukunft, Erfahrungen
über die (gegenwärtige) Welt und (gesellschaftliche) Ansprüche an Weiterentwicklung. Lernen stellt dabei nur eine mögliche oder „besondere" Handlungsop-
tion dar (Faulstich, 2006, S. 17).

Für Bildung und Lernen unhintergehbar bestehen verschiedene *Temporale
Grundbezüge* und *Selbstverhältnisse zu Zeit* (s. Kapitel 2.), die interdisziplinär
angereichert, zeitdiagnostisch fundiert und empirisch analysiert sind (vgl.
Schmidt-Lauff, 2008a und 2010b). *Temporale Grundbezüge* stellen instrumentelle und interpretative Zugriffe auf Zeit dar und schaffen eine zunächst kategoriale Klärung genereller Eigenheiten von Zeit in pädagogischen Bezügen. Durch
sie wird das reziproke Verhältnis der Eigenheiten von Zeit als Ergebnis und
Ausdruck unseres kollektiven Zeitverständnisses und Auslegens von Zeit abge-
bildet (s. Kapitel 2). *Selbstverhältnisse zu Zeit* gelten als subjektive Bewertungen aus den Erfahrungen dieser Zugriffe bzw. als Interpretationen im Erleben
der Temporalen Grundbezüge. Sie verweisen auf inkorporierte Eigenheiten oder
Eigenlogiken von Zeit (z.B. erleben Individuen nicht nur ihr Tun bzw. Lernen
unter Flexibilitätszwängen, sondern auch ihr Sein; vgl. Rosa, 2005) und sind

dabei in ihrer Widersprüchlichkeit und Komplexität zwar erfahrbar, aber schwer fassbar oder verbalisierbar. Beide Theoreme bilden eine zunächst phänomenologische und hermeneutische Ordnung für Grundüberlegungen zu Zeit und Bildung auf dem Weg zu einer Zeittheorie der Pädagogik.

1   Zeitmodalitäten

Zeitmodalitäten bilden die Art und Weise zeitlicher Existenzen in (u.a. pädagogischen) Bezügen und die Interpretation dieser im Denken über sie ab. Zeitmodalitäten bewegen sich zwischen formal phänomenologischen Zustandsbeschreibungen, die Zeit zunächst *instrumentell* fassen, und ihren *interpretativen Erfahrungen und Auslegungen* als Temporalitäten. Zeit besteht in ihnen als Konstruktion und Interpretation in einem Wechselverhältnis sozialer wie individueller Entitäten. Die Individuen mit ihren Eigenzeiten (Nowotny, 1995; Schäffter, 1993) sind nicht unabhängig von den sie umgebenden Auslegungsgrößen der Sozial- oder Weltzeit (Dux, 1998; Elias, 1988) – zugleich konstituieren sie diese mit. Wenn jegliches menschliche Handeln „transformatorischen Charakter" (Giddens, 1997, S. 169) besitzt, besteht eine Emergenz von Handlung und Struktur. Zeit ist ein schönes Beispiel zur Überwindung des Dualismus von Struktur und Handlung nach Giddens' Strukturationstheorie (Giddens, 1996 und 1997).

Ein solches Verständnis über Zeit passt besser in pädagogische Bezüge, als die ontische Annahme, der zufolge das Da-Sein selbst die Zeit ist (Heidegger, 2001). Obwohl Heideggers Vorstellung eines Daseins, wonach „das Seiende, das wir jeder selbst sind, das jeder in der Grundaussage trifft: Ich bin" (Heidegger, 1995, S. 11) einem pädagogischen Bild von Subjektivität wiederum nahe liegt.[1] Das ‚Da' bei Heidegger ist das Sein in einer bestimmten Qualität des gegenübertretenden Erkennens oder Vergegenwärtigens im Sinne eines „Dasein auf dem Grunde des Verstehens" (Heidegger, 2001, S. 336). Zeit als konstruktive Größe, d.h. als Gestaltete wie auch Gestaltende, zu denken, ist für die folgenden pädagogischen Auslegungen leitend.

---

1   Kritik einer solchen Zeitbewertung und die Betonung individueller, subjektiver Zeiterfahrungen als „Depotenzierung der Subjektivität" findet sich bei Lüders (Lüders, 1995, S. 162).

1.1 Zeit (generell und disziplinär)

Zeit als Konstrukt wird als etwas veränderliches, historisch wie soziokulturell Bedingtes und keine Gegebenheit a priori verstanden (Elias, 1988). Gleichzeitig entfalten unsere Auseinandersetzungen, um ein Verstehen von Zeit zwischen Erfassen und Messen sowie zwischen Strukturieren und Erleben, eine antagonistische Vielfalt an Denkmotiven. Kennzeichen unserer Moderne ist die insgesamt erhöhte Zeitsensibilität in einer Art „Spiel zwischen Zeit-Realitäten und Zeitbewusstsein" (Wendorff, 1980, S. 456). Der Begriff der Zeit ist insgesamt besonders stark durch seinen alltagssprachlich gebundenen Duktus als gesellschaftlich-historische, systembezogene Größe verortet (Dux, 1998; Wendorff, 1989). Zeit ruft vielfältigste, zum Teil sehr widersprüchliche, Assoziationen hervor (zu wenig, vergehend, kommend, müßig, hektisch, angenehm, zu lang usw.). Darin schwingen Selbstverhältnisse von Zeit mit (s.o.), die als inkorporierte (vermeintlich objektive) Eigenheiten oder Eigenlogiken von Zeit bestehen. Unsere einseitige bzw. gleichbleibende begriffliche Form von ‚Zeit' entfaltet langfristige Wirkung und impliziert einen statischen oder objektiven Zustand. Elias hat die Verwendung einer verbalen Form des Zeitbegriffs im Tätigkeitswort „zeiten" angeregt (Elias, 1988, S. 8f.), um Vorgänge oder das Zeit-Gebrauchen deutlich zu machen (‚timing'). Die Wirkung sprachlicher Unschärfe in unserem Zeitvokabular hat bereits dazu geführt, so Elias, dass wir im Allgemeinen meinen von einem objektiven Tatbestand ‚Zeit' auszugehen (Elias, 1988).

Von alters her wurde Zeit mit Veränderlichkeiten, mit Bewegung, Vergänglichem und Prozesshaftigkeit in Verbindung gebracht. Das Unveränderliche, das Immerwährende oder Unvergängliche hingegen ist in der *Ewigkeit* als Zeitenthobenheit oder gar *Zeitlosigkeit* angenommen (vgl. Hügli & Lübcke, 2005, S. 692). Unmöglich sei das grundsätzliche Wesen von Zeit zu fassen. Die Frage nach *der* Zeit oder nach dem, *was Zeit ist*, könne uns aufgrund ihrer „inneren Ambivalenz" (Zimmerli & Sandbothe 1993, S. 11) oder eher: ihrer inneren Vielheit, zu keiner generellen Antwort führen. Auseinandersetzungen im Wunsch Zeit zu verstehen, bewegen sich zwischen *Zeitphänomenen* (z.B. subjektiv-objektiv; Kontinuum/Kontingenz), *Zeitmodellen* (linear, zyklisch, Kreislauf, Fluss) oder auch *Zeitverhältnissen* (Vergangenheit-Gegenwart-Zukunft; Erinnerung/Erwartung) und *Zeiterfahrungen* (Modalzeit/Datenzeit; Zeitqualitäten). Die ‚ewige' Fraglichkeit aber bleibt: Kann Zeit eine objektive Realität zugesprochen werden, und, ist ein ontologischer Status als Konsequenz denkbar?

Wirft man einen Blick in verschiedene disziplinäre Auslegungen,[2] finden sich teilweise Versuche ihrer Wesensbestimmung. Die *Naturwissenschaften* z.B. arbeiten mit einem *Maßstab von Zeit als Grundkonstante* zur Bestimmung von Bewegungen bzw. Veränderungen (*t* (Zeit) = *w* (Arbeit) / *p* (Leistung)). Zeit ist hier ein neutraler Parameter in einem mathematisch-mechanischem System.[3] Abweichungen aufgrund von zeitlicher Eigendynamik oder (noch) unerklärlichen Phänomenen werden zunächst ausgeblendet: „Die rekonstruierten drei Idealisierungsschritte – die Reduktion von Veränderungen auf Ortsbewegungen, die Bestimmung der Ortsbewegungen als mathematisierbarer Zustand nach dem Beharrungsgesetz und die präzise mathematische Berechnung dieser Bewegung mit den Mitteln der Infinitesimalrechnung – konstituieren das mechanische Basisparadigma der klassischen Physik" (Sandbothe, 1998, S. 15). Daraus folgt, so die philosophische Kritik, aber letztlich die „‚Elimination' von Zeit" (Sandbothe, 1998, S. 15).

Mit ihrer ‚intermediären Position', die verschiedene Zeitphänomene miteinander in Verbindung setzt, betont die *Zeitsoziologie* anthropogene, kulturelle und geschichtliche Verhältnismäßigkeiten in der individuellen wie gesellschaftlichen Orientierung mit oder durch Zeit (vgl. zur Übersicht: Wendorff, 1980). Es werden (inter- wie auch trans-)kulturelle Veränderungen von Zeitphä-nomen und des jeweiligen Zeitbewusstseins analysiert und in ihrer komplexen Bezüglichkeit interpretiert. Dabei stellen Epochen, Gesellschaften und das Subjekt die jeweiligen Fluchtpunkte der Betrachtungen zwischen dem gemeinschaftlichen und individuellen Zeiterleben dar. Darin gehen kulturanthropologische und kulturtheoretische Diskurse ein, in denen „das Subjekt […] mehr als die selbstgewisse und autonom handelnde Identität des menschlichen Individuums [...], etwas grundsätzlich kulturell Geformtes" ist, „nämlich ein Phänomen, das sich erst auf der Grundlage bestimmter Codes und Praktiken herausbildet und dann wiederum auf diese zurückwirkt" (Reckwitz, 2008, S. 126). In der Zeitsoziologie finden sich praxis- wie kulturtheoretische Perspektiven, die Zeit als etwas Kontingentes, kulturell Determiniertes und zudem historisch Variables anneh-

---

2 Viele Auseinandersetzungen zeittheoretischer Stränge aus unterschiedlichen Wissenschaftsdisziplinen sind hier gar nicht erwähnt: Chronobiologie; Zeitökonomie; Zeitpolitik. Sie alle haben sich oft gegenseitig befruchtet, wobei es innerhalb der beinahe unendlichen Fülle kleiner Arbeiten auch große Leitlinien gibt (Aristoteles, Augustinus von Hippo, Husserl, Heidegger, Elias), die zeittheoretische Stränge auch quer zueinander verbinden.

3 Einsteins spezielle Relativitätstheorie (1905) und später auch allgemeine Relativitätstheorie (1915) löst Newtons Mechanik als „Sonderfall" ab (Hauger, 1997, S. 35). Nach Albert Einstein gibt es jedoch auch in der Physik „keinen absoluten Zeitmaßstab, jede Zeitmessung verlangt die Angabe eines Bezugssystems und ist nur in diesem gültig. [...] kein Bezugssystem kann für sich Absolutheit beanspruchen" (Hauger, 1997, S. 35).

men. Strukturmerkmale sind Offenheit und Veränderbarkeit, verknüpft mit der Kontextualität; dieses Arrangement führt zur Zeitlichkeit aller Vollzüge von Praxis (vgl. Reckwitz, 2008).

Für die *Erziehungs- bzw. Bildungswissenschaft* ist festzustellen, dass es bislang zu Zeit keine eigenständige Wissenschaftsrichtung gibt, die als *Zeitpädagogik* bezeichnet werden könnte – es besteht ein Desiderat an großen zeittheoretischen Richtungen innerhalb der Pädagogik. Allerdings sind vereinzelt temporale Phänomene, zeitliche Modalitäten und Problematiken von Bildung oder spezifische Zeitaspekte von Erziehung und Lernen ausgedeutet. Ein großer Teilbereich der öffentlichen Wahrnehmung von Zeit und Bildung, wird über die empirische Bildungsforschung transportiert. In diesen empirisch-analytischen Zeitzugängen taucht Zeit als quantitativer Maßstab zur Erfassung von Bildungsteilhabe auf (OECD[4], 2011; von Rosenbladt & Bilger, 2010). Zwar lässt sich von einer generellen Zeitvergessenheit innerhalb der Bildungswissenschaften längst nicht mehr sprechen – eine umfassende zeittheoretische Grundlegung steht jedoch noch aus. Die Integration einzelner temporaler Bezüge findet sich bislang vor allem in (teilweise lediglich ausschnitthaften) Betrachtungen der Allgemeinen Pädagogik (Benner, 2005; Berdelmann, 2010; de Haan, 1996; Dolch, 1964; Geißler, 1985; Göhlich & Zirfas, 2007; Lüders, 1995; Meyer-Drawe, 2005; Mollenhauer, 1981; Neumann, 1993; Oelkers, 2001; Pfeiffer, 2007; Tenorth, 2006 u.a.). Es lassen sich grob drei *Positionen* ausmachen:

a.) Im Rahmen pragmatisch organisierender Fragestellungen wird *Zeit als höchstens akzidentiell bedeutsam* für die Pädagogik festgelegt (Lüders, 1995). Es geht meist um die Strukturierung und Organisation von Lernverläufen und Inhalten, um die Entwicklung von (schulischen) Curricula oder um die Planung von Zeitfenstern für Bildungsangebote in Institutionen (Nahrstedt u.a., 1998).

b.) *Zeit* wird *als spezifisch bedeutsam für pädagogische Prozesse* verstanden. So betont z.B. Dörpinghaus (2003, 2008) die entschleunigende Zielsetzung für pädagogische Prozesse, durch eine spezifische Didaktisierung eines offenen Raums für Irritationen und Fragen. Benner (2005) hingegen betont das zeitliche ‚Dazwischen‘ im Lernen in einer „Gleichzeitigkeit von Wissen und Nicht-Wissen, von Können und Nicht-Können", so dass Lernen einer perpetuierenden Bewegung und einer „fortschreitenden Bewegung" gleicht – nicht einem „Nachfolgeverhältnis von ‚schon‘ und ‚noch nicht‘" (Benner, 2005, S. 8). Meyer-Drawe benennt darin die Schwere und Anstrengung in Bil-

---

4 Die OECD nimmt als Indikator der Bildungsteilhabe Erwachsener „die während des Erwerbslebens zu erwartende Anzahl an Teilnahmestunden" (OECD, 2011, S. 449ff.) an.

dungsprozessen, die u.a. im Aushalten dieser Zwischenräume als „Leiden unter unserem Nichtwissen" (Meyer-Drawe, 2005, S. 30) entsteht und aus ihrer Sicht zugleich die Beschwörung und Zukunftsemphase oder Verheißung unserer Gesellschaft als Wissensgesellschaft relativiert.

c.) Als dritte Position findet sich *Zeit als substanziell und grundsätzlich bedeutsam.* De Haan z.B. versteht „Identitäten zunehmend zeitanfällig", weil durch die Überbetonung der Individualisierung und Beschleunigung schützende Lernräume und Bildungszeiten trotz „Generationenverantwortung" verdrängt werden (de Haan, 1996, S. 103). Geißler (1985) hingegen fragt in seinen Zeitbeobachtungen nach der Eigenzeit von Entwicklung oder nach der (A)Synchronität von Lehren und Lernen. In der Operativen Pädagogik (Prange, 2005) wird Zeit als grundlegend strukturierendes Prinzip für die Verbindung von Lehren und Lernen zwischen den differenten Zeitlogiken der Modal- und Datenzeit rekonstruiert (vgl. Berdelmann, 2010).

Wo aber eine umfassende pädagogische Reflexion zum Thema Zeit fehlt, wo kaum Bezüge zueinander hergestellt werden und nur wenige Ansätze miteinander verknüpft oder auch kontrastierend weitergeführt werden, provoziert das Folgen. Zeit fließt stetig aber implizit in pädagogische Betrachtungen theoretischer wie empirischer Art mit ein. Dies macht den Weg frei für jeweils beliebig utilitaristische Bezugnahmen, funktionale Reduktionen und einseitige Zugriffe (z.B. als Ressource lebenslangen Lernens (Expertenkommission Lebenslanges Lernen, 2004) oder als schein-objektive Maßeinheit von Bildungsteilhabe (AES, 2011; OECD, 2011); vgl. Schmidt-Lauff 2008b). Ein merkwürdiger Konsens über das generelle Vorhandensein temporaler Aspekte in pädagogischen Bezügen verhindert dann ein systematisches Hinterfragen, Sich-Aufeinander-Beziehen und Aneinander-Weiterdenken. Dies gilt derzeit in der Pädagogik insbesondere für ein *empirisches* Aufarbeiten phänomenologischer, ethischer, curricularer, biografischer u.a. Zeitverhältnisse.

1.2 Verzeitlichung und Zeitlichkeit

Mit dem Ziel einer Annäherung an eine Zeittheorie der Pädagogik bzw. eine ‚Zeitpädagogik' und vorliegenden theoretischen Grundüberlegungen geht es generell um eine (neue) Zeitbewusstheit der Pädagogik. *Zeitbewusstheit* entsteht durch das kontextuale Bewusstwerden von Zeit, d.h. in der *Verzeitlichung* von Strukturen und darin enthaltenen temporalen Entwürfen (*Zeitlichkeiten*).

Die in der Verzeitlichung als a.) reflexivem Prozess der Bewusstwerdung zeitlicher Strukturen, wie auch b.) darin enthaltene Re-Konstruktion von Zeit stellt ein In-Beziehung-Setzen von Handlung und Struktur dar. Dies schafft, wie oben schon angedeutet, eine Nähe zur Zeitkontextualisierung in Giddens' Ansatz, weil es um den „Unterschied von kulturell variierenden Zeitschematisierungen" ebenso geht, wie um die Kontrastierung und die Beziehung dieser zum individuellen Zeitleben (Giddens, 1997, S. 20).

Folge der Verzeitlichung ist Zeitlichkeit als ein menschliches ‚In-der-Zeit-Sein': „aus der Verwurzelung des Da-seins in der Zeitlichkeit wird die existenziale *Möglichkeit* des Phänomens einsichtig, das wir zu Beginn der Daseinsanalytik als Grundverfassung kenntlich machten: des *In-der-Welt-Seins*" (kursiv i.O. Heidegger[5], 2001, S. 351). Bereits bei Emanuel Kant[6] gilt Zeit als Phänomen, das das Problem des menschlichen Zur-Welt-Seins markiert (vgl. Lüders, 1995; Dörpinghaus, 2008): „Die Zeit ist eine notwendige Vorstellung, die allen Anschauungen zum Grunde liegt" (Kant KrV B 52, zitiert in: Lüders, 1995, S. 24).

Dabei stehen weltliche, soziale und individuelle Eigenzeiten teilweise konfligierend und widersprüchlich zueinander. Dux spricht von der „kategorialen Zeit" (Dux, 1998), die als eine vielfältige soziale Zeit durch Interaktion von Eigenzeiten, also durch kulturelle Praxen, erst entwickelt werden muss (vgl. Dux, 1998). Sie schließt als Dimension alle Lebensbereiche, Arbeit, Lernen, Beruf und Haushalt, Freizeit sowie Familienleben ein.

Jedes Dasein steht für Zeitlichkeit; jedes Verhältnis im Dasein (Zur-Welt-Sein oder In-der-Welt-Sein) stellt eine Verzeitlichung des Seins dar. Verzeitlichung ist eine besondere Form der „sinnlichen Gewissheit" (Meyer-Drawe, 2005) des In-der-Welt-Seins. Verzeitlichung als externale *Zeitzuschreibungen* kann dabei auch als Diskriminierung vermittelt sein (z.B. „die Langsamen sind die sozial Zurückgelassenen"; Nowotny, 1995, S. 34). Elias weist auf den ‚Symbolcharakter' von Zeit hin (1988). Zeitlichkeiten können sich innerhalb sozialer, gesellschaftlicher und ökonomischer Räume als in besonderer Weise segregierend oder verbindend erweisen.

---

5   Joas stellt in seiner Einführung zu Giddens Theorie der Strukturierung die Behauptung auf, dass den „Wendepunkt in seiner Entdeckung der Zeitlichkeit" (Joas, 1997, S. 17) die Rezeption Martin Heideggers darstelle. Dessen philosophische Zeittheorie ebne den Weg für Giddens ‚Zeitgeographie' in der Rekonstruktion je individueller Zeitlichkeiten, einer radikalen Geschichtsauffassung, naturwissenschaftlicher Schematisierungen der Zeit und ontologisch als wesentliche Bestimmung des Seins.

6   Nach Kant besteht Zeit als ‚objektive', d.h. per se allen Erscheinungen zugrunde liegende Größe. Kants Lehre von der „transzendentalen Idealität der Zeit" (Kant KrV B 52, zitiert in: Lüders, 1995, S. 23) gründet sich auf die Differenz von Dingen und deren Erscheinung. Dabei ist die Zeit kein ‚empirischer Begriff'. Zeit wird aber zu einer „notwendigen Bedingung der Möglichkeit der Erfahrung überhaupt" (Lüders, 1995, S. 24), woraus sich ihre ‚objektive' Gültigkeit begründet.

1.3 Temporalität

Die Kategorie der Temporalität umfasst mehr als einzelne zeitliche Merkmale unseres Denkens und Handelns in der Moderne. Temporalität umfängt sämtliche *zeitbezogenen Phänomene* wie auch ihre *interpretativen Ausdeutungen*. Sie dient nicht allein als Analyseraster, das lediglich zeitdiagnostische Auskunft gibt. Vielmehr bietet sie für die Rekonstruktion des Bildungs- und Lernbegriffs den Ausgangspunkt für eine neuartige Funktionsbestimmung der Verständigung in der Pädagogik über Bildung, Lernen, Erziehung in Gesellschaften, die durch Wandel und Transformation, Wissen und Nicht-Wissen gekennzeichnet sind (Schäffter & Schmidt-Lauff, 2010, S. 337).

Temporalität kann als übergeordnete Begrifflichkeit gelten, die ein Verstehen von Zeit als Ausdruck der Verzeitlichung, als Zeitbewusstheit von Zeitlichkeiten, zwischen zeitlichen Modalitäten, in Grundbezügen wie zeitlichen Selbstverhältnissen begleitet. Temporalitäten unterliegen im Gegensatz zum Zeitbegriff weniger stark epochalen Wesensausdeutungen oder individuellen Assoziationen. Sie drücken semantisch die Beziehung eines Sachverhalts zur Zeit aus: „Temporalität als semantische Kategorie zur Kommunikation über zeitmetrische und zeittopologische Eigenschaften von Ereignissen sowie über deren quantitativen und qualitativen Charakter in Verbindung mit der ihnen zugeordneten Zeitlichkeit" und Verzeitlichung (Jachnow, 1995, S. 114). Temporalität, so Tenorth, ist die „zur Kategorie geronnene Zeit" (Tenorth, 2006, S. 60).

Wenn es um die Vielfalt temporaler Phänomene und Kategorien im Zusammenhang mit Bildung und Lernen geht, soll abschließend noch darauf hingewiesen werden, dass es m.E. nicht ausreicht den häufig zu findenden Dichotomiekonstruktionen zu folgen. Temporalitäten[7] entfalten sich nicht polar, sondern emergent (vgl. auch Pfeiffer im vorliegenden Band) zwischen natürlicher und anthropogener, zwischen subjektiver (Eigen)Zeit und sozialer (Welt)Zeit, zwischen Datenzeit und Modalzeit. Sie bilden Spannungsverhältnisse aus, die zunächst als unauflösbare Dichotomien erscheinen – ihre emergente Behandlung, das Betrachten oszillierender Phänomene von Zeit aber ist wichtig. Mit anderen Worten: Zeit stellt in der Pädagogik sowohl eine strukturgebend-pragmatische Ordnungsgröße dar (instrumentell), die sich auch in zeitpolitischen Rahmungen wie dem Konzept des Lebenslangen Lernens ausdrückt (s.u.). Gleichzeitig sind ihre Erscheinungsformen bzw. ihre Wirkkomplexität allein aus interpretativsubjektiver Perspektive zu verstehen (Zeiterleben; emotionale Bezüglichkeiten im Lernprozess etc.). Sozial geschaffene zeitliche Strukturen treffen auf subjek-

---

7   Im Gegensatz zu Tenorth (2006) gehe ich von einer Vielzahl an Kategorien von Zeit aus. Deshalb lässt ich auch von Temporalitäten sprechen.

tiv erlebte Zeitlichkeiten. Letztlich ist für das Durchdringen der Komplexität temporaler Aspekte in der Pädagogik eine parallelisierend konstitutive Sicht hilfreicher, als eine zergliedernde Zweiteilung (vgl. Schmidt-Lauff, 2011).

1.4 Temporale Struktur- und Handlungsebenen in der Pädagogik

In der Pädagogik sind die zuvor dargelegten bildungs- wie zeittheoretischen Vorüberlegungen für die Struktur- und Handlungsebenen zwischen makro, meso und mikro auszudeuten. Dies ist hier für einzelne temporale Aspekte der jeweiligen Ebene vorgenommen und auf jeden Fall erweiterungsfähig. Es geht im Folgenden um Zeitinstitution für Bildung und lebensbegleitendes Lernen auf der Makroebene, um Zeitstrukturen und lernzeitliche Realitäten auf der Mesoebene und um differente Zeitlogiken auf der Mikroebene pädagogischer Strukturen und Handelns.

1.4.1 Zeitinstitutionen der Moderne (Makroebene)

Auf der Makroebene geht es um *Strukturprinzipien der Zeitverwendung für Bildung und Lernen*, als politisch nicht nur proklamierte, sondern auch übergreifend getragene (temporale) Bildungskultur einer Gesellschaft. So stellt das lebenslange bzw. lebensbegleitende Lernen auf der Makroebene eine (auch temporalorientierte) Institution der Moderne dar (vgl. Schmidt-Lauff, 2008b). M.E. kann das lebenslange Lernen aufgrund mangelnder Rahmenbedingungen und öffentlicher Verantwortung (noch) nicht als Zeitinstitution der Pädagogik bezeichnet werden, sondern lediglich als *temporale Institution*, wenn man ‚Institution‘ als sozial normierte Verhaltensweise und Orientierungsgröße annimmt (vgl. Hasse & Krücken, 2005). Giddens spricht von *Institutionalisierten Aspekten sozialer Systeme*, die „Strukturmomente in dem Sinn [S-L: besitzen], dass Beziehungen über *Zeit* und Raum hinweg stabilisiert werden" (Giddens, 1997, S. 45). Der Begriff der *Zeitinstitution* ist ein zeitsoziologischer Grundbegriff (vgl. Garhammer, 1999), der gesellschaftliche Einbindungen und kollektive Normen, Absprachen, Rahmungen als „Gesellschaftscharakter" von Zeit kennzeichnet (Ferien, Feierabend, Feiertage u.a.). Derzeit bestehen keinesfalls für alle Lebensphasen entsprechend vorgehaltene Zeitinstitutionen für Bildung, wie sie z.B. durch die Schule für Kindheit und Jugend gegeben sind. Und nicht in allen Lebensphasen ist die Entwicklung von Bildung und Kompetenz „Hauptzweck" (Gieseke, 2008, S. 101).

Lebenslanges Lernen als Strukturprinzip macht es nicht nur erforderlich, Lernen innerhalb der komplexen Zeitstrukturen unserer Gesellschaft zu organisieren, sondern zugleich eine Klärung über das Verhältnis von Lernzeiten zu anderen Tätigkeitsbereichen gesellschaftlicher, ökonomischer, individueller etc. Zeitverwendung in verschiedenen Phasen des Lebens herbeizuführen. In Strategiepapieren zum lebenslangen Lernen ist unhintergehbar eine „Korrespondenz zwischen dokumentinterner Zeitperspektive und Entstehungszeitraum" nachzuvollziehen (Kraus, 2001, S. 115). Die zu Beginn als soziale Gerechtigkeit und Chancengleichheit getragenen Ideen haben,[8] in einer über 40 Jahre währenden Diskussion, eine zunehmend stärkere arbeitsmarktpolitische und beschäftigungsorientierte Ausrichtung erhalten.[9] Dabei ist lebenslanges Lernen als Temporalbegriff selbst „ein noch sehr unstrukturierter" (Nahrstedt u.a., 1998).

Schon in frühen Überlegungen über Lebenslauf und Lebenszyklus finden sich Vorstellungen über die andauernde Notwendigkeit einer *lernenden* Selbstveränderung (Seneca ca. 55 n. Chr.; vgl. dazu auch Casale, Jacobi, Oelkers & Tröhler, 2006). Danach gehen die wichtigsten Lernaufgaben im Laufe eines Lebens nie zu Ende. Nach Casale u.a. ist im historischen Material der in der Moderne erlebte Antagonismus zwischen Lernen und Bildung im Diskurs über ein ‚gelungenes' Leben noch aufgehoben (Casale et al., 2006, S. 131).

Die besondere Betonung des Konzepts Lebenslanges Lernen ist temporaltheoretisch für die Moderne noch einmal anders zu fassen: Wo unser Gegenwartserleben geprägt ist durch eine hohe Dynamik gesellschaftlicher, sozialer, wirtschaftlicher, ökologischer und individueller Veränderungen, spiegelt sich dies in der akzelerierten *Zeitorientierung* des Konzepts wider. Aktuell im Vordergrund stehen *zeitliche Ressourcen,* die unter neoliberalen Individualisierungstendenzen und ohne explizite Klärung von Zusammenhängen funktional als Rahmenbedingungen für Motivation und Stärkung zur „eigenverantwortlichen Gestaltung der Bildungs- und Lernbiographien" im Lebenslauf angenommen werden (vgl. EU Memorandum, 2000). Dies bezieht sich auch auf Instrumentarien und Gesetzgebungen (vgl. für die Erwachsenenbildung als Übersicht Schmidt-Lauff, 2008a). Im Jahr 2004 hat die Expertenkommission Finanzierung Lebenslangen Lernens temporale Ressourcen gleichauf gesetzt mit monetären Ressourcen und Zeit wird (neben Geld) zum relevanten Kriterium im „Verteilungs- und Umverteilungsspielraum" (Expertenkommission Finanzierung Lebenslangen Lernens, 2004, S. 13) und damit zu einem „zentralen Distributionsproblem" für Bildung (Faulstich, 2008, S. 34). Faulstich hat den Begriff der ‚lebensentfaltenden Bildung' geprägt, mit dem er die zwangsnahe Ausdeutung des

---

8   Vgl. ausführlich Kraus (2001) z.B. zu den Dokumenten ‚Permanent Education' des Europarat (1971) und ‚Recurrent Education. A Strategy for Lifelong Learning' der OECD (1973).

9   Vgl. ‚Lehren und Lernen. Auf dem Weg zur kognitiven Gesellschaft' EU, Weißbuch (1995) und ‚Deutsche Stellungnahme zum Memorandum der EU-Kommission über lebenslanges Lernen' herausgegeben vom bmbf, (Juli 2001).

Lebenslangen Lernens kritisiert. In die Modernisierungsdiskussionen über Individualisierung, Transformation und aktive Gestaltung bringt er so ein erweitertes Optionsspektrum individueller Präferenzen und Chancen ein. Statt einer Ausdehnung des Lernens über die gesamte Lebensspanne und Deinstitutionalisierung der Lernräume sind formale Chancen bzw. Rahmenbedingungen für eine mündige Infragestellung des Konzepts und der Lernoffensiven durch die Subjekte erforderlich. Inwieweit können die Lernenden ihr Lernen und die Thematiken des Lernens für sich selbst mit Bedeutsamkeit versehen? „Dabei geht es nicht um die Banalität, dass der Mensch lernt, solange er lebt, sondern um ein Strukturprinzip der Organisation des Lernens in den Zeitstrukturen der Gesellschaft, der Aneignung und Vermittlung intentionaler Lernprozesse, verteilt über die Lebensspanne" (Faulstich, 2008, S. 32).

Die Karriere des Konzeptes Lebenslanges Lernen ist Resultat, Ausdruck oder Reaktion auf die Erosion temporaler Strukturen und die allgegenwärtige transformative Dynamik (s.u. 2.2). Was mit dem Konzept des Lebenslangen Lernens inhaltlich verbunden wird, ist kontinuierlich im Wandel und differiert in hohem Maße, so dass lebensbegleitendes Lernen „insofern auch theoretisch gewissermaßen (noch) ein unabgeschlossenes Projekt" ist (Hof, 2009, S. 162).

1.4.2 Instrumentelle und interpretative Zeitstrukturen (Mesoebene)

Auf der *Mesoebene* wirkt Zeit im Wechselspiel als sowohl strukturierende, *instrumentelle* Größe wie auch als reflexiv-*interpretative* Komponente innerhalb pädagogischer Zusammenhänge (z.B. bei der Schaffung von Chancen einer Bildungsteilhabe; vgl. Schmidt-Lauff, 2011). Zeitstrukturen sind kollektiver Natur und treten den Individuen stets in solider Faktizität entgegen (vgl. Rosa, 2005). Das Herstellen von *lernzeitlichen Realitäten* ist aber nicht einfach als eine rational planende, didaktisierbare oder als eine individuell subjektiv, selbstgesteuerte Leistung anzunehmen. Schäffter weist darauf hin, dass für die Erwachsenenbildung z.B. die „permanente Synchronisation differenter Temporalstrukturen und individualisierter Eigenzeiten zwischen Anbietern und Teilnehmern […] nicht mehr der Okkasionalität und Aktualität mobilisierender Lernanlässe überlassen bleiben kann" (Schäffter, 1993, S. 445). Lernzeiten machen formale Strukturen nötig und sichtbar als Seriation, Häufigkeit, Dauer, Synchronisation und Pausen. Diese sind wichtige *temporale Strukturgeber* für Bildung und Lernen. Durch die Formalisierung von ‚Zeitwerten' für Lernen (besonders Umfang und Dauer, Häufigkeiten) entstehen *flexible Kontinuitäten* (Schmidt-Lauff, 2008a, S. 462) zur Inszenierung von Lernen über die Lebensspanne. Es geht um eine Integrations- wie auch Synchronisationsleistung der planenden, initiierenden und anbietenden Bildungsinstitutionen und Bildungsinteressierten: „Das Zusammenspiel zwischen den wechselnden Weiterbildungsangeboten und variantenreichen Formen der Bildungsaneignung strukturiert sich als temporales Netzwerk lose gekoppelter Ereignisse und Eigenzeiten" (Schäffter, 1993, S. 443).

Zeit ist aber nicht nur eine instrumentelle, sondern auch eine interpretative Größe, über die wir Entscheidungen treffen, uns nach ihr strukturieren, planen und ausrichten. Wir verwenden Zeitschemata zur Planung von Unterricht, für den Beginn, den Verlauf, das Ende. Zugleich ist es „das Nacheinander der Planung […] aber nie das Nacheinander des tatsächlichen Verlaufs" (Oelkers, 2001, S. 218). Bereits für die Planung und Ausgestaltung schulischer Curricula, aber besonders für die Erwachsenenbildung, in der es keine festgelegten Lehrpläne gibt, spielt die Planung von Programmen, die Suche nach freien Zeitfenstern eine bedeutende Rolle zwischen Bildungseinrichtungen, Adressaten, Zielgruppen und Teilnehmenden. Entscheidend ist hier (unter anderem wegen des zeitlichen Nacheinander), Planung nicht als lediglich technokratische, rationale, „Wenn-Dann-Zwangsläufigkeiten" anzunehmen (Gieseke, 2008, S. 47). Planungen sind interaktive Prozesse, in denen Wissen für Handeln über Reflexionsprozesse erschlossen und mit Bedarfen und Bedürfnissen abgeglichen wird. Es ist viel Zeit nötig, wenn bildungsplanerisches Handeln nicht nur schnellen Trends und Moden folgen will und es braucht „Distanz und flexible Dispositionen" (Gieseke, 2008, S. 47), sich auf andere Auslegungen einzulassen. Temporaltheoretisch ausgedeutet mündet ein solches Handeln nur zum Teil in Routinen – die auch wichtig sind, weil sie Entlastung bieten. Zu viel größeren Teilen benötigt ein solches Handeln ein anderes auf Dauer-Stellen, „begleitende Handlungsmuster" als „Angleichungshandeln" die sich „sukzessive" entfalten, reifen und auch warten können (Gieseke, 2008, S. 49).

Für die letzten Jahre wird innerhalb dieser Prozesse begleitender Handlungsmuster Bildungsberatung diskutiert. Sie gilt als temporales Moment, das für alle beteiligten Akteure die Möglichkeit bietet „Bedarfe zu entschleunigen" (Gieseke, 2008, S. 51). Insgesamt reichert Beratung den Prozess der Bildungsplanung und -gestaltung durch dialogische Methoden an, die auf Vertrauen und Verlässlichkeit setzen (Schmidt-Lauff, 2007). Das braucht Zeit. Der Gedanke, dass in der Folge von Komplexität und Entscheidens in Unsicherheit eine Form des Nicht-Wissen-Könnens zur Verlangsamung des Handeln führt, findet sich explizit bei Giddens (1996). Er wendet sich gegen einen wissensakkumulierenden Aktionismus. Nicht-Wissen ist nicht ein Mangel an Wissen, sondern vielmehr an Gewissheit. Dies „öffnet Handlungssituationen" (Giddens, 1996, S. 290), macht Entscheidungen aber auch zwingend. Dabei ist Beratung keine

‚Dauer-Einrichtung‘, sondern zeitlich begrenzt und zugleich flexibel.[10] Damit passt sie sich hervorragend in die flexiblen Planungsstrategien für Programme und Angebote der Erwachsenenbildung ein.

Studien haben gezeigt, dass zeitliche Strukturwünsche nach kollektiv akzeptierten und gerahmten Optionen für Lernzeiten bestehen, weil sich in ihnen konkrete, reale ‚Zeitwerte‘ für Lernen ausdrücken, die ‚flexible Kontinuitäten‘ zur Inszenierung von Lernen und Weiterbildung bereithalten (Faulstich & Schmidt-Lauff, 2000; Schmidt-Lauff, 2008a). Das aus Sicht der Befragten dialektische Verhältnis zwischen Flexibilität und Rahmung führt zu neuen Formalisierungsbedarfen, andere Varianten als die bislang vorrangig institutionellen, abschlussbezogenen und didaktischen Strukturgeber für Lernen und Bildung über die Lebensspanne müssen gefunden werden (s.o.). Dies verstehe ich auch als *temporale Gegenbewegung* zur derzeit starken Betonung von De-Institutionalisierung, Entgrenzung, Selbststeuerung und Informalisierung. Explizite Stellungnahmen zu einer *‚strukturellen‘ Entschleunigung* durch Bildung gibt es wenige. 1997 hat die EKD (Evangelische Kirche in Deutschland) in ihrer Stellungnahme zur ‚Orientierung in zunehmender Orientierungslosigkeit‘ die Erwachsenenbildung mit ihren Angeboten und Themen als entschleunigendes Medium postuliert. Bildungsangebote sollen die „Dauerdynamik der Moderne", die viele Individuen als Stress erleben, „beruhigen oder zumindest insulär und temporär verlangsamen" (EKD, 1997, S. 52). Bildung könnte sich dem Bedürfnis der (potenziell) Teilnehmenden zu einem „ruhigen *Zu-Sich-Selbst-Kommen*" stellen (EKD, 1997, S. 54). Es finden sich bislang nur wenige temporalbezogene Parteinahmen für Bildung, die die Rationalisierung des Lernens konsequent entschleunigen.

1.4.3 Differente Zeitlogiken (Mikroebene)

Für die *Mikroebene* wird im Zusammenhang einer *didaktischen Rhythmisierung* von Lernen häufig auf das lineare Zeitverständnis hingewiesen, das eine gewisse Abfolge und Dauerhaftigkeit mit dem Begründungshintergrund vorsieht, dass jeder einzelne Augenblick sich auf einer Zeitgeraden befindet, auf der für jeden Zeitpunkt für immer feststeht, welcher ihm vorausgeht und welcher ihm nach-

---

10 Gieseke & Opelt (2004) beschreiben anhand Staehles Phasenschema verschiedene Zeitverläufe in komplexen Entscheidungsprozessen, in denen deutlich wird, dass diese „multioperativ, -temporal und -personal ablaufen", so dass „Operationen der Informationsgewinnung, Alternativensuche und -bewertungen unregelmäßig während des ganzen Entscheidungsprozesses auftreten und nicht temporal in abgegrenzten Phasen" kulminieren. Die Menge an Entscheidungsakten hat „ihr Maximum temporal zum Ende des Prozesses" (Staehle , 1989, zitiert in: Gieseke & Opelt, 2004, S. 52f.).

folgt (irreversibel). Ziel ist die *Balancierung inhaltlicher Verläufe gegenüber idealer Momente*, die in Einklang mit der individuellen Eigenzeit des Lernenden und der Sozialzeit der Gruppe liegen. Siebert betont, dass es keinen einheitlichen „‚Zeithorizont' einer Gruppe" gebe, sondern nur vielfältige individuelle Zeitperspektiven, womit die Zeitstruktur von Lernprozessen und Bildungsveranstaltungen abhängig sei: „a) von der Komplexität des Themas und den Anforderungen der Lernziele, b) von den Vorkenntnissen und den kognitiven Fähigkeiten der Lernenden und c) von der subjektiv wahrgenommenen Relevanz der Lerninhalte" (Siebert, 1997, S. 174). Hier hat die Debatte um sozial konstruktivistische Einflüsse in ihrer Orientierung an individuellen Auslegungen und wirkenden Deutungsmustern dazu beigetragen, dass die Seriation von Lernstoffen wie die Synchronisation von Eigenzeiten im Lernen differenzierter wahrgenommen werden (vgl. Arnold, 1985; Schäffter, 1993; Siebert, 1997).

Zeitlichkeit auf der Mikroebene ist damit zunächst in zweifacher Weise gefasst: als individuelle Erlebenszeit im Lehren und Lernen und als Strukturzeit der Institutionen, der Curricula, des Lernstoffs. Lüders (1995) führt dies zurück auf das Grundproblem des Gegensatzes von subjektiver und objektiver Zeit: Die Trennung zwischen subjektiver und objektiver Zeit in der Pädagogik sei auf die „Entstehung eines modernen Konzepts von Bildungszeit" im 16. und 17. Jahrhundert zurückzuführen (Lüders, 1995, S. 150). Die Einführung von Schulordnungen, die Normierung von Lehren und Lernen, die Sequenzierung von Unterricht, letztlich die komplette „Zeit-Metrik des Schulalltags" (Lüders, 1995, S. 150) versucht eine Linearität für Bildungsprozesse herzustellen, die keine Brüche zulässt. Entsprechende Annahmen einer ‚durchrationalisierten Lernzeit' (vgl. Neumann, 1993), darüber, dass der „Bildungsprozess von Kindern als linearer Fortschritt in der Zeit" anzunehmen sei, legt er als Nebenwirkungen des modernen Kapitalismus und zunehmende Synchronisationserfordernisse in anderen Lebensbereichen (Produktion, Handel und Dienstleistung) aus (Lüders, 1995, S. 151).

Temporal umfassend sind das Lehr-Lerngeschehen der Mikroebene bei Prange (2005) und die Lerninteraktion bei Berdelmann (2010) ausgedeutet. Beide sprechen von Antagonismen in der Dualität von *Datenzeit* und *Modalzeit* und der *Koinzidenz differenter Zeitlogiken* in (Lehr-Lern)Interaktionen bzw. im reflexiven Erleben. Jede Interaktion zielt auf eine Balance sozialer und individueller Identitäten; Synchronisation, Interaktion, Artikulation und Zeigen bedeuten dabei „eine zeitliche Koinzidenz von Lehren und Lernen" (Berdelmann, 2010, S. 66). Dabei macht Berdelmann die zeitliche Einflussnahme der Lernenden ebenso stark, wie die Begrenztheit synchronisierender Lehrleistungen. Lernen „ereignet sich in einem modalzeitlichen Nebeneinander, Lehren (oder Zeigen) formiert sich dagegen in einem datenzeitlichen Nacheinander. Lehr-Lern-Prozesse werden danach verstanden als durch zwei unterschiedliche, divergierende Zeitlogiken geprägt" (Berdelmann, 2010, S. 66), die nichtsdestotrotz sowohl lehrend als auch lernend (nicht unbedingt zeitlich parallel) balanciert werden.

Die Unterscheidung in Modalzeit und Datenzeit bindet pädagogische Überlegungen mit zeitphilosophischen (z.B. Heidegger) zusammen. Interessant ist, wie über die *Modalzeit* als „eigentliche Zeitlichkeit" (Heidegger, 2001) im Gegenwärtigsein von Zukunft und Gewesenem die Zeit des Lernens als „ekstatische Zeit" ausgelegt wird (Berdelmann, 2010). Damit deutet sich Lüders Kritik an Heideggers metaphysischer Auslegung, nach der sich die „ursprünglich ekstatische Zeitlichkeit im Sein des Daseins so zeitigt, dass sich das Konstituierende und das Konstituierte decken" weiter aus, anstatt darin zu enden (Lüders, 1995, S. 93). In der Modalzeit fallen Vergangenheit und Gegenwart in einem dauernden ‚immer schon' und ‚jetzt schon' und ‚noch nicht' zusammen. „Die nichtvergehende Zeit […] begründet die Zeit des Lernens als Vergegenwärtigung des Gewesenen im Horizont des Kommenden" (Prange, 2005, S. 171).

Der Modalzeit steht die *Datenzeit* als Reihung, als Abfolge von Ereignissen, denen messbare Zeitpunkte zugeordnet sind, gegenüber. In der Interaktion als ‚Artikulation' geht es im Lehren und im auf Lernen gerichteten ‚Zeigen' um das Ins-Verhältnis-Setzen von Themen und Personen über Zeit. Die Interaktion „ist die zeitliche ‚Brücke' zwischen Zeigen und Lernen, und von ihren Eigenschaften hängt es ab, wie die beiden zusammenkommen können" (Berdelmann, 2010, S. 32). Artikulation wird gegliedert durch die Datenzeit, ist ihrem Wesen nach irreversibel und schreitet von ihrem Anfang zu ihrem Ende hin fort (Berdelmann, 2010, S. 32).

Unterschiedliche *Zeitlogiken* sind in mehrfacher Hinsicht bedeutsam für das mikrodidaktische Handeln: Lernzeit ist nicht gleichzusetzen mit (formaler) Teilnahmezeit. Lernzeit ist auch „erlebte Zeit" (Siebert, 1997, S. 172). Zwar lassen sich Veranstaltungszeiten messen und festlegen und didaktische Zeitplanungen für verschiedene Methoden, Medieneinsatz, Abläufe und Pausen gehören dazu (Datenzeit). Andererseits sind diese Zeiten weder deckungsgleich mit intensiv empfundenen Lernzeiten der Teilnehmenden oder Lehrenden, noch mit idealisierten Lernstoffverläufen (Dolch, 1964, S. 366; s.u. 2.8). „Wirklich ist der Einzelne erst dort, wo er seine Zeit als die seinige empfindet, wo sich die Empfindlichkeit gegenüber der durch die Sozietät bestimmten Zeit einstellt und ihr gegenüber Freiheit gewonnen hat" (de Haan, 1996, S. 24). Eigenzeitliche Strukturlogiken sind nur im systembezogenen Kontext zu denken. Differente Zeitlogiken sind als Zeitrhythmen des individuellen Erfahrens und als Zeitrhythmen des institutionellen Lernens in ‚Konkordanz', also Übereinstimmung, zu bringen (vgl. Berdelmann im vorliegenden Band).

2 Zeittheoretische Implikationen – Annäherungen an eine Temporaltheorie der Pädagogik

Aus den bislang dargestellten Zusammenhängen von Zeit und Bildung, von Temporalitäten in der Pädagogik, Zeitphänomenen des (lebensbegleitenden) Lernens ergeben sich spezifische Folgebeziehungen. Diese *zeittheoretischen Implikationen für Bildung* sind in einem ersten Modellentwurf[11] mit interdisziplinären Zeittheorien angereichert, zeitdiagnostisch unterstützt und empirisch zusammengefasst worden (Schmidt-Lauff, 2008a). Im Folgenden ist die Ebene der Temporalen Grundbezüge des Modells erweitert, überarbeitet und um vier weitere Kategorien ergänzt, so dass jetzt folgende Implikationen Temporaler Grundbezüge und Selbstverhältnisse zu Zeit bestehen:

Abbildung 1: Zeittheoretische Implikationen für Bildung

---

11 Vgl. ausführlich zur Darstellung der Modellgenese ‚Zeit für Bildung im Erwachsenenalter' (Schmidt-Lauff, 2008a). Das Modell wurde angereichert mit interdisziplinären zeittheoretischen Ansätzen aus Philosophie, Soziologie, Bildungswissenschaft, mit zeitdiagnostischen Betrachtungen (Virtualisierung; Flexibilisierung; Entgrenzung; Zeitnotstand; Beschleunigung), über die Einbindung weiterer (erwachsenen-)pädagogischer Studien (theoretisch und empirisch) sowie zwei eigenen empirischen, triangulativen Untersuchungen zu institutionellen und subjektiven Zeitbezügen im Lernen.

Innerhalb des Modells ist mit den *Temporalen Grundbezügen* eine *kategoriale Ebene für Zeit in der Pädagogik* eingeführt. Der innere Kreis der Temporalen Grundbezüge entfaltet Kategorien *genereller* und *universeller Eigenheiten von Zeit für Bildung:* Geschichtlichkeit, transformative Dynamik, Anthropogenität, Dimensionalität (Vergangenheit, Gegenwart, Zukunft), Flüchtigkeit, Emotionalität, Zeitverläufe, Zeitverbrauch, Biografie und Inhaltlichkeit. Die zehn Grundbezüge bilden Reziprozitäten von Zeit und Bildung als Ergebnis und Ausdruck unseres kollektiven Zeitverständnisses und Auslegens ab.

Neben der Ebene der Temporalen Grundbezüge besitzt das Modell zeittheoretischer Implikationen eine zweite *feld- und subjektbezogene Ebene.* Dieser (äußere) Kreis der *Selbstverhältnisse zu Zeit im Erwachsenenalter* kennzeichnet subjektive Auslegungen der Lernenden und individuelle Bewertungen im Lernen bezogen auf die Temporalen Grundbezüge.[12] Selbstverhältnisse zu Zeit drücken sich in subjektiven Bewertungen über das Erfahren Temporaler Grundbezüge aus. Sie verweisen auf inkorporierte Eigenheiten oder Eigenlogiken von Zeit im Lernen, in der Ausprägung von Bildungsbiographien, der Nicht-Teilhabe an lebenslangem Lernen u.v.m. (vgl. Schmidt-Lauff, 2008a, S. 457ff. und 2010). Damit verbinden sie die Temporalen Grundbezüge auch ‚quer' zueinander.

Die in den kommenden Abschnitten ausführliche Darstellung der zehn *Temporalen Grundbezüge* wird durch die bislang lediglich für die Erwachsenenbildung identifizierten acht *Selbstverhältnisse zu Zeit* an einigen Stellen beispielhaft unterlegt. Auf eine umfassendere Darstellung der Selbstverhältnisse wird aufgrund der besonderen Disziplinspezifik an dieser Stelle verzichtet.

2.1 Temporaler Grundbezug der Geschichtlichkeit – Bildung im Wandel der Zeit

Die Pädagogik ist historisch geprägt durch das *gesellschaftliche ‚Begreifen' von Zeit selbst* (zyklisch, linear, irreversibel, ambivalent etc.; vgl. Wendorff, 1980). Erziehungs- und Bildungssysteme, Bildungseinrichtungen und ihre inneren Strukturen (Curricula, Lehrpläne, Studiengänge, Programme etc.), das jeweils herrschende Erziehungs- und Bildungsverständnis, sich wandelnde Bildungskonzepte, wissenschaftliche Akzente der Pädagogik, sowie Methoden und Medien sind an die „menschliche Geschichtszeit" gebunden (Dolch, 1964, S. 364).

---

12 Bislang sind diese *Selbstverhältnisse zu Zeit* empirisch lediglich für das Lernen im Erwachsenenalter erfasst. Die eingefügten Beispiele bieten interpretative Bezüge aus der Erwachsenenbildung. Hier wären weiterführende Studien anderer pädagogischer Teildisziplinen und Handlungsfelder überaus interessant, lohnenswert und m.E. vielfältig ergänzend.

Manche Autoren weisen darauf hin, dass die Pädagogik als Disziplin in ihren Gesetzmäßigkeiten und Prinzipien (gegenüber der allgemein zunehmenden Dynamisierung) immer noch relativ beharrlich erscheint (vgl. de Haan, 1996; Dörpinghaus, 2003). Dies gilt nicht als Vorwurf, sondern als sicherndes Gegenprinzip zu Zeittendenzen der Virtualisierung, Flexibilisierung, Entgrenzung, Verdichtung und Beschleunigung.

Pädagogische Theorien sind auf die Historizität des Zeitverstehens zurückgeworfen. Oelkers spricht von der scheinbaren „pädagogischen Zeitlosigkeit", wonach Erziehungstheorien „auf auffällige Weise […] *zeitlos* angesetzt" erscheinen, weil sie „*ohne* Zeitbedingungen oder gar Zeitbegrenzungen Geltung finden" sollen (kursiv i.O. Oelkers, 2001, S. 207). Zwar mögen die großen Autor/inn/en keine ihrer Theorien „unter Vorbehalt des Veraltens" (Oelkers, 2001, S. 207) angeboten haben, jedoch werden auch sie um die Einflüsse sich epochal wandelnder Rezeption oder um einen „sogenannten Zeitgeist" (Dolch, 1964, S. 364) gewusst haben. Auf der einen Seite nimmt die Erziehungstheorie „für sich stillschweigend Unvergänglichkeit in Anspruch, auf der anderen Seite ist Zeit kein Thema. […] Erziehung erscheint in fast allen Theorien als *zeitliche* Einheit, ohne ,Zeit' sehr weit beachten zu müssen" (Oelkers, 2001, S. 207f.).

Im Mainstream der protestantischen Pädagogik entwickeln sich, im Übergang vom passiven Erleben der Zeit und einem ungewissen Schicksal, zu einer aktiven Gestaltungsansicht und moralischen Verpflichtung, erzieherische Schriften zum ,verantwortungsvollen Umgang' mit der eigenen Lebenszeit (vgl. Neumann, 1993; Oelkers, 2001). Mit der Ausbreitung des Schulsystems und der Schulpflicht im 19. Jahrhundert sind übergreifende Zeitinstitutionen geschaffen, die sich aus „vergangenheitsbestimmten Bindungen" (Wendorff, 1980, S. 341) lösen und die Gestaltung der Zukunft annehmen und fordern. Bis heute werden die soziale Gewöhnung an Zeit und das Erlernen von ,Zeitkompetenz' über Schule, Lehrpläne, Curricula, Inhalte als zentrale Effekte von Erziehung und Bildung verstanden (s. Kapitel 2.10). Bereits in der Pädagogik der Neuzeit gilt Erziehung als moralische Instanz, deren Anliegen die Herausbildung einer neuen ,Zeitumgangsmoral' war (Göhlich & Zirfas, 2007). Durch die „Habitualisierung der Zeit" (Göhlich & Zirfas, 2007, S. 108), das Erlernen der chronometrischen Zeit, sowie einen angemessenen (,zeitgemäßen') Umgang mit ihr, soll ein zukunftsorientierter, intensiver, nutzenorientierter Umgang im Handeln erreicht werden. Tenorth spricht von der „Sozialdimension" des Lernens (Tenorth, 2006, S. 62).

Die scheinbar moderne Betonung einer Ausrichtung gegenwärtiger pädagogischer Handlungen auf die zukünftige Dimension zeigt sich bereits bei Rousseau und Schleiermacher, wonach Erziehung immer Zeit brauche und zugleich Wirkungen erzeugen will, die auf die Zukunft gerichtet sind. Bei Rousseau in der Maxime des Zeit-Verlierens im Lernen gedacht und als „Pädagogik des Verweilens" (Göhlich & Zirfas, 2007, S. 108) für die Kindheit zeitbezogen ausgelegt, kommt diese „Standardtheorie der pädagogischen Zeit [...] ohne aktive Vergangenheit aus, konzentriert sich auf die Gegenwart und projiziert Wirksamkeit auf Zukunft" (Oelkers, 2001, S. 208). Tenorth hingegen nimmt Schleiermacher als „Urvater zwar nicht des neuzeitlichen Zeitproblems generell, aber doch der pädagogischen Thematisierung von Zeit" an (als eigentlich ethisches Legitimationsproblem; Tenorth, 2006, S. 62). Schleiermacher war es, der für „jede pädagogische Einwirkung" die „Aufopferung eines bestimmten Moments für einen zukünftigen" festgeschrieben hat und zugleich auf die Bedeutung der Gegenwart als „unmittelbare Befriedigung" (allerdings wieder als „Befriedigung", die zugleich „Vorbereitung" sei) hingewiesen hat (Schleiermacher, 1849).

Die *Zukunftsbezogenheit* und der *Gegenwartsverlust* sind bis heute als temporalbezogene Prinzipien der Pädagogik dominant gültig. Der Imperativ ‚Nutze Deine (Lern)Zeit!', die Behauptung Zeit werde in der Pädagogik „für etwas eingesetzt" und „ihr Verbrauch bemisst sich daran, ob Ziele erreicht werden oder nicht" (Oelkers, 2001, S. 216) und der zunehmend utilitaristisch optimierende Anspruch an die lernende Gestaltung der eigenen Lebenszeit gehören dazu. Es stellt sich eine funktionale Engführung der Programmatik lebensbegleitenden Lernens ein; Bildung „degeniert vom Zu-sich-selbst-Kommen [...] zur Brauchbarkeit" (Göhlich & Zirfas, 2007, S. 108). Erziehungsziele, Bildungserfolge und die Anwendung des Gelernten bestimmen scheinbar die Wertigkeit der Prozesse. In der zukunftsgerichteten Verwertungsbezogenheit werden diese als gegenwärtiges Moment in einer bislang ungeahnten Weise marginalisiert, so dass die Bedeutung vollständig außerhalb der Handlungen bzw. des Prozesses selbst zum Tragen kommt.

Beispiele aus der Erwachsenenbildung zeigen, wie derzeit insbesondere aufgrund der Zeittendenz der Flexibilisierung und Verdichtung allen Handelns (Sennett, 1998) ‚Bildung im Wandel der Zeit' Freizeit, Lernzeit und Arbeitszeit zeitpolitisch miteinander vermengt werden. In Arbeitszeit-Lernzeit-Konten oder didaktisch als ‚arbeitsprozessbegleitendes Lernen' werden divergierende Zeitlogiken scheinbar mühelos verknüpft. Das Prinzip der Rationalisierung und Ökonomisierung hat auch Bildung erreicht. Die im *Selbstverhältnis einer Ökonomisierung von Lernzeit* (Schmidt-Lauff, 2008a, S. 464 und 2010a) für die Erwachsenenbildung identifizierten Folgen instrumenteller Zugriffsversuche auf Zeit zeigen problematische Effektivitäts- und Effizienzsteigerung: mehr Lernen in immer kürzerer Zeit; Lernen-on-demand oder just-in-time. Auch für die schulische, wie berufliche Bildung ist derzeit verstärkt zu beobachten, dass unter ökonomischen Prämissen der Umgang mit Lernzeiten im Versuch einer Effektivitätssteigerung durch Beschleunigung, d.h. durch eine Steigerung der Zahl von Handlungsepisoden pro Zeiteinheit (Rosa, 2005), mündet: Indem Schulzeiten, Pausen oder Leerzeiten verkürzt, auf Wiederholungen verzichtet oder im Sinne eines Multitaskings z.B. medial verdichtet werden. Dabei vermischt sich das ökonomisch-temporale Selbstverhältnis in prekärer Weise mit inhaltlichen Aspekten – nur das interessiert noch, was mir (zukünftig) auch nützt. Dies entspricht pädagogisch zweifelhaften Erwartungen einer (ökonomischen) *Disponibilität von Lernen* (Ruhloff, 2006).

Die vorgenommene temporaltheoretische Ausdeutung pädagogischer Geschichtlichkeit kann auf eine Einordnung der Rolle und Funktion von Bildung und Lernen in einer sich *wandelnden, gestalteten* Gesellschaft ausgeweitet werden, was direkt zu den nächsten zwei Grundbezügen der transformativen Dynamik und der Anthropogenität führt.

2.2 Temporaler Grundbezug der transformativen Dynamik – Bildung in der Moderne

Derzeit sprechen wir von der *(Post oder Nach-)Moderne,* die als dynamisch (hoch transformativ), als reflexiv und weiter als wissensgebunden ausgedeutet wird. Temporale Kennzeichen ihrer transformativen Prozesse (vgl. Giddens, 1996 und 1997; Rosa, 2005; Sennett, 1998) sind Flexibilisierung, Beschleunigung, Verdichtung und Entgrenzung (dazu gehört auch die Virtualisierung). Das Kernphänomen der Moderne, die Transformation, ist eine Kategorie zeitdiagnostischer Betrachtungen, deren Erscheinungen des Wandels, der Veränderung bzw. Entwicklung (Fortschritt), des Umbruchs, der Innovation oder auch Diskontinuitäten wiederkehrende Gegenstände kritischer Auseinandersetzungen und Theorien zur Moderne sind. *Modernisierung* ist „nicht nur ein vielschichtiger Prozess *in der Zeit,* sondern zuerst und vor allem auch eine strukturell und kulturell höchst bedeutsame Transformation" (kursiv i.O., Rosa, 2005, S. 24). Mit anderen Worten: Transformationen geschehen in der Zeit und konstruieren unsere (moderne) Zeit.

Transformation wird als ontologisches Zentrum der Moderne kaum mehr reflektiert – die Moderne selbst ist (radikalisierte) Transformation (vgl. Beck, Giddens & Lash, 1996). Zeitdiagnosen und Modernisierungstheorien schildern einen gesellschaftlichen Strukturwandel mit kaum fassbaren Auswirkungen auf soziale, biografische, individuelle Wirklichkeitsauffassungen und Erkenntnisnormen. Dieser Wandel ist mehr als nur eine ,kontinuierliche' Umformung oder fortschreitende Veränderung. Es handelt sich vielmehr um grundlegende „strukturelle Transformationen" (Schäffter, 2001), die zu akzelerierten (beschleunigten) Umwälzungen auf allen Ebenen (politisch, ökonomisch, sozial, ökologisch und individuell) führt. Diese Umwälzungen treten sowohl als eine „Vielzahl unterschiedlicher Einzelveränderungen" als auch in „epochalen Prozessen" struktureller Umformungen zu Tage (Schäffter, 2001, S. 2). Sennett hat die widersprüchlichen Auswirkungen einer *Instabilisierung als Normalfall* für Gesellschaft, Mensch und Institutionen beschrieben (Sennett, 1998). Neben dem Wandel innerhalb konsistenter Entwicklungsprozesse, der zumindest in Ansätzen noch eine erahnenswerte Kontinuität aufweist, steht die *radikale Flexibilisierung*, die nur noch absolute Veränderungen und totale Umbrüche kennt. Resultat ist die „flexible Ausübung von Macht", die auch als Willkür erlebt wird und zum Vertrauensverlust der Institutionen führt (Sennett, 1998, S. 195).[13]

Dies gilt auch für moderne Institutionen der Pädagogik wie das lebenslange bzw. lebensbegleitende Lernen. Es erscheint ambivalent, zwischen bildungspolitischer Heilsprogrammatik und sozialem wie individuellem Lernzwang, weil es als Normensystem bzw. als kulturell prägende pädagogische Ordnung der Moderne gilt. Lernen erscheint zugleich als Instrumentarium zur Bewältigung des Wandels bzw. als Ausdruck der geforderten Flexibilität *und* als Teil des Flexibilisierungsgeschehens selbst. Seiner besonderen Rolle Rechnung zu tragen, es als machtvolles Instrument des Lebenslangen Lernens zu reflektieren und auf der individuellen Ebene Lernwiderstände als „selektive Ausblendungsaktivität" (Schäffter, 1993, S. 58) einer spezifischen Aneignungsstruktur zu akzeptieren, öffnet den Blick für temporale Deutungen (Fleige & Schmidt-Lauff, 2011).

Für Weik (1998) stellt Wandel ein zentrales Element dar, das außerhalb bewusstseinsabhängiger Prozesse verortet ist und dessen „Ablauf nicht von einem individuellen Bewusstsein abhängt" (Weik, 1998, S. 138). Damit wird Wandel zu einem nicht zwangsläufig intendierten, aber dennoch subjektiv wahrnehmbaren Prozess von Veränderung, der jedoch qualitativ ausdifferenziert ist: „Es ist nicht die Masse der Wandlungsvorgänge, die Transformation ausmacht, sondern die wahrgenommene Relevanz dieser Vorgänge für das Leben der/ des Einzelnen oder der Gruppe (z.B. ihre Einstufung als ‚krisenhaft'), ebenso wie der wahrgenommene Grad an Veränderung (Einstufung als im Prinzip bekannt oder neu)" (Weik, 1998, S. 141). An diese Vorstellung schließt Schäffter (2001) an, indem er systemisch ausgelegt – unterschiedliche Grade der Transformation und auf sie bezogene individuelle (lernende) Einflussmöglichkeiten annimmt: „Permanente Veränderung allein trifft daher noch nicht den entscheidenden Punkt. Das Neuartige einer ‚Transformationsgesellschaft' besteht vielmehr darin, dass sich heute auch der Charakter von Wandlungsprozessen verändert" (Schäffter,

---

13 Ähnlich argumentiert Giddens in seinem strukturationstheoretischen Ansatz, indem er auf die Bedeutung von Struktur als „Regeln und Ressourcen, die an der sozialen Reproduktion rekursiv mitwirken" verweist (Giddens, 1997, S. 45).

2001, S. 17). Er verweist auf diskontinuierliche, oft krisenhaft erfahrene Übergänge zwischen unterschiedlichen gesellschaftlichen Formationen, Lebensfor-
men oder zwischen bislang als selbstverständlich erlebten Bedeutungshorizonten. Zum Ausgangspunkt einer Analyse institutionalisierten Lernens werden
die *Folgen von Transformationsprozessen* erhoben. Pädagogisches Handeln
kann darin weniger als „rationale Entscheidungskonstellationen" ausgedeutet
werden, sondern vielmehr als Form „kontinuierlich-rekursiver Verhaltensrouti-
nen" (Reckwitz, 2008). Leitend sind bei Schäffter die Verhältnisse zwischen
bekanntem/unbekanntem Ausgangspunkt(en) und bekanntem/unbekanntem
Zielpunkt(en). Lernen in Transformationsprozessen erscheint ausdifferenziert
als:

- Prozess der Konversion (zwischen defizient bekanntem Ausgangspunkt und
  zukunftsfähig bekanntem Zielpunkt);

- Prozess der Aufklärung i.S. der Orientierung an einem Vorbild (im Möglichkeitsraum zwischen vielen Ausgangspunkten hin zum bekannten „Vor-
  Bild"; Schäffter, 2001, S. 21)

- Suchbewegung i.S. eines Zielfindungsprozesses (von einem unbekannt obso-
  leten Ausgangspunkt hin zu einem „über Selbstentdeckung erkennbaren"
  (Schäffter, 2001, S. 23) Möglichkeitsraum aus vielen Zielpunkten)

- permanente Selbstvergewisserung i.S. einer selbstreflexiven Orientierung
  (von einem bestimmungsbedürftig unbekannten Ausgangspunkt hin zu
  einem „im Prinzip unerkennbar wiederholt bestimmungsbedürftigen" Zielpunkt hin (Schäffter, 2001, S. 26).

Selbstreflexivität ist kein Modell eines „Spiegelbildes", sondern praxisbezogen
und „temporalisiert", weil sie die Reflexion des Handelns im Jetzt auf künftige
(offene, geschlossene) Möglichkeiten unter „von der Vergangenheit geformten
Bedingungen" darstellt (Joas, 1997, S. 22). Pädagogisches Handeln in Institutionen der Moderne ist sowohl routinisiertes Verhalten als auch grundlegende
Reflexionsfunktion, um „gesellschaftliche Veränderungen selektiv aufzugreifen,
in individualisierbare Lernanlässe zu übersetzen und pädagogisch zu bearbeiten" (Schäffter, 2001, S. 2). Dabei wird es jedoch selbst zu einem transformativ-
dynamischen Teil innerhalb der gesellschaftlichen Partialsysteme, Strukturen
und Prozesse.

2.3   Temporaler Grundbezug der Anthropogenität – Bildung und Lernen als (konstruierter) Ausdruck von Zeit

Die grundsätzlichen Verhältnismäßigkeiten von Geschichtlichkeit und Historizität pädagogischer Bezüge zu Zeit, stellen anthropogene Aspekte in den Vordergrund und lassen Zeit und Bildung als Elemente gestalteter Geschichtlichkeit verstehen. Bildung und Lernen geschehen ‚in der Zeit'. Anthropogenität zeigt sozialen Wandel als gesellschaftliche Organisation – damit ist die zeitliche Kontextualisierung als ‚gestaltete Zeit' (Zeitlichkeiten, siehe 1.2) bedeutsam. Wie Menschen Zeit auslegen bzw. erleben und darin zugleich rekursiv Zeitlichkeiten schaffen, ist epochal gebunden („Alle Erziehung ist ein Kind ihrer Zeit […] und sie ist es selbst dann, wenn sie – wie etwa in den pädagogischen Utopien eines Rousseau oder Ficht – versucht, anstelle einer Zeit eine ganz andere herbeiführen zu können."; Dolch, 1964, S. 365).

Ebenso, was Bildung bedeutet und wie Menschen lernen (wollen), ist jeweils in „Abhängigkeit von der *geistigen Situation der Zeit* zu durchdenken" (kursiv i.O. Marotzki, 1991, S. 182). Zugleich stehen beide Bezugssysteme in engstem Zusammenhang zueinander: Temporale und pädagogische Ordnungen verweisen auf die jeweils übergreifend geltenden kollektiven und epochalen Muster sozialer Lebenswelten. Zeit spielt „in fast allen Belangen eine Rolle: bei der Ordnung, Koordination, Integration und Synchronisierung pädagogischer Prozesse, bei didaktischen und methodischen Fragen der Dauer, Reihenfolge, Geschwindigkeit, Intensität, bei Anfängen und Enden – sei es in der Form von Stundenplänen, Bewertungen und Prüfungen, Planungen, Schullaufbahnen im Zusammenhang mit Didaktiken, Biographien, Verwaltungen und Organisationen" (Göhlich & Zirfas, 2007, S. 106). Zugleich entfalten die pädagogischen Belange intersubjektiv sinnstiftend auch ein inneres, individuelles Zeitbewusstsein, aus dem heraus sich sowohl die (Zeit-)Strukturen menschlicher Sozialität für Lernen und Bildung (z.B. Schulzeit; Unterrichtszeit) und moderne Zeitvorstellungen eines lebensbegleitenden Lernens erst entfalten können.

In der Moderne charakterisiert der Bildungsbegriff einen im Zeitverlauf unabschließbaren Prozess, welcher sich nicht durch sich selbst, als Teil des gesellschaftlichen Wandels oder Transformationsprozesses, begründet, sondern nur in den realen „Verwirklichungsvoraussetzungen" (vgl. Faulstich, 2006) von Entfaltungsmöglichkeiten. Pfeiffer interpretiert die „offene Bestimmtheit des Menschen" als *Bildsamkeit*, als „zeitliche Dimension einer menschlichen Praxis der pädagogischen Interaktion, in der die Transformation von Möglichkeit Wirklichkeit wird" (Pfeiffer, 2007, S. 149; und in diesem Heft). Angesichts einer „einschränkenden Wirklichkeit" können sich Menschen im Lebensverlauf dort entfalten, wo die „zentrale Kategorie" der Mündigkeit als „Zukunftsentwurf" erhalten bleibt in der Fähigkeit, „sich selbst zu bestimmen" (Wulf, 2001, S. 34). Durch die *Historisierung menschlicher Phänomene* wird der Blick frei für die „prinzipielle Offenheit menschlicher Geschichte" (Wulf, 2001, S. 201) und ihre Gestaltung[14]. Soziale Realitäten und individuelle Interaktionen stehen in einem Wechselverhältnis zueinander. Entsprechend leitet sich für pädagogisches Handeln eine Verantwortung zur Unterstützung des Erhalts und Aufbaus von Gestaltungsfähigkeit ab, die kognitive Strategien der Vergangenheits-, Gegenwarts- und Zukunftserschließung durch Interpretation, Projektion und Planung mit emotionaler Handlungsfähigkeit und Vertrauen (vgl. Gieseke, 2007) oder mit „Selbsttreue" (Sennett, 1998) verbindet. Lernen bildet dabei einen zeitlichen Prozess, der stetig (nicht linear) von der Vergangenheit, über die Gegenwart zur Zukunft voranschreitet („teleologisch, kummulativ, irreversibel"; Göhlich & Zirfas, 2007, S. 107).

Bereits die Festlegung der zu berücksichtigenden Dimensionen: Vergangenheit, Gegenwart, Zukunft ist epochal, d.h. anthropogen zeitgebunden. Ihr Verhältnis zueinander oder die Betonung einer einzelnen Zeitdimension unterliegen wechselnden Auslegungen von zyklisch, über linear bis fließend und hybrid (Wendorff, 1980). In der Annahme z.B. von *Zukunft* als „utopischen Horizont der Pädagogik" (Pfeiffer, 2007, S. 154) ist bestimmt, „dass die Richtung der Geschichte Ergebnis der menschlichen Richtungsbestimmung als Handeln ist" (Pfeiffer, 2007, S. 154). Pädagogisches Denken und Handeln zielt auf eine Beförderung der Freiheit im Sinne der Aufklärung, die „nicht im materialen Entwurf eines besseren gesellschaftlichen Zustandes" besteht, sondern in der „Achtung und Beförderung der dazu nötigen Voraussetzungen" (Pfeiffer, 2007, S. 154). Der anthropogen bestimmte Aspekt einer ethischen Richtungsbestimmung wird von Mollenhauer (1981) als temporales Erziehungsproblem eingebracht, das die duale Komponente von Ich-Zeit (psychologischer Zeit) und Welt-Zeit (physikalischer Zeit) betont, die er in der Tradition von Rousseaus Emile (1762), als ‚Eigenzeitrecht' des Kindes gegenüber dem ‚Uhrzeitrecht' der Gesellschaft, anlegt.[15] Die Annahme von Ereignissen als Phänomene eines zeitlichen Nacheinanders und einer Irreversibilität im Lernen betont beinahe zwangsläufig die zukünftige Perspektive und stellt sie temporal gegen Rousseaus Anthropologie des Natürlichen. Das Bild *perpetuierender Bewegungen im*

---

14 Joas beschreibt für Giddens eine Kritik des „Evolutionismus", in der dieser „alle Formen universaler Gesetze sozialen Wandels" ablehnt und stattdessen „epochenspezifische Mechanismen", wie autonome Handlungsfähigkeit annimmt (Joas, 1997, S.19ff.).

15 Mollenhauers Erziehungstheorie erinnert auch an die für die Pädagogik entscheidende Grundannahme Schleiermachers, wenn er schreibt: „Jeder Moment im Bildungsprozess und also auch jede pädagogische Handlung enthält, als eines ihrer konstitutiven Elemente, den prinzipiell riskanten Vorgriff auf Künftiges" (Mollenhauer, 1981, S. 68).

Lernen (vgl. Benner, 2005) oder *oszillierender Lehr-Lernbewegungen* (Berdelmann, 2010) ist ein modernes Verständnis, das für das Konzept des lebensbegleitenden Lernens anthropogen wirksam, gleichsam beschreibend und konstitutiv ist. Benner spricht von „Transformatorischen Irritationen" in Lernprozessen, die „nicht ein für alle Mal überwunden werden, sondern [...] für weiteres Lernen konstitutiv" bleiben (Benner, 2005, 9). Im Begreifen von Bildung und Lernen als anthropogenes Konstrukt ist pädagogisch verantwortungsvoll und kontinuierlich danach zu fragen, wie Lernräume und -zeiten entstehen, wahrgenommen und ausgedrückt werden können.

2.4 Temporaler Grundbezug der Zeitdimensionalität – Bildung als Trias aus Vergangenheit, Gegenwart, Zukunft

In der Trias aus Vergangenheit, Gegenwart und Zukunft erscheint Zeit je unterschiedlich angebunden (vorher, gleichzeitig und nachfolgend). Für das moderne Zeitempfinden kennzeichnend ist ein Leben im beschleunigten und dabei gleichzeitig sowohl überbetonten als auch missachteten „*ausgedehnten Jetzt*" (Rosa, 2005). Das Paradoxon einer gigantischen, „ubiquitären Überbetonung" der Gegenwart in der „Maschinerie der Zeit- und Ortsgleichzeitigkeit" (Klumbies, 2011, S. 945) bei gleichzeitiger Marginalisierung des einzelnen, jeweilig gegenwärtigen Moments (Beschleunigung) verknüpft unser Zeiterleben zunehmend mit Negativerlebnissen. Auf dem Hintergrund der Transformationstheorie und der „Zeitanfälligkeit" von Identitäten entwickelt de Haan die These „empfindlicher Irritationen im Zeitbewusstsein" mit ihren Wirkungen für die Pädagogik (de Haan, 1996, S. 184). Man kann Bildungsprozessen die Gegenbewegung zuweisen, gewissermaßen Erfahrungen in der „Zeit auf Dauer stellen zu können" (Dörpinghaus, 2005, S. 566) und eine Pädagogik des Verweilens, der „Präsenz" zu schaffen (Göhlich & Zirfas, 2007, S. 11). Klumbies fordert eine „Kunst der heilsamen Distanzierung vom Augenblick" (Klumbies, 2011, S. 945), um Vergangenheit und Zukunft wieder eine stabilisierende Orientierung zukommen zu lassen.

Das Ineinander von Gegenwärtigem und Zukünftigem, die Problematik der Augenblicksorientierung, sowie die Kontinuität und Zukunftsverantwortung kommt in der Metapher des ‚Lebenslangen' zum Tragen. Für die Pädagogik ist aber die Trias der drei Zeitdimensionen zu betonen, um an die Bedeutung von Erfahrungen in der Erinnerung als reproduktive Vergegenwärtigung von Zurückliegendem sowie ‚protentionale Übertragung' auf Erwartetes anzuknüpfen (vgl. Husserl[16] 1893-1917/1985). Erinnerung und Erwartung bilden Phänomene eines „relationalen Zeitgefüges", das für eine temporaltheoretische Gegenstandsbestimmung lebensbegleitenden Lernens grundlegend ist (vgl. Schäffter im vorliegenden Band). Bildungstheoretisch ist das Erinnern als reflexive Fähigkeit zur Selbstbeobachtung z.B. bei Benner (2005) bestimmt.

Die Initiierung von Lernen über die Lebensspanne[17] liegt in der *Balancierung der drei Dimensionen*: Vergangenheit (Erfahrungsbezug), Gegenwart (Lebensweltbezug/Deutungsmuster) und Zukunft (Entwicklung) und ihren temporalen Wirkungen (empirisch) zwischen Dauerhaftigkeit und Kurzfristigkeit (vgl. Schöder & Schiel & Aust, 2004). Es geht beim lebensbegleitenden Lernen nicht darum, Versäumnisse der Vergangenheit in der Gegenwart zu kompensieren oder die Gegenwart des Lernens in die Zukunft auszudehnen, sondern um eine „diskontinuierliche Kontinuität" (Nassehi, 1993) an Lernbewegungen aus einem Früher in ein Jetzt bzw. Morgen und eine Wertigkeit für diese Form der lernenden Auseinandersetzung.

Benner spricht im gegenwärtigen Moment des Lernens von einem „Zwischenraum", der in der Spannung zwischen schon Gewusstem und noch nicht Gewusstem existiert (Benner, 2005). Nicht um ein gleichzeitiges Nicht-Können

---

16 Vgl. ausführlich zur Bedeutung Husserls Phänomenologie der Zeit für die Pädagogik: Schmidt-Lauff, 2008a, S. 36ff.. Interessant sind seine Ausführungen über die Zeitschichten des inneren Zeitbewusstseins in differenten Formen des Erinnerns ‚im Akt der Vergegenwärtigung' (retentional) als ‚frische Erinnerung' und protentional als ‚zeitüberdauernde' Erinnerung i.S. eines Bewusstseinsflusses. Der „Bewusstseinsverlauf" ist ein zugleich selbstreflexiver Prozess: „Wir können ihn selbst ‚wahrnehmen', wir können auf seine von Moment zu Moment sich verändernden Phasen achten" (Husserl Nr. 24 [199], Z. 1-4).

17 *Gegenwartsbezogene* Impulsgeber wie z.B. Rücksicht in der Partnerschaft oder Lernbedürfnisbefriedigung werden aus Sicht von Erwachsenen mit der Zeitebene der *Vergangenheit* z.B. durch Aspekte wie eine lange zurückliegende Ausbildung, bisherige Lernerfahrungen, vollzogene betriebliche Umstrukturierungen, und ebenso mit der *zukünftigen* Perspektive anstehender Projekte oder Arbeitsplatzunsicherheit verknüpft (Schmidt-Lauff, 2008a). Das ‚*Selbstverhältnis der temporalen Dimensionsverschränkung*' von Vergangenheit, Gegenwart und Zukunft drückt subjektive Befindlichkeiten einer Zeitbezüglichkeit gegenüber gegenwärtigen Bedeutungen, zurückliegenden Entwicklungen bzw. Erfahrungen und zukünftigen Relevanzen oder Erwartungen bezüglich Bildung und Zeit für Lernen aus. So wird eine Verknüpfung zum Lebensweltbezug und zum Deutungsmusteransatz möglich (s.u. Kapitel 2.9). Annahmen über die fundierenden und persönlichkeitsprägenden Wirkungen von Erfahrungen, mit denen Erwachsenenbildung im Lehr-Lern-Prozess konfrontiert wird, führen zu didaktischen Ansprüchen einer Gestaltung von Lernen als Anschlusslernen. Gleichzeitig sind Lernwiderstände dann Signale für wirkende Lernprozesse, in denen sich „neues Wissen an alten Gewissheiten reibt" (Gieseke, 2001, S. 83). In dieser zeitanalytischen Perspektive erkennbar werdende Widersprüche (Lernwiderstände; Nichtteilnahme) gegenüber lebensbegleitendem Lernen, können so temporal neu eingeordnet werden.

und Können oder Nicht-Wissen und Wissen dreht sich der Lernprozess, sondern um eine Bewegung „nach allen Richtungen" zwischen „Wissen *und* Nicht-Wissen, Können *und* Nicht-Können" (kursiv i.O. Benner, 2005, S. 8). Diese Lernbewegung verbindet neues Wissen mit bereits Vorhandenem und ersetzt nicht das eine durch das andere. Erfahrungsorientierung oder Anknüpfungslernen ist dadurch gekennzeichnet, dass „an einem Bekannten etwas Unbekanntes erfahren wird und Unbekanntes sich in bestimmten Aspekten als zum Teil schon bekannt erweist" (Benner, 2005, S. 9) oder, wie Meyer-Drawe formuliert, dass im Vorgang des Lernens „ein bereits etablierter Erfahrungshorizont erweitert oder auch in seinem Bestand gesichert wird" (Meyer-Drawe, 2005, S. 25).

Gerade für ein lebensbegleitendes Lernen ist von Bedeutung, wie dieser „Zustand der Schwebe" (Benner, 2005, S. 32), in dem das Neue noch nicht verstanden und dem Alten nicht mehr vertraut wird, als *Anfänge des Lernens* begriffen werden kann.[18] Es geht um die Vergegenwärtigung von Vergangenem, Bewertung oder Erwartung der Zukunft im Jetzt des Lernanfangs. Solche Anfänge sind lebenslange, infinite Suchbewegungen (Benner, 2005; Tietgens, 1986). Als Suchbewegung und im Changieren zwischen den drei temporalen Dimensionen scheint auf, dass Lernen nicht per se von statten geht oder leicht fällt, sondern auch als etwas Schweres, Anstrengendes oder gar Leidvolles erscheinen kann. Benner spricht auch vom „Leiden unter unserem Nichtwissen" (Benner, 2005, S. 30). So sollte die nachträglich, im Vergessen der „erfahrenen Negativität"[19] scheinbar einfache Transformation eines Nicht-Könnens in die Erfahrung, etwas gelernt zu haben, nicht darüber hinwegtäuschen, „dass es zwischen negativen Erfahrungen und ihrer bestimmten Aufhebung in einem neuen Wissen und Können Zeiten und Räume gibt, die im Lernen ausgehalten werden müssen" (Benner, 2005, S. 11). Vom Subjekt her gesehen verursacht die reflexive Zeiterfahrung aus individuellem Zeitempfinden und gemeinschaftlichen Zeitfolgen, ein „eingeklemmt" Sein zwischen der je eigenen Vergangenheit und Zukunft in einem „Schlachtfeld des Zwischen" (Arendt, 1998, S. 200). Das Leben in diesem ,leidvollen Jetzt' macht den temporalen Grundbezug der Zeitdimensiona-

---

18 Benner spricht in seinen Ausführungen von „negativen Erfahrungen", die sich in ihrer *bildenden* Wirkung entfalten, indem „die durch Irritationen markierten Zwischenräume" als Räume interpretiert werden, „die durch Verfremdung eines schon Bekannten strukturiert sind" (Benner, 2005, S. 10). Zugleich sind „solche Verfremdungen" offen „für Suchbewegungen [...], die nicht auf ein bekanntes Noch-Nicht, sondern ohne festen Ort auf ein Unbekanntes finalisiert sind" (Benner, 2005, S. 10; Benner, 2003).

19 Zu Beginn seiner Ausführungen weist Benner ausdrücklich auf die von der umgangssprachlich wertgebundenen Bedeutung ,negativer Erfahrungen' als etwas schlechtem abweichende Bedeutung hin. Danach sind diese als „bildende Wechselwirkung zwischen den Menschen sowie zwischen Mensch und Welt" zu verstehen, ohne die Lernen gar nicht möglich wäre (Benner, 2005, S. 7).

lität subjektiv in einem Druck fühlbar, der nicht allein auf eine anstrengende oder gescheiterte Leistung des Individuums bei der Strukturierung von Zeitverläufen oder auf die Beschleunigung der Moderne zurückgeführt werden kann.

Es kommt dem allgemeinen modernen Zeitempfinden nah, das ‚Leidbringende' in der gegenwartsgebundenen und zugleich rückbezüglich sowie vorwärtsgerichteten Reflexion von Zeiterfahrungen zu verorten. Arendts zeitphilosophische Grundlegung schafft ein Verständnis für die unsere Gesellschaft und das subjektive Empfinden prägenden Leiderfahrungen an Zeit. Empirisch konnte gezeigt werden (Schmidt-Lauff, 2008a), dass eben deshalb die Programmatik lebensbegleitenden Lernens die Harmonisierung sucht und zumindest die Verschränkung der drei Zeitdimensionen anzustreben ist.[20] Dies führt auch zum nächsten Temporalen Grundbezug der Emotionalität.

2.5 Temporaler Grundbezug der Emotionalität – Erfahrungen, Lust und Leid im Lernen

Die emotionale Befindlichkeit gegenüber Lernen hängt viel am (zumeist leidvollen) Erleben von Zeit in der Moderne generell (s.o.). Mit Heidegger ist davon auszugehen, dass jeder Subjektivität eine zeitliche Verfassung zu Eigen ist. Er spricht von der „Zeitlichkeit der Befindlichkeit" (Heidegger, 2001, S. 339). Jedes „Verstehen" des Subjekts „ist nie freischwebend, sondern immer ein befindliches", dass ‚Da'[21] wird „je gleichursprünglich durch Stimmung erschlossen bzw. verschlossen" (Heidegger, 2001, S. 340). Emotionalität verbindet zukünftige und gewesene Aspekte im gegenwärtigen Moment. Das Verstehen ist da-

---

20 Zeittheoretisch interessant ist das harmonisierte Zeiterleben mit dem Anspruch eines „hohen Balanceniveaus" (Rosa, 2005) z.B. im ‚Flow'-Konzept von Kubey und Csikszentmihalyi. Das Flow-Erleben betont das Gleichgewicht von Fähigkeits- und Wirksamkeitsannahme, Herausforderung und entlasteter Kontextbedingung. Der Einzelne vergisst sich und die Zeit im fließenden Tun und erlebt eine Konzentration, in der die eigenen Kräfte und Fähigkeiten in vollkommene Harmonie mit den Herausforderungen gelangen. In Verbindung mit Lernen schafft diese Hingabe Nähe zum Gegenstand, eröffnet ein Glück tiefer Einsicht in das Handeln aber auch neue Zugänge zu sich selbst, wie auch zu anderen und der Welt (Gieseke, 2007; Meueler, 2009; Pöppel, 2000). Diese Flow-Erlebnisse treten als Effekte aber nicht einfach von selbst ein, sondern erfordern in der konzentrierten Zuwendung zu einem Gegenstand, einer Handlung eine besondere Form der Anstrengung. Befragte Personen berichten über diesen Zustand, dass sie ihre Umwelt in diesen Momenten als harmonisch empfinden, „sie schöpfen Freude aus dem eigens aufgesuchten Tun, das ihnen alle Kräfte abverlangt" (Meueler, 2009, S. 119).

21 Das ‚Da' bei Heidegger ist das Sein in einer bestimmten Qualität des gegenübertretenden Erkennens oder Vergegenwärtigens im Sinne eines „Dasein auf dem Grunde des Verstehens" (Heidegger, 2001, S. 336).

bei ein emotional begleitetes zeitliches Geschehen als ein „Sich-finden in der Weise des Sich-befindens" (Heidegger, 2001, S. 340).

Dabei verändert sich die emotionale Befindlichkeit mit der Wahrnehmung eigener Situationen (im „erkennenden Bewusstsein"; Arnold, 2005, S.91), ihrer (selbstwirksamen) Beurteilung in sogenannten Lernideen, Lernwünschen, Lernbedürfnissen wie auch der Überführung in lernende Befriedigung (Gieseke, 2007; Schmidt-Lauff, 2012). Diese Beurteilungsleistung, als ein zunächst Dazwischentreten und dann Auf-Dauer-Stellen von Erfahrungen (s.o.), erweitert Theorien zur emotional hedonistischen Bewertung von Handlungsbegründungen als lediglich Maximierung von Freude bzw. Minimierung von Leid (vgl. Quante-Brandt & Anslinger, 2011). Der zeitliche Freiraum oder Momente reflexiver Vorgänge im *Erinnern* und das Subjekt dieser Bewegungen und Bewertungen treten in den Vordergrund.

Husserl, als Vater des zeitphilosophischen Subjektivismus, fasst Erinnerungsleistungen des Bewusstseins und Empfindungen zusammen. Seine ‚Retention' definiert Verbindungen zwischen Erinnerungen, so dass im Bewusstsein Erlebnisse bzw. erlebte Empfindungen nicht isoliert sind. Jede erlebte Empfindung bildet einen Zusammenhang mit der Empfindung, die sie selbst verdrängt hat und der kommenden, die sie wiederum verdrängen wird: „Die Struktur der Noch-Gegenwart des schon Vergangenen während der Präsenz eines Neuen nennt Husserl ‚frische Erinnerung' oder ‚Retention'" (Sommer, 1997, S. 14; vgl. Husserl Nr. 47 [177]). Das Bewusstsein schafft es, Prozesse, die in der Wirklichkeit ablaufen, überhaupt erst als Prozesse aufzufassen. In seinen Zeitbetrachtungen ist damit nicht nur eine grundlegende Leistung des subjektiven *Bewusstseins für zeitliche Prozesse* angelegt, sondern diese zugleich mit erlebten Empfindungen für eine Subjektivität von Zeitlichkeiten verbunden.

Neben dem Erscheinen von Urimpressionen (‚vergangene Erinnerungen') und dem Entstehen von Retentionen (‚frische Erinnerungen') erwartet das Bewusstsein auch Kommendes (‚Erwartungen'), es schafft Möglichkeitsbereiche für Nächstes und Zukünftiges. Diese *Erwartungen* sind Teil der Protention; sie stellen sich ständig und auch unbewusst ein. Das merken wir vor allem dann, wenn eine Erwartung enttäuscht wird,[22] d.h. wenn wir erleben, dass etwas ausbleibt: „Die Zukunft des Bewusstseins gehört auf diese Weise mit zu seiner Gegenwart" (Sommer, 1997, S. 16). Im Prozess des Lernens ist von einer Erinnerung und einer „Intention in die Zukunft" auszugehen, von einem „Wesen aller

---

22 Solche Enttäuschungen sind für das lebensbegleitende Lernen noch einmal anders zu diskutieren, wenn sie mit einer frappierenden Wertigkeit behaftet sind und Lernen zugleich immer die ‚Aufopferung' eines gegenwärtigen Augenblicks für eine zukünftige Verwertbarkeit zugeordnet wird (s. Kapitel 2.1).

Erlebnisse und Erlebniszusammenhänge", die der Zeit immanent sind (Husserl Nr. 44 [162], Z. 33-34). Meyer-Drawe verweist auf die im Lernen angelegte „produktive Bedeutung" im – phänomenologisch gesehen – konflikthaften Umgehen mit Erfahrungen (emotionalisierte Erinnerungen) als „dauernde Voraussetzung und ihr ständiger Begleiter" für Bewegungen des Verstehens (Meyer-Drawe, 2003, S. 512).

Das Verhältnis von Subjekt und Emotionalität als Frage von Interaktion, Beziehung und Lernen haben Arnold (2005) und Gieseke (2007) für das Lernen im Erwachsenenalter emotions- und beziehungstheoretisch ausgearbeitet. Viel zu häufig, konstatieren sie, werde von einer „weitgehend beziehungslos-individualistischen Konzeption von Erwachsensein" ausgegangen, so dass die Lernbiografie prägende „Abhängigkeitsmuster" (Arnold, 2005, S. 179), die verschiedenen „Dimensionen von Beziehungen" und eine auf sie ausgerichtete „relationale Didaktik" als „Didaktik der Beziehung" (Gieseke, 2007, S. 18), keine ausreichende Berücksichtigung finden. *Gefühle und emotionale Erlebnisse im Lernen* sind emotionstheoretisch rückgebunden an eine aktive, gestaltende, zugleich gemeinsame oder doch zumindest im Austausch mit dem Außen, dem Anderen stattfindende Relationalität: „Lernen ist als Konstrukt für Entwicklungsfähigkeit Ausdruck von lebendiger Beziehungsfähigkeit und von der Not-wendigkeit intellektueller Anreize, die die Individuen zum Austausch im Dialog herausfordern" (Gieseke, 2007, S. 15).

Emotionen (Freude, Furcht, Interesse, Kummer, Zorn) bilden „die Brücke zum anderen Menschen" (Gieseke, 2007, S. 15) und zugleich den Raum zur eigenen Entfaltung und Gestaltung. Empirisch hat sich gezeigt, dass die Vielschichtigkeit zeitlicher Erfahrungen in emotional-temporalen Befindlichkeiten gegenüber Lernen ausgedrückt wird (Ruhe, Erholung, Druck; Schmidt-Lauff, 2008a).

Das „Emotionssystem" ist allerdings schwer zu kontrollieren, es ist „frei in seiner Intensität" (Gieseke, 2007, S. 50), nicht gebunden an auslösende objektive Größen und spontan. Zugleich sind einzelne Emotionen bzw. Gefühle „kombinierbar", sie sind zu verstärken wie auch abzuschwächen, über abgespeicherte Muster dauerhaft abrufbar, wie (unter Anstrengung) regulierbar (Gieseke, 2007, S. 51). Aus zeittheoretischer Perspektive weisen die individuellen Gefühlslagen auf vergangene Erfahrungen hin: „Freude und Erinnerung haben viel miteinander zu tun" (Gieseke, 2007, S. 61). Zugleich rücken Erinnerungen über ihr Wachrufen das Jetzt, das Gegenwartserleben in den Mittelpunkt. Das *emotionale Erleben* findet immer im *gegenwärtigen* Augenblick statt und ist damit situativ gebunden. Die *emotionalen Muster* hingegen unterliegen einem *fortdauernden* Gestaltungsprozess, sind veränderbar und zugleich konstant.

Emotionen sind für das lebensbegleitende Lernen so bedeutsam, weil sie das Individuum in einer ganz besonderen, direkten leib-seelischen Art und Weise gleichzeitig in einer retentional und protentional erinnernden Beziehung (Husserl) zu sich selbst und zu etwas anderem setzen: „Emotionen als die ‚grundlegendste' Bezogenheit der Person auf die Wirklichkeit geben mehr als andere psychische Erscheinungen dem Bewusstsein Kontinuität", sind besonders durch die „Verwobenheit in zwischenmenschliche Beziehungen" gekennzeichnet und „bedürfen keiner Zwecke außerhalb ihrer selbst" (Ulich, 1989 in: Gieseke, 2007, S. 53f.). Das Erinnern holt Vergangenes dabei nicht einfach zurück, sondern erzeugt es in gewissem Sinne jedes Mal neu.[23]

Für Bildung und Lernen können Emotionen zeitlich gesehen sowohl auf längere Zeitphasen (lernbiografisch) als auch auf kurze Zeitabschnitte (Ausschnitt im Lernprozess) bezogen sein. Lernen kann – wie jede andere Handlung auch – sowohl direkt angst-, abneigungs- aber auch glücksauslösende Momente beinhalten, als auch zu zeitlich nachgelagerten Erlebnissen führen (vgl. Schmidt-Lauff, 2012). Es kommt auf die Beziehung an, die wir zu Lernen pflegen *und* erhalten. Es ist ein beziehungsreiches Wechselspiel zwischen Vergangenheit, Jetzt und Zukunft, Erinnern und Erwarten, zwischen Innen und Außen, mir und anderen.

2.6 Temporaler Grundbezug der Flüchtigkeit von Zeit – (Nicht-)Fassbarkeit zeitlicher Modalitäten

Aus der Beschäftigung mit Zeittheorien unterschiedlicher Disziplinen sowie temporal- und zeitbezogenen Ergebnissen verschiedener empirischer Zeitstudien (Berdelmann, 2010; Faulstich & Schmidt-Lauff, 2000; Schmidt-Lauff, 2008a) gewinnt man schnell den Eindruck, dass Zeit sich – unabhängig vom disziplinären Bezug – einem allumfassenden Zugriff immer wieder entzieht. „Es ist möglich, daß es Bereiche des Seins gibt, über die wir nicht sprechen können" (Eco, 2000, S. 67), resümiert Eco über Zeit und den Sinn des Kontinuums.

Die grundsätzlich ‚flüchtige' Eigenart von Zeit zieht sich durch beinahe alle zeittheoretischen Auseinandersetzungen (Augustinus von Hippo; Husserl; Arendt; Elias u.a.). Zeit ist dabei sowohl *flüchtige Kategorie* in der Fülle ihrer meist ungreifbaren Verschiedenartigkeit der Phänomene (Augustin, 1997), als auch *Fluchtkategorie* innerhalb der subjektiven Wahrnehmung, sowie ihrer semantischen Erfassbarkeit und Verbalisierung.

---

23 Modernisierungstheoretisch ausgedeutet, geht es um die humanistische Emanzipationsleistung in der reflexiven Ausdeutung von Traditionen (Giddens, 1996).

Möglicherweise liegt das in der Schwierigkeit der Kommunizierbarkeit zeitlicher Phänomene. Im *Selbstverhältnis zu Zeit als Fluchtkategorie* (Schmidt-Lauff, 2008a, S. 458f.) drückt sich eben dieses subjektive Erleben einer Nichtkommunizierbarkeit aus. Wo Zeit als Kategorie aber selbst flüchtig bleibt, ihre Phänomene vielschichtig erscheinen, wird ihre Erfassbar- und Beschreibbarkeit einmal mehr zum Problem: „Hängt unsere Wahrnehmung der alltäglichen Dinge und Gegenstände von der Struktur unserer Erkenntnisfähigkeit ab, von der Struktur unseres linguistischen Apparats oder von allen beiden?" (Eco, 2000, S. 37). Besonders auf die Zeit und ihre Vielfalt temporaler Phänomene (s. Kapitel 1.) passt Ecos semiotische Kritik: „Wir haben wenig Namen und wenig Definitionen für eine Unendlichkeit von Einzeldingen. Also ist der Rekurs auf den Allgemeinbegriff nicht eine Stärke des Denkens, sondern *eine Schwäche der Rede*. Das Drama besteht darin, daß der Mensch immer im allgemeinen redet, während die Dinge jeweils einzeln sind. Die Sprache benennt, indem sie die ununterdrückbare Evidenz des existierenden Individuellen verschleiert." (Eco, 2000, S. 35).

Schon Augustinus Zeitphilosophie wird als Verständigungsproblem über ein subjektiv-introspektives Zeiterleben und die Mitteilungen darüber gedeutet (Flasch, 1993; Kreuzer, 1995): „Was also ist die Zeit? Wenn niemand mich danach fragt, weiß ich es; wenn ich es jemandem auf seine Frage hin erklären will, weiß ich es nicht" (Augustinus XI. Buch, XIV.17). In einem diskursiven, verständigungsorientierten Vorgehen um pädagogische Temporalbezüge geht es sowohl in der reflexiven Selbstverständigung (Bildungssituation) wie auch der analytischen Deutungsverständigung (Empirie) um dialogischen Austausch. „[…] in Differenz zu anderen Bedeutungshorizonten Rahmungen und Spielräumen je meine Subjektivität zu reflektieren und zu anderen ins Verhältnis zu setzen" (Ludwig, 2004, S. 124) scheint bei temporalen Phänomenen spätestens in einer nuancierten Ausdifferenzierung und Konkretion flüchtig zu werden.

In Studien zur Erwachsenenbildung zeigt sich immer wieder, dass ‚keine Zeit' von den Befragten als Antwort auf ihre Nichtteilnahme viel in Anspruch genommen wird (Barz & Tippelt, 2004; bmbf, 2005; Schiersmann, 2006; Schröder, Schiel & Aust, 2004). Im Sinne einer *Fluchtkategorie* taucht meist wie selbstverständlich die Klage über einen zeitlichen Mangel, ein immer ‚zu-Wenig' auf. Die Aussage ‚keine Zeit' gibt allerdings noch kaum befriedigende Antwort auf die Vielfalt zeitlicher Modalitäten. Im Sinne kollektiver Zeitmuster der Moderne gilt ‚keine Zeit' als sozial akzeptiertes Motiv, so dass davon auszugehen ist, dass die Verbalisierbarkeit individueller zeitlicher Selbstbezüge und darin aufscheinende überindividuelle Selbstverhältnisse zukünftig noch wichtiger werden wird, wo es um die Analyse von Teilhabe an Bildung, um Beratung für die Inanspruchnahme von Bildungszeit u.v.m. geht. Gesellschaftliches

Kennzeichen eines solchen Umgangs wird eine kommunikative und interaktive ‚Zeitkompetenz' sein. Es geht um die Verzeitlichung der Zeit, die für die Möglichkeit der *subjektiven* Überwindung einer gewissen Zeitvergessenheit in der Pädagogik steht (Pöppel, 2000; Rosa, 2005; Sandbothe, 1998).

2.7 Temporaler Grundbezug der Zeitverläufe – Bildung und Lernen als Bewegung

Anders als bei Dolch ausgedeutet, verstehe ich die Bedeutung von Zeitverläufen nicht lediglich als „Zeitfolgen", denen Lernprozesse unterworfen sind (Dolch, 1964, S. 371). Es geht um Bildung und Lernen als multiple *Bewegungen* in viel umfassenderen Sinne als nur um Abläufe des Lernens, verschiedene Sozial- und Aktionsformen im Lernen, verwendete Methoden und Medien, die selbstverständlich unterschiedlicher Dauer und Abfolgen unterliegen.

Wie bereits im ersten Temporalen Grundbezug der Geschichtlichkeit gezeigt wurde, erfordert das Nachdenken über Bildung z.B. eine disziplin*historische* Verortung – macht also rückwärtige, zeitübergreifende Bewegungen sichtbar. Darin lässt sich *eine* Variante von Zeitverläufen erkennen, die über verschiedene Wenden, Personen, Richtungen usw. die inhaltliche, formale und funktionelle Dynamik von Bildung historisch, epochal sichtbar werden lässt. ‚Kindheit' ist zum Beispiel „eine kulturelle Deutung von Zeit, die dem historischen Wandel unterliegt" (Oelkers, 2001, S. 222).

Eine andere Variante von Zeitverläufen rückt Bildung und Lernen als *Prozess* in den Blick, die auf Veränderungen als Entwicklung und damit auf Bewegungen verweisen. Bewegung gilt als eine der grundständigsten Formen unserer Wahrnehmung von Zeit (durch Objektivierung; vgl. ausführlich dazu Schmidt-Lauff, 2008a, S. 52ff.). Bewegungen sind gekennzeichnet durch Veränderung bzw. unsere *Wahrnehmung von Veränderungen*, in denen Zeit als Maßstab für die Beobachtung von Körpern im Raum festgelegt ist (zunächst ging es um die Messung naturnaher zyklischer wie linear, irreversibler Beobachtungen). So schreibt Aristoteles in seiner Physik (Buch 4.219B): „Denn genau dies ist die Zeit, die Zahl der Bewegungen in Bezug auf ‚vorher und nachher'". Zeit ist objektivierter Maßstab zur Einteilung oder Kenntlichmachung von *Entwicklungsverläufen* oder *Dauer von Ereignissen*. Aus griechischen Überlegungen einer Bewegungslehre leiten sich bis heute Abstraktions- und Idealisierungsschritte der Chronologie, Chronometrie und Chronotopie ab. „Schon Aristoteles unterschied verschiedene Modalitäten des Wechsels, vor allem den Ortswechsel (lokale Bewegung) und den Eigenschaftswechsel (Veränderung)" (Prigogine & Pahaut, 1985, zitiert in: Sandbothe, 1998, S. 8). Später beziehen sich auch Galilei und Newton auf die aristotelische Unterscheidung von *Entste-*

hen und *Vergehen*, von *Wachstum* und *Abnahme* einer Substanz bzw. den qualitativen Wechsel von Eigenschaften bei Substanzen und bei kleinsten Elementen
auf der Mikro-Ebene: „die Reduktion der Vielfalt der unterschiedlichen Formen
von Veränderungen" als „das Grundmodell der äußeren Bewegung" (Sandbothe, 1998, S. 8). Zeit bzw. das chronometrische System wird als Vermittlerin
zwischen der Welt des Unsichtbaren und des Sichtbaren, des Erkennbaren bzw.
Planbaren und des Nicht-Beinflussbaren verwendet (vgl. Beierwaltes, 1995;
Wendorff, 1980). Auch pädagogisches Handeln lässt sich „als Prozess vorstel-
len und rekonstruieren", aber eben nicht präzise „vorhersagen" (Oelkers, 2001,
S. 224). Zeit stellt z.B. über differentielle Geschwindigkeiten, (A-)Synchronität,
Rhythmen, Intensitäten immer auch einen unplanbaren Faktor dar, weil sich die
Eigenzeiten einer absoluten zeitpragmatischen Steuerung entziehen: „die
Gegenwarten verketten sich nicht linear, schon weil nie ein Transfer der gesam-
ten Erfahrung einer Situation auf die nächste möglich ist" (Oelkers, 2001,
S. 225).

Das Bedürfnis trotzdem – oder gerade deswegen – *Zeitstrukturen und
-verläufe* zu organisieren, zu gestalten oder zu schaffen, gilt der Zeitsoziologie
als unabdingbar orientierendes Instrument zur Einteilung und Vernetzung sozialen Geschehens (Dux, 1998; Elias, 1988; Nowotny, 1995). „Was man heute als
‚Zeit' begreift und erlebt, ist eben dies: ein Orientierungsmittel" (Elias, 1988,
S. 2). Muster solcher Zeitstrukturen stellen ein Komplex von Zeitverläufen
(individuell wie sozial) dar. Die Wahrnehmung von Zeitverläufen setzt aber
„zentrierende Einheiten (Menschen), die sich ein mentales Bild zu machen ver-
mögen" voraus (Elias, 1988, S. 1). Zeit ist dann nicht eine bloße Idee oder Kon-
struktionsleistung, sondern eine soziale Erscheinung als Resultat des menschlichen Potenzials zur Syntheseleistung in der Verknüpfung von Ereignissen. Die
Leistung solcher Fähigkeiten zur Wahrnehmung, Auslegung und Gestaltung hält
Elias für eine dem Menschen eigene *Lern*leistung, die nicht allein individuell erlangt werden kann, sondern Bewegungen „einer langen Kette menschlicher Generationen" folgt (Elias, 1988, S. 1). Zeit in der Moderne als für das lernende Individuum (finite) Ressource gilt es mit der infiniten Zeit in der Fülle der Welt
(de Haan, 1996) zu koordinieren und mit den „impliziten Zeitmodellen der Pädagogik selbst" strukturierend zu verknüpfen (Göhlich & Zirfas, 2007, S. 107).

Ein solches Strukturieren nimmt Zeit als Phänomen für Zeitverläufe selbstverständlich in ihrem „Doppelcharakter" (Pfeiffer, 2007) zwischen Kontinuität
und Kontingenz an. Gegenwärtige Entscheidungen schaffen zukünftige Optionen. Im Jetzt bestehen Übergänge, weil nur der gegenwärtige Moment Transformationen zwischen dem Vergangenen und dem Zukünftigen erbringen kann.
Das Jetzt führt vom Erlebten zum Neuen. Geht es bei Lernbewegungen nicht
allein um routinisierte oder funktionale Handlungen, sondern werden Jetzt-

Momente wertschätzend erlebt oder begleitet und damit zu offenen Räumen des Denkens, führt uns die „reflexive Distanz" zu „denkenden Erfahrungen", die uns „für eigene und fremde Lernerfahrungen auf neue Weise empfänglich machen" (Benner, 2005, S. 13f.).

2.8 Temporaler Grundbezug des Zeitverbrauchs – explizite oder implizite Lernzeiten

Der Temporale Grundbezug des Zeitverbrauchs hat die Bewusstmachung und Betonung von Lernen als nicht nur zeitbezogene Handlung, d.h. ein Handeln in der Zeit, sondern auch *zeitverbrauchende* Tätigkeit zum Ziel. *Zeitkonkurrenzen* entstehen zwischen Spielen, Arbeiten, Lernen, Erholung, Familienzeit, Geselligkeit, Muße und vielen anderen Zeitverwendungsformen. Deshalb treten im Nachdenken über den Verbrauch von Zeit häufig an erster Stelle die *Organisation von Lernzeiten* im Zusammenhang zu anderen Tätigkeiten und die Nutzung unterschiedlicher *Zeitfenster* für Lernen und unterschiedlicher *Zeitanteile* für Bildung im Lebenslauf in den Vordergrund. Dabei wird besonders für das Lernen im Erwachsenenalter die Spezifik *expliziter oder impliziter Zeiten* bedeutsam, die aufgrund variantenreicher Lernformen (formal bis informell), fehlender Zeitinstitutionen für Bildung (z.B. ein Recht auf Weiterbildung) und spezifischer Lebenssituationen zu Stande kommt.[24] Durch die *Vergleichzeitigung von Tätigkeiten* (z.B. Erholung und Lernen, Kultur und Lernen, Arbeiten und Lernen) wird der Grundbezug des Zeitverbrauchs im Lernprozess zunehmend missachtet. Selektierende Nebenfolgen, Zeitdruck und -belastung nehmen zu. Spezifische Lebensphasen (Stichwort: Rush-hour-of-life; vgl. Schmidt-Lauff & Worf, 2011) erschweren unter anderem geschlechtsspezifisch z.B. durch die Geburt eines Kindes (vgl. Friebel, Epskamp, Knobloch, Montag & Toth, 2000) die Aufwendung von Zeiten für Lernen. Für das Erwachsenenalter darüber hinaus relevant ist das wachsende Ausmaß entstandardisierter Erwerbsarbeit, Zeiten der Erwerbslosigkeit, die Zunahme von Patchworkbiographien, Forderungen nach einer ‚Work-life-balance' oder die Entkoppelung individueller Arbeitszeiten von Betriebszeiten bzw. ihre Entgrenzung und Virtualisierung.

Der Einzelne ist in einer *zeitsouveränen* (Arbeits-)Welt und Umgebung, in der die individuelle Zeitkompetenz stark betont wird, kein *zeitautonomes* Wesen. Aus Handlungsfähigkeit folgt noch keine Autonomie-Selbstverständlichkeit

---

24 Die Problematik impliziter, häufig zusätzlich investierter Lernzeiten im Zusammenhang z.B. zum arbeitsprozessbegleitenden Lernen, zur Anwendung von Arbeitszeit-Freizeit-Lernzeit-Konten, im ‚lernen-en-passent' oder just-in-time sind empirisch, aus betrieblicher und subjektiver Sicht, ausführlich bearbeitet (Faulstich & Schmidt-Lauff, 2000; Schmidt-Lauff, 2008a).

oder „Autonomie-Unterstellung" (Joas, 1997, S. 19). Es bedarf aber, sowohl für das Entstehen, als auch für die Chance des Wahrnehmens von Lerninteressen, zeitlicher und subjektiver Freiräume. Diese werden umso seltener als solche wahrgenommen, je stärker Strukturen als machtvolle Zwänge von außen erlebt werden. Weil der ständige Wandel z.B. eine *zeitliche Dauerüberforderung* an die körperliche, wie kognitive Anpassungsfähigkeit der einzelnen darstellt und Lernanstöße im lebenslangen Lernen als subtile Daueraufforderungen überall und zu jederzeit auf uns eindringen (Schmidt-Lauff, 2008a). Die Individuen werden den „Erfordernissen des ökonomischen Systems aufgeschlossen" (Wrana, 2006, S. 8), um den gesellschaftlichen Imperativ des Wandels, des Fortschritts und der permanenten Flexibilität durch Lernen zu internalisieren und Kompetenzen anzupassen. Als „Selbstunternehmer" (Wrana, 2006) beobachtet sich das Individuum in Bezug zum System permanent selbst, reflektiert und optimiert sich (lernend). Entfaltet dieser Prozess im Handeln eine Vorrangstellung des Ökonomischen, kann er in eine vollständige „Selbstkapitalisierung" münden (Wrana, 2006, S. 11; Pongratz, 2003). Daraus resultierender Zeitnotstand[25] müsste nach Wendorff angemessener als Phänomen der „zeitlichen Unruhe" bezeichnet werden (Wendorff, 1980, S. 561). Diese Unruhe, die wir beim Handeln in der Zeit empfinden, ist es denn auch, die im erlebten ‚zeitlichen Stillstand' (z.B. Pausen, Warten) keine Entlastung erfährt, sondern ein anderes Gefühl von temporalem Notstand. Wenn sich unsere Aufmerksamkeit auf den Ablauf der Zeit selbst richten kann, bedeutsame Ereignisse oder Wechsel fehlen, macht sich ein Zeitempfinden der Langeweile breit (Pöppel, 2000, S. 59ff.). Diese polaren Zeitphänomene im Verbrauchen von Zeit sind symptomatisch für die Moderne. Selbstverständlich werden sie auch in der didaktischen Gestaltung von Curricula mitbearbeitet und sind jedem Lernenden wie Lehrenden bekannt. Für die Erziehung hat Dolch sie im Symptom der „Verfrühung", des Nicht-Reifen-lassen-Könnens, und der in unserem Kulturkreis sehr viel selteneren „Verspätung" thematisiert (Dolch, 1964, S. 369).

Im Zeitverbrauch müssen „die praktischen Dinge des Lebens" scheinbar „durch die Regeln der Ökonomie" optimiert werden (Rinderspacher, 2002, S. 62). Verstärkt wird dieses Prinzip durch steigende Selbstdisziplin: „Die Kontrolle der Zeit wird in die Individuen hineinverlagert. *Zeitmanagement* ist angesagt als Versuch, Zeit zu gewinnen [...]. Grundhaltung der Zeitmanagementan-

---

25 Stressphänomene werden nicht durch ein zu *wenig* an Zeit ausgelöst, nicht das monoton gleichmäßige und nicht so sehr das besonders schnelle Tempo sind Hauptfaktoren, sondern eher Schwierigkeiten ein festes Tempo durchzuhalten oder das eigene Tempo, den subjektiven Rhythmus mit dem objektiven Zeitmaß der Anforderungen abstimmen zu können (vgl. Zimbardo & Gerrig, 2004). Komplementär dazu kann auch Monotonie zu Ermüdung und Unlust führen (vgl. Pöppel, 2000).

sätze ist es, zu sich selbst bzw. zur eigenen Zeit ein instrumentelles Verhältnis herzustellen" (Rinderspacher, 2002, S. 13). Im Vergehen von Zeit bzw. Verbrauch von Zeit für unterschiedliche Tätigkeiten, wie z.b. Lernen, lässt die Moderne kaum mehr Raum für natürliche Entwicklungen, das Reifen-Lassen. Entsprechend herrscht im Lernen der Moderne „nicht mehr der romantische Gestus eines Rousseau, der auf pädagogische Gelassenheit angesichts einer natürlichen und somit verlässlichen zeitlichen Strukturierung der Entwicklung der Kinder setzen konnte und auch der dialektische Optimismus eines Schleiermacher, der im Ineinanderübergehen von Spiel und Übung, von Gegenwart und Zukunft sich den menschlichen Lernprozess als einen ständigen Befriedigungsakt verstellen konnte, scheint verfolgen" (Göhlich & Zirfas, 2007, S. 115). Der Wunsch nach Rationalisierung, nach zeitlicher (Aus-)Nutzung und auch „nach einem Leben in und mit Zeitsouveränität" (Geißler, 1999, S. 41), soll durch die Kunst des Planens, Managens und der dazugehörigen Planungssysteme erfüllt werden. Dabei hat Rosa gezeigt, dass es letztlich gar nicht das Individuum sein kann, das noch zeitmanagend handelt, weil sich zeitplanerische Handlungen „nahezu zwangsläufig aus dem Strukturprinzip der funktionalen Differenzierung" ergeben, was dazu führt, dass „die einzelnen Sozialsphären ihrer je eigenen, auch zeitlichen Logik folgen" (Rosa, 2005, S. 33).

In *temporalen Antinomien für Bildung und Lernen* z.B. zwischen der Fülle des Lebens und seiner zeitlichen Begrenztheit, wird deutlich, dass weder durch eine didaktische Beschleunigung, noch durch eine didaktische Systematik des „Lernminimums" (Göhlich & Zirfas, 2007, S. 116) die Widersprüche aufzulösen sind – ja, durch Lernen gar noch konfligierend gesteigert werden. In einer Temporaltheorie der Pädagogik sind Machbarkeitsillusionen, die sich scheinbar in *zeitsouveränen* (z.B. selbstgesteuerten) oder *zeitungebundenen* (z.B. medialen) Lernformaten entfalten, aufzudecken. Zwar hat die Moderne eine Unmenge an Freiräumen geschaffen, so dass auch Lernen auf den ersten Blick von der zunehmenden *Extensivierung freier Zeit* profitieren müsste (vgl. Seitter, 2010). Allerdings korrespondiert dies sowohl mit einer institutionellen „didaktischen Intensivierung" (Seitter, 2010, S. 306), als auch mit einer subjektiven Verantwortungsintensivierung. Neben der Möglichkeit einer insgesamt zunehmenden Bildungsbeteiligung über die Lebensspanne stellt sich die Aufgabe der Ressourcen*vorhaltung* und sozialen, wie gendersensiblen Ressourcen*verteilung* als neue politische und gesellschaftliche Herausforderung.[26] Es geht um entlastete, d.h. von anderen Tätigkeiten *freigehaltene* Zeiten für Lernen. Dies betont Lernen in einer spezifischen Qualität und kann im Lernen – als Gegenbewegung

---

26 Siehe dazu z.B. SPD-Antrag zu einer neuen Zeitpolitik ‚Zeit zwischen den Geschlechtern gerecht verteilen – Partnerschaftlichkeit stärken' im Deutschen Bundestag vom 5.7.2011.

(Entschleunigung; Innehalten; Verzögerung von Permanenzen) – „Zeitwohl-stand" hervorrufen (Rinderspacher, 2002). Dies bedeutet eine „temporale Ent-lastung" (Schäffter, 1993, S. 59), die aus professioneller Sicht eine planvolle pädagogische Zeitsensibilität erfordert.

2.9 Temporaler Grundbezug der Biographie und Biographizität – Lernen in unterschiedlichen Lebenszeiten und -phasen

Den Hintergrund dieses Temporalen Grundbezugs bildet die Biographiefor-schung, in der sich im Begriff der ‚Sozialisation' komplexe intertemporale Wechselwirkungen aus subjektiven und objektiven, kulturellen und institu-tionellen zeitlichen Bedingungen verschränken (vgl. Geulen, 2000; Hurrelmann, 2002). Wenn Sozialisation als subjektreflexive Vergesellschaftung zwischen in-dividuellen, institutionellen und kulturellen Einflüssen verstanden wird – mit je unterschiedlichen Phasen von Sozialisationsprozessen – sind Bildungs- und Lernprozesse per se in sie eingebettet. Zugleich sind sozialisatorische Einflüsse epochal gebunden und es stellen sich generationale Zusammenhänge ein. Biesta u.a. sprechen in ihrer Studie zu ‚Learning Lifes' von der Bedeutung der „gen-erational time", da „time focuses on the ways in which live events are part of shared or collective experiences" (Biesta, Field & Tedder, 2010, S. 323). Insbe-sondere die subjektive Perspektive auf Zeiterleben („representations of time"; Biesta et al., 2010, S. 325) eines spezifisch generativen Bedeutungsraums steht im Vordergrund, in der ein kollektives Zeiterleben als gemeinsam verschränktes Erfahrungswissen wirksam wird. Bildung wird nach dieser Rezeption nicht im-mer neu vom Subjekt aus gedacht, sondern im Reflexivwerden von Kollek-tivvorstellungen.

„Biographische Darstellung kommt nicht ohne temporale Strukturierungen aus" (Schlüter, 2005), wenn sie auch meist implizit mit temporalen Aspekten agiert (vgl. Hoerning u.a., 1991) und sich noch kaum auf zeittheoretische Grundlegungen bezieht. Jede *Bildungsbiographie* verweist als ein Lernen über die Lebensspanne „zunächst auf ein Maß von Zeit, eine quantitative Ausdeh-nung oder Dauer, und zwar die Zeitspanne eines individuellen menschlichen Le-bens" (Alheit & Dausien, 2002, S. 567). Von Alheit & Dausien als Aspekte der „temporalen Struktur" (Alheit & Dausien, 2002, S. 567) bezeichnet, geht es um Zeitlichkeiten, um das ‚eins-nach-dem-anderen' (Entwicklungsverläufe) und um kulturelle Ausdeutungen (z.B. „Was Hänschen nicht lernt, lernt Hans hinterher"; Stern, 2005, S. 93). Neben der „Positionierung im sozialen Raum erzeugt ‚Bil-dung' vor allem eine zeitliche Ordnung von Lernprozessen entlang der Achse einer individuellen Biographie" (Alheit & Dausien, 2002, S. 576). Die Betrach-tungsperspektive des *Lebenslaufs* führt also zunächst eine spezifische temporale

Analyseebene ein, die eine eigene Konstruktionslogik über „qualitative Aspekte lebenszeitlicher Prozesse und deren sozialkulturelle Strukturierung" aufweist (Alheit & Dausien, 2002, S. 580).

Das Prinzip der *Biographizität* schließt daran an, „wenn wir biographisches Lernen als eigensinnige ‚autopoietische' Leistung der Subjekte begreifen, ihre Erfahrungen reflexiv so zu ‚organisieren', dass sie zugleich persönliche Kohärenz, Identität, einen lebensgeschichtlichen Sinn und eine kommunizierbare, sozial anschlussfähige und handlungsleitende lebensweltliche Perspektive erzeugen" (Alheit & Dausien, 2002, S. 580). Biographizität ist damit durch die Kategorie der „transitorischen Bildung" bestimmt (Behrens, 2010, S. 51), die vorübergehende (kontinuierliche) Bewegungen annimmt.

Biographie lässt sich so als „Zusammenhangsbildung" fassen (Dilthey, 1970, in: Hof, Kade & Fischer, 2010, S. 330). Der Fokus liegt zunächst in der „Beschreibung der Erfahrungsaufschichtung im Prozess vergangenen Lebens" (Hof et al., 2010, S. 330). Hof u.a. betonen darüber hinaus das Moment der *Diskontinuitäten*, um den aufschichtenden Prozess nicht als eine lineare, kontinuierliche Bewegung oder „Transformation von Subjektzuständen und Subjektstrukturen durch die Aneignung von Welt" zu simplifizieren (Hof et al., 2010, S. 330). Ihnen geht es um die „dynamische Performanz" von Lebens- und Lernverläufen in der „Ereignishaftigkeit" (Hof et al., 2010, S. 336). Bildungsbewegungen besitzen nicht nur Prozesscharakter, sondern auch „Ereignischarakter", in dem subjektive Bildungserfahrungen als „serielle Bildungsbiographien" entstehen (Hof et al., 2010, S. 328). In diesen seriellen Bildungsbiographien wird eine Rekonstruktion von Veränderungen ermöglicht, die „diskontinuitätssensibel" denkt und sich von Bildungsbiographien als „lineare Aufaddierung" einzelner Lebens- und Lernpunkte verabschiedet (Hof et al., 2010, S. 329).

In diesen Diskontinuitäten muss für Lernen im Verlauf des Lebens von der entwicklungstheoretischen Annahme eines „rechten Moments" (Dolch, 1964, S. 368) Abstand genommen werden. Temporaltheoretisch gesehen ist dies wichtig, weil so weniger das ‚Wann' des rechten Moments, als vielmehr das ‚Wie' geschaffener Lernmöglichkeiten über die Lebensspanne in den Vordergrund rückt. Dazu gehören die Durchlässigkeit des Bildungssystems, ebenso wie lerntheoretische Annahmen z.B. über das Erwachsenenalter und die subjektive Sicht auf die eigene Bildungsaspiration (reflexives Zeitbewusstsein). „Diskontinuitätssensibel" (Hof et al., 2010, S. 329) verändert sich der Blick auf z.B. aktuell übermäßig betonte verpasste Lernchancen der frühen Lebenszeit (vorschulische Bildung). Zu häufig wird der rechte Moment in der Vergangenheit als zurückliegend verpasste Chance abgetan. Im Blick auf die Gestaltung unterschiedlichster Bildungsbiographien eröffnen sich aus der Trias der Zeitdimensionen Vergangenheit, Gegenwart und Zukunft (s. Kapitel 2.4) unterschiedliche Optionen

des ‚Wie‘. Das trägt individuellen und lebensphasenspezifischen Aneignungs-
problemen oder auch -chancen viel eher Rechnung (vgl. auch Faulstich im vorliegenden Band).

2.10 Temporaler Grundbezug der Inhaltlichkeit –
Zeit(bewusstsein) und Zeit(kompetenz)

Gemeint ist die *stoffliche Auseinandersetzung um Zeit* als Inhalt von Bildung
und die Aneignung einer „neuen Zeitkompetenz“ als Ergebnis von Bildung, Erziehung und Lernen (Negt, 1988). Es geht um Zeit(bewusstsein) als Bildungsin-
halt und Zeit(kompetenz) als Lerninhalt.

Die Entwicklung eines *Wissens um Zeit* erklärt Dux im Rückgriff auf Piagets
Arbeiten über „Die Bildung des Zeitbegriffs beim Kinde“ (1955/1974) und Le-
vins korrigierende späteren Annahmen („The nature and development of time
concepts in children“ 1982). Nach Dux (1998) analysierte Piaget als erster die
Entwicklung des Zeitbewusstseins und Zeitsinns beim Kinde und wendete sich
gegen die Annahme, dass eine ursprüngliche Zeit aus einer rein inneren Quelle
stammen könne. Diese Arbeiten über Theorien zur Entwicklung von Zeit im
Kindesalter sollen nicht weiter ausgeführt werden.[27] Hinzuweisen ist jedoch auf
einige Annahmen, die Dux (1998) oder Göhlich & Zirfas (2007) für die Ausformung von Zeit zwischen Subjekt und Welt, zwischen ‚naturwüchsiger‘ und
‚fortgeschrittener‘ Zeit aufgreifen. Danach verläuft die Entwicklung des Zeitbewusstseins im jüngsten Kindesalter parallel zur Entwicklung der „zentrierten
Handlungskompetenz“, die sich zunächst nur auf *einen* Handlungsverlauf im
Raum konzentriert (Dux, 1998, S. 84ff.). Mit fortschreitendem Alter erlebt die
Handlungskompetenz einen Ausbau durch die „Interaktionskompetenz“ und die
Fähigkeit zum Perspektivwechsel (nicht nur zwischen Parametern, sondern auch
zwischen subjektiven Standpunkten) bzw. der Perspektivübernahme, weil, „um
Zeit zu entwickeln“, vom „eigenen wie vom Standpunkt des anderen gedacht
werden können“ muss (Dux, 1998, S. 85). Bei Dux erscheint die Ausbildung
eines gemeinsamen, sozialen Zeitbewusstseins als eine spätere oder höhere Ent-
wicklungsstufe (‚fortgeschrittene Zeit‘), indem Handlungen „in abstracto
geplant“ und zeitlich verortet werden müssen (Dux, 1998, S. 86): *„Die Entwicklungslogik der Zeit ist an die Entwicklungslogik der Handlungskompetenz
gebunden. Die naturwüchsige Zeit ist die Zeit der einzelnen Handlung, die fort-*

---

27 Zur Vertiefung sei Piaget selbst (1955/1974), oder kommentierend Norbert Neumann
‚Lerngeschichte der Uhrenzeit‘ (1993) empfohlen sowie temporaltheoretisch reflektiert der
Ausschnitt über die ‚Bildung des Zeitbegriffs‘ bei Göhlich & Zirfas, 2007, 114f.

geschrittene Zeit ist die Weltzeit, in der alles, was überhaupt geschieht, in einer gemeinsamen Zeit geschieht" (kursiv i. O. Dux, 1998, S. 86).

Zeit ist impliziter Inhalt von Entwicklung und (un)bewusster Teil von Handlungen. Dux beschreibt drei Theoreme für die stoffliche Aneignung von Zeit oder die Zeitentwicklung (Dux, 1998, S. 106f.):

– *Determiniertheit* (so wie Handlungsstrukturen nicht beliebig entwickelt werden, „ebenso wenig können aber beliebige Zeitstrukturen entwickelt werden" (Dux, 1998, S. 106)),

– *Gerichtetheit* (wie die Aufgabe besteht, mit einer Handlungsstruktur auch eine Zeitstruktur zu entwickeln, müssen Handlungen auch mit Ereignissen in Beziehung gesetzt werden)

– und schließlich *Ausdehnung* zu einer Zeitkompetenz in der Koordination verschiedener Ereignisverläufe miteinander, bis hin zu einer komplexen „zeitlichen Urteilsbildung" (Dux, 1998, S. 107) bzw. einem komplexen Wissen um die Zeit der Moderne.

Oelkers nimmt die „soziale Gewöhnung an Zeit" als „vermutlich den zentralen Effekt überhaupt von ‚Erziehung'" an (Oelkers, 2001, S. 221). Zeiterleben wird durch Anfänge und Enden diszipliniert. Dennoch entwickelt sich ein zeit (-ökonomisches) Bewusstsein, ein Wissen um „Dringlichkeiten" und die Fähigkeit, Prioritäten setzen zu können „aus nivellierten Reihungen heraus" (Oelkers, 2001, S. 221). Mit anderen Worten eine Erziehung zu Zeit, die Zeit zum Inhalt hat, gelingt immer nur relativ, weil allein Erfahrungen Prioritäten ausbilden lassen (siehe Gerichtetheit bei Dux, 1998): „Prioritäten sind *Zeitplä-ne*; sie definieren das Dringliche auf einer Warteliste, die immer neu verschoben wird, weil die *Realisierung* des je Dringlichen die gesamte Zeitreihung verändern kann. […] Wer einen Wunsch erfüllt, reagiert auf Prioritäten, aber der *er-füllte* Wunsch schafft *neue*" (Oelkers, 2001, S. 221).

Obwohl nicht ausreichend geklärt ist, wie die inhaltliche Vermittlung von Zeit als ‚Erziehung zur Zeit' über die Medien ‚Priorität' und ‚Dringlichkeit' erfolgt, ist für den Temporalen Grundbezug der Inhaltlichkeit das Moderne eines kompetenten Zeitbegriffs wichtig. Bis ins Erwachsenenalter ist Zeit-Lernen als Inhalt in Literatur, Kursen und Seminaren zu finden (Stichwort: Zeit- und Selbstmanagement). Zumeist reduziert auf die pragmatische Ebene in der Aneignung technokratischer Methoden zur Priorisierung, zum Zeitsparen, zur Effizienzsteigerung und Optimierung von Tätigkeiten und Handlungsverläufen in der Zeit, bleibt in der pädagogischen Debatte bislang die Kommunizierbarkeit dahinter liegender Zeitfragen, Zeitsozietäten und subjektive Introspektionen im Zeiterleben ungeklärt.

Als Inhalt wird Zeit optimierend behandelt unter Hinweisen auf ihre verantwortliche (selbststeuernde) Nutzung und flexible Optimierung. In der inhaltlichen Auseinandersetzung um Eigenzeiten des Menschen als Reflexionsfolie für Sozialzeiten, Zeitinstitutionen und Zeitmuster innerhalb der Erwachsenenbildung (vgl. Bachmayer & Faulstich, 2002) ist das subjektive Erleben jedes Einzelnen berührt, was „zeitlich in ihnen und mit ihnen geschieht" (Nowotny, 1995, S. 5). Populär sind seit längerem Fragen eines ‚sinnvollen Zeitmanagements', mit dem Antworten auf Zeitnot und Zeitdruck gesucht werden. Pädagogische Betrachtungen verweisen aber auf das multiple Erscheinungsbild zeittheoretischer und -didaktischer Bearbeitungen, die auf vielfältigste Art und Weise mit gesellschaftlichen Zeittendenzen verschränkt sind (z.B. Bildung als Gegenort zum Tempo Welt).

Die Interaktion und die Kommunikation über Zeitinhalte, über soziale Weltzeit und individuelle Eigenzeit (Dux, 1998), das dialektische Verhältnis zwischen *äußerer Zeitstruktur* und *innerem Zeiterleben* im menschlichen Dazwischentreten (Arendt, 1977/1998), zwischen gesellschaftlichen Zeittendenzen bzw. Zeitinstitutionen (z.B. Ausbildungs- und Studienzeiten) und inneren Zeitzwängen (Elias, 1988) verstehe ich als pädagogisierten Ausdruck eines thematischen Beziehungsversuchs und inhaltlichen Bildungsanspruchs.

Literatur

Alheit, P. & Dausien, B. (2002). Bildungsprozesse über die Lebensspanne und lebenslanges Lernen. In Tippelt, R. (Hrsg.), *Handbuch Bildungsforschung* (S. 565–588). Opladen: Leske und Budrich.

Arendt, H. (1971/1998). *Vom Leben des Geistes – Das Denken und das Wollen*. München: Piper.

Aristoteles (1995). *Philosophische Schriften* Bd. 1–6. Darmstadt: Wissenschaftliche Buchgesellschaft.

Arnold, R. (1985). *Deutungsmuster und pädagogisches Handeln in der Erwachsenenbildung*. Bad Heilbrunn: Klinkhardt.

Arnold, R. (2005). *Die emotionale Konstruktion der Wirklichkeit*. Hohengehren: Schneider.

Augustin, F. (1997). Unter dem Banner der Zeit. *Der blaue Reiter: Journal für Philosophie, 5*, 8–12.

Bachmayer, B. & Faulstich, P. (2002). Zeit als Thema in der Erwachsenenbildung. *Hamburger Hefte, 1*, Universität Hamburg.

Barz, H. & Tippelt, R. (Hrsg.) (2004). *Weiterbildung und soziale Milieus in Deutschland*, Band 1 und 2. Bielefeld: Bertelsmann.

Beck, U., Giddens, A. & Lash, S. (1996). *Reflexive Modernisierung*. Frankfurt a. M.: Suhrkamp.

Behrens, H. (2010). Biographisches Lernen. In: Arnold, R., Nolda, S. & Nuissl, E. (Hrsg.). *Wörterbuch Erwachsenenbildung* (2. Aufl.) (S. 50–51). Bad Heilbrunn: Klinkhardt.

Beierwaltes, W. (1995): *Plotin – Über Ewigkeit und Zeit. Enneade III 7*. Frankfurt a. M.: Suhrkamp.

Benner, D. (2003). Kritik und Negativität. In Benner, D. u.a. (Hrsg.), *Kritik in der Pädagogik* (S. 96–110). 46. Beiheft der Zeitschrift für Pädagogik. Weinheim: Beltz.

Benner, D. (2005). Über pädagogisch relevante und erziehungswissenschaftlich fruchtbare Aspekte der Negativität menschlicher Erfahrung. In Benner, D. (Hrsg.), *Erziehung – Bildung – Negativität* (S. 7–23). 49. Beiheft der Zeitschrift für Pädagogik. Weinheim u.a.: Beltz.

Berdelmann, K. (2010). *Operieren mit Zeit. Empirie und Theorie von Zeitstrukturen in Lehr-Lernprozessen*. Paderborn: Ferdinand Schöningh.

Bernet, R. (1985). *Einleitung zu „Edmund Husserl – Texte zur Phänomenologie des inneren Zeitbewusstseins* (1893-1917) (S. XI–LXIX). Hamburg: Meiner.

Biesta, G., Field, J. & Tedder, M. (2010). A time for learning: Representations of time and the temporal dimensions of learning through the lifecourse. *Zeitschrift für Pädagogik, 3*, 317–327.

bmbf (Hrsg.). (2005). *Berichtssystem Weiterbildung IX. Ergebnisse der Repräsentativbefragung zur Weiterbildungssituation in Deutschland*. Bonn.

Böhm, W. (1994): *Wörterbuch der Pädagogik* (14. überarb. Aufl.). Stuttgart: Kröner.

Brinkmann, D. (2000). Zeitfenster für Weiterbildung. In Dollase, R. u.a. (Hrsg.), *Temporale Muster* (S. 275–282). Opladen: Leske + Budrich.

Casale, R., Jacobi, J., Oelkers, J. & Tröhler, D. (2006). Lebenslanges Lernen – ein alter Hut? In Fatke, R. & Merkens, H. (Hrsg.), *Bildung über die Lebenszeit* (S. 131–143). Wiesbaden: VS Verlag für Sozialwissenschaften.

de Haan, G. (1996). *Die Zeit in der Pädagogik – Vermittlungen zwischen der Fülle der Welt und der Kürze des Lebens*. Weinheim und Basel: Beltz.

Dolch, J. (1964). Die Erziehung und die Zeit. *Zeitschrift für Pädagogik, 4*, 361–372.

Dörpinghaus, A. (2003). Zu einer Didaktik der Verzögerung. In Schlüter, A. (Hrsg.), *Aktuelles und Querliegendes zur Didaktik und Curriculumentwicklung* (S. 24–33). Bielefeld: Janus-Presse.

Dörpinghaus, A. (2005). Bildung als Verzögerung. Über Zeitstrukturen von Bildungs- und Professionalisierungsprozessen. *Pädagogische Rundschau, 5*, 563–574.

Dörpinghaus, A. (2008). Schonräume der Langsamkeit – Grundzüge einer temporal-phänomenologischen Erwachsenenpädagogik. *DIE-Zeitschrift für Erwachsenenbildung, 1*, 42–45.

Dux, G. (1998). *Die Geschichte der Zeit* (2. Aufl.). Frankfurt a. M.: Suhrkamp.

Eco, U. (2000). *Kant und das Schnabeltier*. München, Wien: Hanser.

Elias, N. (1988). *Über die Zeit*. Frankfurt a. M.: Suhrkamp.

Europäische Kommission (2000). *Memorandum on Lifelong Learning* SEC (2000) 1832, DG Education and Culture, Brussels.

Evangelische Kirche in Deutschland (EKD) (1997). *Orientierung in zunehmender Orientierungslosigkeit – Eine Stellungnahme zur Evangelischen Erwachsenenbildung in kirchlicher Trägerschaft*. Verfügbar unter: http://www.ekd.de/orien tierung_in_zunehmender_orientierungslosigkeit.pdf [30.12.2011].

Expertenkommission zur Finanzierung Lebenslangen Lernens (2004). *Schlussbericht – Der Weg in die Zukunft*. Bielefeld.

Faulstich, P. (2003). Weiterbildung und Arbeitszeit – Begründungen alternativer Zeitstrukturen für Lernchancen. In Dobischat, R. u.a. (Hrsg.), *Integration von Arbeit und Lernen. Erfahrungen aus der Praxis lebenslangen Lernens* (S. 17–46). Berlin: Sigma.

Faulstich, P. (2006). Lernen und Widerstände. In Faulstich, P. & Bayer, M. (Hrsg.), *Lernwiderstände* (S. 7–25). Hamburg: VSA-Verlag.

Faulstich, P. (2008). Temporalstrukturen „lebenslangen" Lernens. Lebenslängliche Zumutung und lebensentfaltendes Potenzial. *DIE-Zeitschrift für Erwachsenenbildung, 1*, 32–34.

Faulstich, P. & Schmidt-Lauff, S. (2000). Lernzeitstrategien im betrieblichen Kontext. *Berufsbildung in Wissenschaft und Praxis, 4*, 73–91.

Flasch, K. (1993). *Was ist Zeit? Augustinus von Hippo. Das XI. Buch der Confessiones; historisch-philosophische Studie*. Frankfurt a. M.: Vittorio Klostermann.

Fleige, M. & Schmidt-Lauff, S. (2011). Transformation und Institutionalisierung. Reflexive Prozessbetrachtungen zu Transformationsprozessen im Institutionenspektrum der Erwachsenenbildung. In Möller, S., Zeuner, Ch. & Grotlüschen, A. (Hrsg.), *Die Bildung der Erwachsenen. Perspektiven und Utopien* (S. 137–149). Weinheim und München: Juventa.

Friebel, H., Epskamp, H., Knobloch, B., Montag, St. & Toth, St. (2000). *Bildungsbeteiligung: Chancen und Risiken*. Opladen: Leske + Budrich.

Garhammer, M. (1999). *Wie Europäer ihre Zeit nutzen – Zeitstrukturen und Zeitkulturen im Zeichen der Globalisierung*. Berlin: Edition Sigma.

Geißler, K. A. (1985). *Zeit leben*. Weinheim und Basel: Beltz Quadriga.

Geulen, D. (2000). Zur Kontextualisierung des Verhältnisses von externen und internen Bedingungen im Prozess lebenslanger Sozialisation. In Hoerning, E. M. (Hrsg.). *Biographische Sozialisation* (S. 187–208). Stuttgart: Lucius & Lucius.

Giddens, A. (1996). Leben in einer posttraditionalen Gesellschaft. In Beck, U., Giddens, A. & Lash, S. (Hrsg.), *Reflexive Modernisierung. Eine Kontroverse* (S. 113–194). Frankfurt a. M.: Suhrkamp.

Giddens, A. (1997). *Die Konstitution der Gesellschaft: Grundzüge einer Theorie der Strukturierung* (3. Aufl.). Frankfurt a. M.; New York: Campus.

Gieseke, W. (2007). *Lebenslanges Lernen und Emotionen. Wirkungen von Emotionen auf Bildungsprozesse aus beziehungstheoretischer Perspektive.* Bielefeld: Bertelsmann.

Gieseke, W. (2008). *Bedarfsorientierte Angebotsplanung in der Erwachsenenbildung. Studientexte für die Erwachsenenbildung.* Bielefeld: Bertelsmann.

Gieseke, W. (2010). Erfahrungsorientierung – Erfahrung. In: Arnold, R., Nolda, S. & Nuissl, E. (Hrsg.), *Wörterbuch Erwachsenenpädagogik* (S. 82–83). Bad Heilbrunn: Klinkhardt.

Gieseke, W. & Opelt, K. (2004). *Weiterbildungsberatung II* (2. überarb. Aufl.). Studienbrief Erwachsenenbildung des Zentrums für Fernstudien und universitäre Weiterbildung. Universität Kaiserslautern.

Göhlich, M. & Zirfas, J. (2007). *Lernen. Ein pädagogischer Grundbegriff.* Stuttgart: Kohlhammer.

Hasse, R. & Krücken, G. (2005). Organisationsgesellschaft und Weltgesellschaft im soziologischen Neo-Institutionalismus. In Jäger, W. & Schimank, U. (Hrsg.), *Organisationsgesellschaft. Facetten und Perspektiven* (S. 124–147). Wiesbaden: VS Verlag.

Hauger, W. (1997). Nicht zweimal in denselben Fluß – Zur Unumkehrbarkeit der Zeit in der Physik. *Der blaue Reiter. Journal für Philosophie, 5*, 35–41.

Heidegger, M. (1995). *Der Begriff der Zeit. Vortrag vor der Marburger Theologenschaft*, Juli 1924. Tübingen: Max Niemeyer.

Heidegger, M. (2001). *Sein und Zeit* (18. Aufl.). Tübingen: Max Niemeyer.

Hoerning, E. M. u.a. (1991). *Biographieforschung und Erwachsenenbildung.* Bad Heilbrunn: Klinkhardt.

Hof, Ch. (2009). *Lebenslanges Lernen. Eine Einführung.* Stuttgart: Kohlhammer.

Hof, Ch., Kade, J. & Fischer, M. (2010). Serielle Bildungsbiographien – Auf dem Weg zu einem qualitativen Bildungspanel zum Lebenslangen Lernen. *Zeitschrift für Pädagogik, 3*, 328–339.

Hurrelmann, K. (2002). *Einführung in die Sozialisationstheorie.* Weinheim und Basel: Beltz.

Husserl, E. (1985). *Texte zur Phänomenologie des inneren Zeitbewusstseins (1893-1917).* Herausgegeben und eingeleitet von Bernet, R. Hamburg: Meiner.

Hügli, A. & Lübcke, P. (Hrsg.). (2005). *Philosophielexikon* (6. Aufl.). Reinbek: Rowohlt.

Jachnow, H. (1995). Möglichkeiten der Klassifikation von Temporalitätsträgern. In Jachnow, H. & Wingender, M. (Hrsg.), *Temporalität und Tempus* (S. 112–128). Wiesbaden: Harrassowitz.

Joas, H. (1997). Eine soziologische Transformation der Praxisphilosophie – Giddens' Theorie der Strukturierung. In: Giddens, A. (Hrsg.). *Die Konstitution der Gesell-*

schaft: Grundzüge einer Theorie der Strukturierung (3. Aufl.) (S. 9–25). Frankfurt a. M.; New York: Campus.

Kade, J. & Seitter, W. (2004). Bildung – Risiko – Genuss: Dimensionen und Ambivalenzen lebenslangen Lernens in der Moderne. In Brödel, R. & Kreimeyer, J. (Hrsg.), *Lebensbegleitendes Lernen als Kompetenzentwicklung* (S. 51–59). Bielefeld: Bertelsmann.

Klafki, W. (1985). *Neue Studien zur Bildungstheorie und Didaktik: zeitgemäße Allgemeinbildung und kritisch-konstruktive Didaktik* (5. Aufl.). Weinheim und Basel: Beltz.

Klumbies, P.-G. (2011). In der Ubiquitätsfalle. Ein theologischer Entwurf. *Forschung & Lehre, 18*, 944–945

Kraus, K. (2001). *Lebenslanges Lernen – Karriere einer Leitidee*. Bielefeld: Bertelsmann.

Kreuzer, J. (1995). *Augustinus*. Frankfurt a. M.: Campus.

Lerch, S. (2010). *Lebenskunst Lernen? Lebenslanges Lernen aus subjektwissenschaftlicher Sicht*. Bielefeld: Bertelsmann.

Ludwig, J. (2004). Vermitteln – verstehen – beraten. In Faulstich, P. & Ludwig, J. (Hrsg.), *Expansives Lernen* (S. 112–126). Hohengehren: Schneider.

Lüders, M. (1995). *Zeit, Subjektivität und Bildung*. Weinheim: Deutscher Studien Verlag.

Marotzki, W. (1991). Bildungsprozesse in lebensgeschichtlichen Horizonten. In: Hoerning, E. M. u.a. *Biographieforschung und Erwachsenenbildung* (S. 182–205). Bad Heilbrunn: Klinkhardt.

Meueler, E. (2009). *Die Türen des Käfigs* (völlig überarb. und aktual. Neuaufl.). Hohengehren: Schneider.

Meyer-Drawe, K. (2003). Lernen als Erfahrung. *Zeitschrift für Erziehungswissenschaft, 4*, 505–514.

Meyer-Drawe, K. (2005). Anfänge des Lernens. In Benner, D. (Hrsg.), *Erziehung – Bildung – Negativität* (S. 24–37). 49. Beiheft der Zeitschrift für Pädagogik. Weinheim.

Mollenhauer, K. (1981). Die Zeit in Erziehungs- und Bildungsprozessen. Annäherungen an eine bildungstheoretische Fragestellung. *Die Deutsche Schule 73, 1*, 68–78.

Nahrstedt, W. u.a. (1998). *Neue Zeitfenster für Weiterbildung – Temporale Muster der Angebotsgestaltung und Zeitpräferenzen der Teilnehmer im Wandel*. Bielefeld: Institut für Freizeitwissenschaft und Kulturarbeit.

Nassehi, A. (1993). *Die Zeit der Gesellschaft: auf dem Weg zu einer soziologischen Theorie der Zeit*. Opladen: Westdeutscher Verlag.

Negt, O. (1988). Plädoyer für einen neuen Lernbegriff. zwd – Bildung, Wissenschaft, *Kulturpolitik, 21*, 5–6.

Neumann, N. (1993). *Lerngeschichte der Uhrenzeit*. Weinheim: Deutscher Studien Verlag.

Nowotny, H. (1995). *Eigenzeit*. Frankfurt a. M.: Suhrkamp.

OECD (2011): *Bildung auf einen Blick*. OECD-Indikatoren. Bielefeld: wbv.

Oelkers, J. (2001). *Einführung in die Theorie der Erziehung*. Weinheim und Basel: Beltz.

Pfeiffer, U. (2007*). Kontinuität und Kontingenz. Zeitlichkeit als Horizont systematischer Überlegungen in der Erziehungswissenschaft*. Bad Heilbrunn: Klinkhardt.

Piaget, J. (1974). *Die Bildung des Zeitbegriffs beim Kinde*. Frankfurt a. M.: Suhrkamp.

Pöppel, E. (2000*). Grenzen des Bewusstseins. Wie kommen wir zur Zeit, und wie entsteht Wirklichkeit?* Frankfurt a. M.: Insel Taschenbuch.

Pongratz, L. A. (2003). *Zeitgeistsurfer. Beiträge zur Kritik der Erwachsenenbildung*. Weinheim und Basel: Beltz.

Prange, K. (2005). *Die Zeigestruktur der Erziehung. Grundriss der operativen Pädagogik*. Paderborn: Ferdinand Schöningh.

Quante-Brandt, E. & Anslinger, E. (2011). Die Lust am Lernen: Motivationale Ausgangslagen junger Erwachsener in Nachlernprozessen. In Grotlüschen, A., Kretschmann, R., Quante-Brandt, E. & Wolf, K. D. (Hrsg.), *Literalitätsentwicklung von Arbeitskräften* (S. 172–193). Münster u.a.: Waxmann.

Reckwitz, A. (2008). *Unscharfe Grenzen. Perspektiven der Kultursoziologie*. Bielefeld: transcript.

Rinderspacher, J. P. (Hrsg.). (2002). *Zeitwohlstand – Ein Konzept für einen anderen Wohlstand der Nation*. Berlin: Edition Sigma.

Rosa, H. (2005). *Beschleunigung – Die Veränderung der Zeitstrukturen in der Moderne*. Frankfurt a. M.: Suhrkamp.

von Rosenbladt, B. & Bilger, F. (Hrsg.) (2010): *Weiterbildungsbeteiligung 2010. Trends und Analysen auf Basis des deutschen AES*. Bielefeld: wbv.

Ruhloff, J. (2006). Ökonomisierung von Unterricht – Unveröffentl. Thesen zum Prager Treffen der ‚Internationalen Forschungsgruppe Unterricht'.

Sandbothe, M. (1998). *Die Verzeitlichung der Zeit. Grundtendenzen der modernen Zeitdebatte in Philosophie und Wissenschaft*. Darmstadt: Wissenschaftliche Buchgesellschaft.

Schäffter, O. (1993). Die Temporalität von Erwachsenenbildung. Überlegungen zu einer zeittheoretischen Rekonstruktion des Weiterbildungssystems. *Zeitschrift für Pädagogik, 3*, 443–462.

Schäffter, O. (2001). *Weiterbildung in der Transformationsgesellschaft. Zur Grundlegung einer Theorie der Institutionalisierung*. Baltmannsweiler: Schneider.

Schäffter, O. & Schmidt-Lauff, S. (2010). Temporalität. In: Arnold, R., Nolda, S. & Nuissl, E. (Hrsg.). *Wörterbuch Erwachsenenbildung* (2. Aufl.) (S. 285–286). Bad Heilbrunn: Klinkhardt.

Schiersmann, Ch. (2006). *Profile Lebenslangen Lernens*. Bielefeld: Bertelsmann.

Schleiermacher, F. (1849). *Erziehungslehre*. Herausgegeben von E. Platz: ‚Friedrich Schleiermacher's sämmtliche Werke'. Berlin: Reimer.

Schlüter, A. (Hrsg.). (2005). *„In der Zeit sein …' – Beiträge zur Biographieforschung in der Erwachsenenbildung.* Bielefeld: Bertelsmann.

Schmidt-Lauff, S. (2005). Zeit in der Erwachsenenbildung – Erwachsenenbildung in der Zeit. In Wiesner, G., Zeuner, Ch. & Forneck, H. J. (Hrsg.), *Empirische Forschung und Theoriebildung in der Erwachsenenbildung* (S. 222–236). Baltmannsweiler: Schneider.

Schmidt-Lauff, S. (2007). *Zeit in der Weiterbildungsberatung – Eine fast vergessene entscheidungsrelevante Größe.* In Heuer, U. & Siebers, R. (Hrsg.), *Weiterbildung am Beginn des 21. Jahrhunderts. Festschrift für Wiltrud Gieseke* (S. 161–173). Münster u.a.: Waxmann.

Schmidt-Lauff, S. (2008a). *Zeit für Bildung im Erwachsenenalter – Interdisziplinäre und empirische Zugänge.* Münster u.a.: Waxmann.

Schmidt-Lauff, S. (2008b). Zeittheoretische Betrachtungen Lebenslangen Lernens. In Grotlüschen, A. & Beier, P. (Hrsg.), *Zukunft Lebenslangen Lernens. Strategisches Bildungsmonitoring am Beispiel Bremens* (S. 113–126). Bielefeld: Bertelsmann.

Schmidt-Lauff, S. (2010a). Ökonomisierung von Lernzeit – Zeit in der betrieblichen Weiterbildung. *Zeitschrift für Pädagogik, 3*, 355–365.

Schmidt-Lauff, S. (2010b). Zeitfragen und Temporalität in der Erwachsenenbildung. In Tippelt, R. & von Hippel, A. (Hrsg*.), Handbuch Erwachsenenbildung/Weiterbildung* (4. durchges. Aufl.) (S. 213–230). Wiesbaden: VS Verlag.

Schmidt-Lauff, S. (2011). Temporale und zeitliche Kriterien einer Teilhabe an Bildung im Erwachsenenalter. In Arnold, R. & Pachner, A. (Hrsg.), *Lernen im Lebenslauf* (S. 192–207). Baltmannsweiler: Schneider.

Schmidt-Lauff, S. (2012). Lernvergnügen und Lernfreude. In Faulstich, P. (Hrsg.), *LernLust* (im Erscheinen). Hamburg: VSA-Verlag.

Schmidt-Lauff, S. & Worf, M. (2011). Lebenslanges Lernen – ein Aspekt zur biografischen Entschleunigung? In Dewe, B. & Schwarz, M. P. (Hrsg.), *Beruf – Betrieb – Organisation. Perspektiven der Betriebspädagogik und beruflichen Weiterbildung* (S. 317–337). Bad Heilbrunn: Klinkhardt.

Schröder, H., Schiel, St. & Aust, F. (2004). *Nichtteilnahme an beruflicher Weiterbildung. Motive, Beweggründe, Hindernisse.* Bielefeld: Bertelsmann.

Seitter, W. (2010). Zeitformen (in) der Erwachsenenbildung. *Zeitschrift für Pädagogik, 3*, 305–316.

Seneca, L. A. (2005). *Von der Kürze des Lebens.* Herausgegeben und mit Nachwort versehen von Ch. Horn. München: Beck.

Sennett, R. (1998). *Der flexible Mensch.* Berlin: Berlin Verlag.

Siebert, H. (1997). *Didaktisches Handeln in der Erwachsenenbildung.* Neuwied: Luchterhand.

Sommer, M. (1997). Edmund Husserls Phänomenologie des Zeitbewusstseins. *Der blaue Reiter. Journal für Philosophie, 5*, 13–16.

Tenorth, H.-E. (2006). Zeit als Thema der Erziehungswissenschaft. Dissens der Codierung, Desiderata der Thematisierung. In Bellmann, J. & Ruhloff, J. (Hrsg.), *Perspektiven Allgemeiner Pädagogik* (S. 57–74). Weinheim: Beltz.

Tietgens, H. (1986*). Erwachsenenbildung als Suchbewegung.* Bad Heilbrunn: Klinkhardt.

Weik, E. (1998). *Zeit, Wandel und Transformation – Elemente einer postmodernen Theorie der Transformation.* München und Mering: Rainer Hampp.

Wendorff, R. (*1980). Zeit und Kultur. Geschichte des Zeitbewußtseins in Europa.* Opladen: Westdeutscher Verlag.

Wendorff, R. (Hrsg.). (1989). *Im Netz der Zeit – Menschliches Zeiterleben interdisziplinär.* Stuttgart: Hirzel.

Wrana, D. (2006). Ökonomisierung und/oder Pädagogisierung der Weiterbildung. Unveröffentlichte Fassung des Vortrags im Panel Weiterbildung und Gouvernementalität auf dem DGfE-Kongress 2006 in Frankfurt.

Wulf, Ch. (2001). *Anthropologie der Erziehung.* Weinheim und Basel: Beltz.

Zimbardo, P. G. & Gerrig, R. J. (2004). *Psychologie* (16. überarb. Aufl.). München: Pearson Studium.

Zimmerli, W. Ch. & Sandbothe, M. (Hrsg.). (1993). *Klassiker der modernen Zeitphilosophie.* Darmstadt: Wissenschaftliche Buchgesellschaft.

Zirfas, J. (2011). Bildung. In Kade, J., Helsper, W., Lüders, Ch., Egloff, B., Radtke, F.-O. & Thole, W. (Hrsg.): *Pädagogisches Wissen. Erziehungswissenschaft in Grundbegriffen* (S. 13–19). Stuttgart: Kohlhammer.

Andreas Dörpinghaus und Ina Katharina Uphoff

Zeit und Bildung
Über die Selbstaffektion der Erfahrung[1]

Bildungsprozesse haben ein konstitutives Verhältnis zur Zeit. Das heißt, wir beschreiben mit dem Bildungsbegriff diejenigen *Prozesse* der Veränderung, denen wir zugleich unterstellen, dass sie für unser Selbst- und Weltverständnis grundlegend sind, gleichsam den Horizont unseres Zurweltseins „bilden". Dabei wird der Zusammenhang von Bildungsprozessen und Zeit nicht eigens thematisch. Zeit erscheint lediglich als eine formale Größe, in der sich Bildung „ereignet". Wenn Zeit überhaupt in den Blick gerät, dann nur in einer ökonomischen Konnotation: „Wesentlich für eine Ökonomie der Arbeit aller am Lernen Beteiligten ist die verantwortliche Nutzung von Zeit. Einen Kristallisationspunkt der Organisation innerhalb des Hauses des Lernens bildet deshalb ein Zeitmanagement als gemeinsame Aufgabe von Lehrerinnen und Lehrern, Schülerinnen und Schülern. Das Lernzeitmanagement folgt ähnlichen Gesichtspunkten wie das Arbeitszeitmanagement in innovativen Betrieben: Flexibilität im Rahmen tragender Zielsetzungen und Ordnungen, Delegation von Verantwortung, Teamarbeit, Selbststeuerung, rollende Planung und laufende Optimierung" (Bildungskommission NRW, 1995, S. 92). Die Humankapitalerhebungen nehmen dieses Bildungszeitverständnis auf: Es ist dann *die* Zeit, die für Bildung „aufgewendet" wird. Bildung und Zeit sind hier empirisch verfügbare Größen, die in einen Pseudokausalzusammenhang gebracht werden, der Erkenntnisse suggeriert und wo Trivialforschungen Raum greifen, die Bildungszeit als quantitative Einheit begreifen. Entgegen dieser verkürzten Betrachtung ist es von Bedeutung, eine temporalpädagogische Perspektive auf Bildungszusammenhänge einzunehmen, die der qualitativen Dimension von Zeitstrukturen und Zeitgestalten gerecht wird.

I.

Zeit ist stets gebunden an die Weise ihrer Gestaltung, an Bewegung, Veränderung und Dauer. Die Frage, was Zeit ist, lebt seit Augustinus von der gescheiterten Antwort auf sie, vom Entzug der Zeit und *zugleich* der Evidenz ihrer Spuren, die sie hinterlässt. Zeit ist ein Grenzphänomen, das Mensch *und* Welt um-

---

1 Vgl. hierzu ausführlich Dörpinghaus & Uphoff (2012).

greift. Sie ist weder nur dem Innen noch nur dem Außen von Mensch und Welt zuzuordnen. Vielmehr zeigt die Zeit die *Verhältnishaftigkeit* des Menschen zur Welt an. Sie ist eine Form der Erfahrung, die, wie es v.a. die Phänomenologie verdeutlicht, selbst an der Erfahrung beteiligt ist. Damit können Zeitstrukturen und -gestalten nicht mehr nur als randständig mit Blick auf die in ihnen vorge-stellten Prozesse betrachtet werden, vielmehr sind sie konstitutiv für diese Pro-zesse. Zeit wird zu einer quasi apriorischen Form der Erfahrung, die allerdings a posteriori allererst aus der Erfahrung stammt – ein apriorisches Aposteriori, ein aposteriorisches Apriori, so das *paradoxon*.[2] Sie ist, wie Heidegger unter-streicht, eine Seinsweise des Menschen und seiner Welt. Das, was in der Zeit mit ihr geschieht, ist involviert in unsere Sicht von Welt, das heißt, sie ist als gelebter Modus an unserer Erfahrung beteiligt. Doch worin besteht diese Be-teiligung der Zeit an unserer Erfahrung und vor allem auch an unseren Bil-dungs- und Lernprozessen? Um diesen Zusammenhang verständlich zu machen, ist ein Umweg notwendig, der die Zeit und die Möglichkeit der Selbstgestaltung als Freiheitspraktik problematisiert.

In Anlehnung an die aristotelische Denkfigur des unbewegten Bewegers be-stimmt Immanuel Kant in der *Kritik der reinen Vernunft* die Freiheit des Men-schen als Selbstanfang (Kant, 1974, B 561ff., S. 488ff.).[3] Dieser Selbstanfang als Bedingung der Selbstgestaltung und menschlichen Freiheit ist *nicht* in der Zeit verortet und unterliegt – das ist zentral – daher nicht der Notwendigkeit von Kausalbeziehungen. Die Denkfigur Kants ist deswegen bildungstheoretisch von Bedeutung, weil Kant mit ihr, entgegen der Reduzierung des Menschen auf ein Reiz-Reaktions-Wesen, die Möglichkeit der Mündigkeit eröffnet, und zwar – eben nicht unproblematisch – durch das Intelligible, Außerzeitliche, Unbewegte. Mit diesem intelligiblen „Bereich" wird der Mensch zurechenbar für sein Tun, durch ihn werden Freiheit und Bildung überhaupt erst möglich. Die Kausalität der Freiheit als eine nicht der Zeit unterworfene *Perspektive* auf den Menschen trennt er von dem Bereich des Naturgesetzlich-Empirischen *in der Zeit*. Mit an-deren Worten: In der Zeit und der Reiz-Reaktions-Abfolge ist der Mensch ge-rade nicht als frei vorstellbar.[4]

---

2   Diese Denkfigur ist durch phänomenologisch-hermeneutische Theorien im Anschluss an L. Wittgenstein, M. Merleau-Ponty, aber auch M. Foucault und P. Bourdieu ausgeführt worden.

3   Dieser Selbstanfang bleibt als eine intelligible Tat letztlich für den Menschen unerforsch-lich, sein Wesen bleibt ihm verborgen. Der Selbstentzug ist verwurzelt in dem metaphori-schen Gehalt des Bildungsbegriffs (vgl. Meyer-Drawe, 1999).

4   Die transzendentale Subjektivität, die diese Perspektive markiert, ist nicht etwa – wie in der Folge missverständlich adaptiert – ein autonomes Subjekt, sondern eine denknotwen-dige Bedingung menschlicher Reflexivität. Käte Meyer-Drawe hat aufgezeigt, dass dieser

Doch woraus speist sich gewissermaßen dieser intelligible Bereich, den Kant dem empirischen, positivistischen entgegensetzt? Entscheidend ist, dass Kant dem Intelligiblen einen Sinnüberschuss einschreibt, der sich aus der lebensweltlich gesättigten Erkenntnis nährt. Durch den Positivismus einer bloß empirischen Perspektive kann nichts über den Menschen gesagt werden, was für sein Verständnis als Wesen der Reflexion aufschlussreich wäre. „Der Positivismus", so pointiert Max Horkheimer dann folgerichtig, „findet keine die Menschen transzendierende Instanz, die zwischen Hilfsbereitschaft und Profitgier, Güte und Grausamkeit, Habgier und Selbsthingabe unterschiede" (Horkheimer, 1970, S. 61).

Allerdings muss das Intelligible an dieser Stelle nicht das letzte Wort haben, wenn wir es schlichtweg nur als eine historisch-kontingente Antwort Kants auf die bedeutendere Frage verstehen, wie Freiheitspraktiken für den Menschen überhaupt in der Zeit verständlich sind. Anders formuliert: Teilt man die kantische Annahme eines unzeitlichen Intelligiblen der Erfahrung gerade *nicht*, streicht man gewissermaßen den Raum des Intelligiblen *außerhalb* der Zeit, stellt sich sodann die Frage, wie dennoch Praktiken der Freiheit, der Widerständigkeit und Mündigkeit als gleichsam vormals transzendentales Apriori nunmehr a posteriori *innerhalb* des Empirischen und des Kausalen als Perspektive auf den Menschen gedacht werden können – vor allem Bildung und Erfahrung, die reflexiv sind und sich einem Kausalschema und einer Zeitsukzession entziehen.

II.

Freiheit und Reflexion sind *außerhalb* der Zeit, im Intelligiblen die eines gottähnlichen gänzlich autonomen, unleiblichen Wesens; *in der Zeit* und damit in der endlich-leiblichen Dimensioniertheit unseres Daseins muss ihre Möglichkeit in einem Riss bestehen, der selbst durch die Zeit geht, eine Art Selbstaffektion der Zeit, die wir als *Verzögerung der Zeit* bezeichnen können. Soll Bildung möglich sein, bedarf es also eines Gestaltungsraumes, innerhalb dessen sich Bildungsprozesse vollziehen und diesen Gestaltungsraum, den Bildung voraussetzen muss, eröffnen Verzögerungen.

Verzögerungen können temporalpädagogisch und empirisch sehr unterschiedliche Zeitgestalten, das heißt Ausdrucksformen, annehmen. Sie sind jedoch gerade nicht als bloße Zeitverschiebung zu denken, gewissermaßen als

kantische Autonomiebegriff zu Unrecht für „emphatische Autonomieforderungen" in Anspruch genommen wird und in der Folge seine Konturen verliert (vgl. Meyer-Drawe, 1998).

„unnötiger" Aufschub. Bezeichnenderweise bestimmt Theodor W. Adorno in seinem Nachlass die Bildung des Menschen als ein *Warten-können*. Der Begriff des Wartens leitet sich vom Verb *videre* ab und impliziert ein Schauen, die Aufmerksamkeit auf etwas richten und sich für etwas sorgen. Warten zu können ist eine anstrengende Tätigkeit und eine Absage an den Druck der Zeit. Im Kontext gegenwärtiger beschleunigter Lebenszeitregime ist Warten jedoch sicherlich kein ernsthaftes Sinnangebot mehr, eher eine bloße Zeitverschwendung. Die Bedeutung des Wartens erschöpft sich in seiner Geringschätzung. Der Zeitdruck wendet sich gerade *gegen* ein Warten sowie *gegen* die Verzögerung und ist damit zugleich die intendierte Unmöglichkeitsbedingung mündiger Lebenspraktiken als „Führung der Führung" (Foucault, 1994, S. 255) durch die Zeit. Aber nicht nur das Warten ist Ausdruck der Verzögerungen. Wir müssen auch von uns *pausieren*, uns aussetzen, uns wiederholen, wir brauchen Gelassenheit, um den Dingen eine Sprache zu verleihen, Formen der Kontemplation, die uns Erfahrungshorizonte eröffnen. Wenn aber Erfahrungen durch Zeit-Druck verhindert werden, auf die Bildung erst die Antwort ist, kann es dann so etwas wie Bildung überhaupt noch geben?

Den Menschen zu betrachten und zu behandeln als habe er die Möglichkeit mündig zu sein, als unterliege er nicht zwingend kausalen Verfasstheiten, stellt für den Begriff „Bildung" vielleicht den zentralsten Punkt dar. Praktiken der Freiheit, um nicht „dermaßen regiert zu werden" (Foucault, 1992, S. 12)[5], sind gründend für ein kritisches Ethos und eine skeptische Widerständigkeit, derer sich der Bildungsbegriff erst verdankt – immerhin steht er seit der Antike für eine Sorge um sich, die im Kern ein reflexives Verhältnis zu sich umschreibt. Verzögerungen markieren die Möglichkeiten des Menschen, sich zu sich selbst verhalten zu können. Dieses Verhalten-können setzt einen Temporalspalt zwischen Reiz und Reaktion voraus, der die Bedingung für den Menschen als reflexives, soziales und kulturelles Wesen darstellt, das in einer Welt der *symbolischen Formen* zu Hause ist. Wir folgen keiner unbefragten Verbindung von Gesolltem und Verhalten, sondern verstehen uns als Wesen, die Gründe haben für ihr Handeln und im Rahmen einer Welt des Sinns und der Bedeutung, anstatt zu reagieren, *antworten* (vgl. auch Cassirer, 2007, insbesondere Teil I, S. 47ff.). Im Moment der Verzögerung entstehen die Erfahrungsspielräume, die nicht in der *Reaktion* auf eine Frage bestehen, sondern in einer *Antwort*, die die Frage selbst umgreift. Die unmittelbare Reaktion wird gehemmt und verhindert. Etwas, das möglicherweise auf den Fortgang nahezu drängt und den Abschluss sucht, wird verzögert, so dass eine *andere Ebene der Sicht* eröffnet wird. Diese Verzögerung kennzeichnet als Grenzphänomen den Übergang von der bloßen Nutzbar-

---

5   Vgl. zum Begriff der Mündigkeit: Dörpinghaus (2005).

machung von etwas hin zur Frage nach seinem *Sinn* und seiner Bedeutung. Sie ist zugleich der Prozess vom Sein-müssen hin zum Sein-können.

III.

Der Bildungsbegriff impliziert notwendig die Unterbrechung eines linearen Zeitmusters als Grundlage der Reflexivität. Wie können solche Unterbrechungen ermöglicht werden? Am Beispiel eines fragenden Denkens soll dies verdeutlicht werden, das die Verzögerung in einer Reflexivität der Nachdenklichkeit fasst, die zugleich mit der Möglichkeit der Erfahrung gegeben ist. In der Regel stehen sich Fragen und Antworten gegenüber. Ein solches Schema fasst Verzögerungen als Defizit und Umweg auf. Es geht quasi um ein *gefragtes* Fragen, das auf einem „existierenden Frageboden, in einer bestehenden Frageordnung und mit vorgegebenen Frageregistern" (Waldenfels, 1995, S. 160) geschieht. Bei diesen Fragen liegen die Antworten bereits in einer Struktur vor; Frage und Antwort stehen sich gegenüber. Die gefragten Fragen sind im Grunde schlichtweg Informationsfragen; sie fragen nach etwas, das in der Antwort aufgeht. Es bleibt, das ist entscheidend, kein Überschuss in Form eines Unbestimmten, keine Fraglichkeit, die den Fragenden und Antwortenden umfasst. Eine *Fraglichkeit* der Frage erscheint lediglich als ein Mangel im Ordnungssystem eines Wissens, der behoben werden muss.

Das gefragte Fragen ist einem Schachspiel vergleichbar: Die Züge in ihren Möglichkeiten vollziehen sich innerhalb der Spielordnung. Dabei kommt keiner auf die Idee, das Spiel selbst zu verändern. Das hat Folgen für das menschliche Zur-Welt-Sein, auf das Hans Blumenberg aufmerksam macht: Ergebnis sind „trainierte, sachgemäß reagierende, aber nicht ihre Funktionszusammenhänge allseitig durchschauende Funktionäre. Immer weniger Leute werden wissen, *was* sie tun, indem sie lernen, *weshalb* sie so tun. Die Handlung verkümmert zur Reaktion, je direkter der Weg von der Theorie zur Praxis ist, der gesucht wird. Der Schrei nach der Eliminierung ‚unnützen‘ Lernstoffes ist immer der nach der ‚Erleichterung‘ der funktionellen Umsetzungen" (Blumenberg, 1986, S. 123f., Hervorhebung im Original). Hier die Fragen, da die Antworten. In diesem Verständnis ist keine Verzögerung vorgesehen, ja sie sollen mitunter verhindert werden. Max Horkheimer spricht demgemäß von der bloßen Verarbeitung: „Der Prozeß der Bildung ist in den der Verarbeitung umgeschlagen. Die Verarbeitung – und darin liegt das Wesen des Unterschieds – läßt dem Gegenstand keine Zeit, die Zeit wird reduziert" (Horkheimer, 1978, S. 24).

Anders als das *gefragte* Fragen ist ein *fragendes* Fragen, das die abgeschlossene Struktur von Frage und Antwort übersteigt. Es kann dadurch bestimmt werden, dass es keine Ordnung, die die Frage auf eine Antwort bezieht, voraussetzt. Im Anschluss an Merleau-Ponty ist es ein *fragendes* Denken, das unterstreicht, dass ein solches Fragen in seiner Fraglichkeit offen ist (vgl. Waldenfels, 1995, S. 159-171). Eine Möglichkeit dieser Offenheit könnte auf den ersten Blick in der *Selbstbezüglichkeit* der Frage liegen. Wenn die Frage sich nur selbst fraglich genug ist, wird sie offen bleiben. Dieses Fragen zentriert sich nicht auf etwas anderes, sondern auf sich selbst. Eine Frage, die sich selbst fraglich wird, ist allerdings kaum an einer Antwort orientiert, ja zielt im Grunde nicht einmal auf eine Antwort ab. Wie ist aber ein fragendes Denken vorstellbar, das sich auch um eine Antwort müht? Diese Möglichkeit bedarf einer Aufmerksamkeit auf *etwas,* das fraglich ist. Eine Frage, deren Antwort nicht schon bereitliegt und auch nicht in der Selbstbezüglichkeit aufgeht, braucht einen Bezug auf etwas, das sie nicht selbst generiert oder bestimmt. Sie ist auf einen *fremden* Anspruch bezogen, an diesem *bricht sie auf* und stellt den Menschen in die Frage.

Damit wird nun deutlicher, wie ein *verzögerndes* Denken möglich ist. Es ist ein fragendes Denken, das sich vom *Fremdbezug* her begreift. Es antwortet auf etwas, das es nicht selbst *bestimmt* und „von dem es geweckt, wachgehalten und in Anspruch genommen wird" (Waldenfels, 1995, S. 171). Es geht um einen Horizont, der in Bildungsprozessen in Bewegung gerät. Das fragende Denken wird „geweckt" im Kontext einer Erfahrung, die sich widerständig und widerspenstig gegenüber Selbstverständlichem, bereits Gedachtem, kurzum gegenüber einem Sinn- und Lebenshorizont verhält, der plötzlich „vakant" wird und „sich" als Antwort auf etwas begreift. Jede Erfahrung hat eine vorreflexive, nicht einholbare Dimension, die nur in Form einer Antwort einen *reflexiven* Status einer gemachten Erfahrung erlangt. Diesen Übergang vom Vorreflexiven zum Reflexiven, in dem jenes bewahrt bleibt, nennen wir Verzögerung. Bildung ist ohne diese Art der Verzögerung nicht zu denken, weil sie allein Bildung an eine Erfahrung bindet, die die menschlichen Verhältnisse gestaltet. Denken wird zum Nach-Denken, das Zeit braucht, sich in Zeit erstreckt und vor allem ein selbständiges Durch-Denken ist. Zeit wird zum Modus bildender Erfahrung.

IV.

Der erörterte *systematische* Zusammenhang von Zeit und Bildung soll beschlossen werden durch eine kultur- und gesellschaftskritische Perspektive, die darauf verweist, dass der Zeit ein besonderer Stellenwert bei der Führung von Menschen zukommt. Dieser Zusammenhang ist insofern bedeutsam, als von hieraus verstehbar wird, wie derzeit eine ökonomische und polizeiliche Logik (vgl. Ran-

cière, 2002) durch die Effizienzrationalität der Beschleunigung Bildungsprozesse in ihrer Zeitstruktur verkehrt, im Grunde das konstitutive Verhältnis von
Zeit und Bildung zerschneidet und damit Bildung fraglich werden lässt. Das
Führungsinstrument einer Kontrollgesellschaft (vgl. Deleuze, 1993) liegt gegenwärtig in der Zeit. Während die Disziplinargesellschaft ihre Macht vorwie-
gend über den *Raum* ausübt, so dass feststeht, wer sich wo aus welchem Grund
aufhält, strukturiert und organisiert die *Kontrollgesellschaft* ihre Führungen über
die *Zeit*.

In der Kontrollgesellschaft spielt aber nicht nur Zeit, sondern auch Bildung
eine besondere Rolle. Sie ist Funktionselement und Scharnier in der Etablierung
einer Selbststeuerung. Vermeintliche Bildungsziele sind die permanente Anpassung an vorgegebene Ordnungsmuster und die Ausbildung von Kompetenzen
für solche Anpassungsleistungen. Die Kontrolle der Menschen wird zu einer
„fürsorglichen" Prozessmacht. Ihr sind Lebensführungen und der menschliche
Umgang mit Zeit wichtig. Dabei geht es in einer Kontrollgesellschaft vor allem
darum, dass keiner mit etwas fertig wird und auch nicht werden soll (vgl. Deleuze, 1993). Der Habitus des *lebenslangen Lernens*, der permanenten Weiterbildung als das Nichtfertigwerden schlechthin, wird zum Lebenszeitregime,
befördert durch suggerierte *Unsicherheit* und *Unvorhersehbarkeit* (Bourdieu,
1997, S. 293ff.).

Für das Verständnis dieser radikalen Kontrolle ist ein Blick auf die Tradition
der antiken *Selbstsorge*, von der bereits knapp die Rede war, und ihre christliche
Weiterentwicklung und Veränderung hin zu Macht und Kontrolle hilfreich. In
der Antike stellt die Selbstsorge kein äußerliches Sanktionsinstrument dar, sie
ist auch keine egoistische Selbstliebe. Im Gegenteil: Sich um sich zu sorgen ist
eine Sorge um das Leben, um die Anderen, das rechte Haushalten, eine Sorge
um die Zeit[6], mit dem Ziel sich selbst zu regieren. Mit ihr wird die Möglichkeit
gedacht, dass Menschen an sich und ihrer Gegenwart arbeiten. Sie verfolgt die
Frage nach einer vernünftigen und freiheitlichen Lebenspraxis, indem das gelin-
gende Leben vom Subjekt jeweils situativ ausgelotet wird. Die *christliche* Deutung und Umsetzung der Selbstsorge hingegen sucht in der Folgezeit nach Formen der Verbesserung des Menschen durch Unterwerfung unter eine *vorgegebene* göttliche Ordnung, in der das, was angemessen ist, bereits feststeht. Damit
einher geht eine ganze Reihe von Verzichtsleistungen, Beichtpraktiken, das öf-
fentliche Bekenntnis, Gehorsam u.a.m. Erst der Selbst- und Weltverlust führt
zur Läuterung der Seele.

Ohne Zweifel gibt es historische Brüche und Transformationen der christlichen Praktiken. Dennoch erlaubt ihr Grundgedanke einen Blick auf unser ge-

---

6 Vgl. hierzu Dörpinghaus & Uphoff (2012), bes. Kap. 8: Vom lebenslangen Sterben.

genwärtiges Lebenszeitregime und den Zusammenhang von Zeit und Bildung. So wird der Mensch in der christlichen Ausdeutung vom *Subjekt* zum *Objekt* der Sorge (Foucault, 2007, S. 289), und eben diese Form der Sorge, die den Menschen nur noch als Objekt kennt, ist neuzeitlich die Kontrolle, der der Mensch über den engen Zusammenhang von Zeit und Bildung unterliegt.

Der Mensch formiert und kontrolliert sich dabei schlussendlich selbst. Er internalisiert nunmehr säkulare, normierte Ordnungsformen und tradiert dadurch die als richtig anerkannten Strukturen und Versprechungen. Die moderne Selbstentzifferung des lebenslangen Lernens geschieht somit nicht mehr vor dem Hintergrund des göttlichen Gebots und Verbots, sondern in Orientierung am Zeitdispositiv und der geforderten Anpassung. Dadurch macht sich der Mensch zum Objekt der lückenlosen Erforschung der eigenen Zeit und legt gleichzeitig Rechenschaft über den ökonomisch-rationellen Umgang mit ihr ab. Der nach außen getragene Wille zur Selbstverbesserung gehört zur modernen Zeittechnologie.

Kommen wir zum Schluss: Die Bildung des Menschen hat ein systematisches Verhältnis zur Zeit, das in einem ersten Schritt durch den Rückgriff auf das Problem des Hiatus von Außerzeitlichem und Zeitlichem im Kontext der Frage nach Bildung und Freiheit erörtert wurde. Dabei zeigte sich die Verzögerung als eine Bedingung der Möglichkeit von Erfahrung, die aber selbst *in der* Zeit liegt, als eine Selbstaffektion der *Erfahrung.* In dieser Selbstaffektion klafft der Temporalspalt der Verzögerung auf, in der – so die zirkelhafte Denkfigur – das Aposteriorische in ein Apriori umschlägt, während jedes vermeintliche Apriori durch das Aposteriorische der Erfahrung in der Zeit demaskiert wird. Die Reflexion trägt die Signatur eines *Widerfahrnisses der Zeit,* das sich einem linearen, sukzessiv unnachgiebigen Fortgang sperrt.

Das Affizierende ist die Zeit, die sich stets voraus ist, das Affizierte ist die Zeit, die stets zu spät kommt. Affiziertes und Affizierendes fallen in der Verzögerung in eins, sie ist die Gleichursprünglichkeit dieser Verwirbelung der Zeit, das Scheitern des Übergangs von einer Gegenwart in die andere, darin die Präsenz des Bildungsprozesses als Erfahrungsprozess (vgl. zum Problem der Selbstaffektion Merleau-Ponty, 1966, S. 484f.).

Die Freiheit verliert ihre intelligible Souveränität, sie wird – allzu menschlich – zur Verzögerung der unmittelbaren Willensbestimmung, eine Hemmung der Reaktion, die den responsiven Spielraum des Nachdenkens eröffnet. Eine quasi kopernikanische Wende der Zeit: Die *Bedingung der Möglichkeit* von Erfahrung wird *in der Zeit* zur Wirklichkeit dieser Erfahrung selbst. Eine Erfahrung, in deren Spalt der Selbstaffektion als Verzögerung ein Stück von Freiheit aufscheint. Verständlich wird eine solche Verzögerung durch Ausdrucksformen, wie beispielsweise dem Warten oder auch den Artikulationen eines fragenden Denkens, das ohne den Bezug auf etwas, das den Menschen in Frage stellt, nicht vorstellbar ist. Für die Verzögerung heißt dies, dass sie gleichsam auf Dinge und das Fremde gerichtet ist, an denen sich Erfahrungshorizonte brechen, die die Aufmerksamkeit einfangen und in die Zeit den Keil ihrer Unterbrechung treibt. Es ist am Ende die Zeit, die auf sich zurück kommt, es ist ihre Wiederholung, die Ausdruck der Verzögerung wird. Doch verbleibt der Zusammenhang von Zeit und Bildung am Ende nicht nur auf der systematischen Ebene. Denn er umgreift zugleich eine kultur- und gesellschaftskritische Dimension, wenn die Steuerung von Menschen selbst im Medium der Zeit geschieht und Bildung nur noch Teil einer Kontrolle wird, die den Umgang mit Zeit „normalisiert". Vor diesem Hintergrund wird verständlicher, wie eine polizeiliche Logik Bildung gerade über den Zusammenhang von Zeit und Bildung verhindert, so dass Bildung lediglich als lebenslanges Lernen sowie im Erwerb von Kompetenzen gedacht werden darf. Dabei ist Freiheit diejenige Erfahrung, die wir Bildung nennen.

Literatur

Bildungskommission NRW (1995). *Zukunft der Bildung – Schule der Zukunft.* Denkschrift der Kommission „Zukunft der Bildung – Schule der Zukunft" beim Ministerpräsidenten des Landes Nordrhein-Westfalen. Neuwied, Kriftel, Berlin: Luchterhand-Verlag.

Blumenberg, H. (1986). Anthropologische Annäherung an die Aktualität der Rhetorik. In Blumenberg, H. *Wirklichkeiten in denen wir Leben. Aufsätze und eine Rede* (S. 104–136). Stuttgart: Reclam.

Blumenberg, H. (2006). *Beschreibung des Menschen.* Aus dem Nachlaß hrsg. von M. Sommer. Frankfurt a. M.: Suhrkamp.

Bourdieu, P. (1997). *Meditationen. Zur Kritik der scholastischen Vernunft.* Aus dem Französischen von A. Russer. Frankfurt a. M.: Suhrkamp.

Cassirer, E. (2007). *Versuch über den Menschen – Essay on man.* Aus dem Englischen übersetzt von R. Kaiser. Hamburg: Felix Meiner Verlag.

Deleuze, G. (1993). Postskriptum über die Kontrollgesellschaft. In Deleuze, G. *Unterhandlungen 1972-1990* (S. 254–262). Frankfurt a. M.: Suhrkamp.

Dörpinghaus, A. (2005). Erneute Frage: Was ist Aufklärung? In Koch, L. & Schönherr, C. (Hrsg.), *Kant – Pädagogik und Politik* (S. 117–131). Würzburg: Ergon.

Dörpinghaus, A. & Uphoff, I. K. (2012). *Von der Abschaffung der Zeit. Oder: Wie man Bildung erfolgreich verhindert.* Darmstadt: Wissenschaftliche Buchgesellschaft. Im Erscheinen.

Foucault, M. (1992). *Was ist Kritik*. Berlin: Merve.

Foucault, M. (1994). Das Subjekt und die Macht. In Dreyfus, H.C. & Rabinow, P. (Hrsg.), *Michel Foucault. Jenseits von Strukturalismus und Hermeneutik* (S. 243–261). Weinheim: Beltz Athenäum.

Foucault, M. (2007). *Ästhetik der Existenz. Schriften zur Lebenskunst*, Frankfurt a. M.: Suhrkamp.

Horkheimer, M. (1970). *Die Sehnsucht nach dem ganz Anderen. Ein Interview von Helmut Gumnior*. Hamburg: Furche.

Horkheimer, M. (1978). Begriff der Bildung. In Pleines, J.-E. (Hrsg.), *Bildungstheorien. Probleme und Positionen* (S. 22–27). Freiburg, Basel, Wien: Herder.

Kant, I. (1974). *Kritik der reinen Vernunft*. In Weischedel, W. (Hrsg.), Werkausgabe in 12 Bänden, Bd.4., Frankfurt a. M.: Suhrkamp.

Merleau-Ponty, M. (1966). *Phänomenologie der Wahrnehmung*. Berlin: de Gruyter.

Meyer-Drawe, K. (1998). Streitfall „Autonomie". Aktualität, Geschichte und Systematik einer modernen Selbstbeschreibung von Menschen. In Bauer, W. & Lippitz, W. u. a. (Hrsg.), *Frage nach dem Menschen in der umstrittenen Moderne. Jahrbuch für Erziehungs- und Bildungsphilosophie* (S. 31–49). Baltmannsweiler: Schneider.

Meyer-Drawe, K. (1999). Zum metaphorischen Gehalt von „Bildung" und „Erziehung". *Zeitschrift für Pädagogik*, 2, 161–175.

Rancière, J. (2002). *Das Unvernehmen. Politik und Philosophie*. Frankfurt a. M.: Suhrkamp.

Waldenfels, B. (1995). *Deutsch-Französische Gedankengänge*. Frankfurt a. M.: Suhrkamp.

Peter Faulstich

Lernen in der Kontinuität der Momente
Vorüberlegungen zu einem bildungswissenschaftlichen,
kritisch-pragmatistischen Begriff der Zeit

Warum gehe ich noch immer „Vorüberlegungen" nach, obwohl wir doch in der Erwachsenenbildungswissenschaft seit zwanzig Jahren – mich selbst eingeschlossen (Faulstich, 1990, 2000) – über „Zeit" reden und seit fast fünf Jahrzehnten (Dolch, 1964) das Thema in der Erziehungs- und Bildungswissenschaft wieder artikuliert wird?

Die Literatur zum Thema Zeit umfasst viele Bücherregale und hat zahlreiche wissenschaftliche Exponenten. Es existiert über die Disziplinen verstreut eine ausgeführte „Zeitforschung". Dies gilt selbstverständlich für die Geschichtswissenschaft, wo Reinhart Koselleck 1979 mit der Studie „Vergangene Zukunft – Zur Semantik geschichtlicher Zeiten" einen Klassiker vorgelegt hat (Koselleck, 1979); es gilt aber auch für die Soziologie, wo das Verhältnis von Zeit und Gesellschaft bezogen auf temporale Konstruktion sozialer Strukturen breit diskutiert wird (Bergmann, 1983; Elias, 1984; Nassehi, 1993; Rosa, 2005) und naheliegender Weise für die Ökonomik (Bievert& Held, 1995) mit dem Fokus auf das Verhältnis von Arbeit und Zeit. Dass sich auch die Philosophie mit Grundfragen von Zeit beschäftigt, ist sowieso klar (Zimmerli & Sandbothe, 1993; Gimmler, Sandbothe & Zimmerli, 1997).

Beim Überblick über die Abstracts der 2010 in Montevideo durchgeführten Konferenz der 1966 gegründeten „International Society forthe Study of Time" (ISST, 2011) muss man jedoch feststellen, dass Pädagogik oder Erziehungswissenschaft noch immer keine Rolle spielt (ISST, 2011). Ausgerechnet hier gibt es eine verbreitete ‚Zeitvergessenheit', obwohl sich doch alles Lernen in der Zeit bewegt: in der Kontinuität des Lebenslauf, in Lehrstunden, in exponierten Momenten. Immerhin ist in den letzten Jahren jedoch einiges vorgelegt worden.

Ich frage ausgehend von diesem Befund im Folgenden 1. nach Grundlagen des Nachdenkens über Zeit im Rahmen einer kritisch-pragmatistischen Konzeption von Bildung, 2. nach der bisherigen Behandlung des Themas Zeit in der Erziehungs- und Bildungswissenschaft, 3. nach Beiträgen aus der Erwachsenenbildungswissenschaft und versuche 4. die Argumentation zuzuspitzen auf die beiden Aspekte Moment und Kontinuität der Zeit beim Lernen, um daraus Anregungen für eine weiterführende empirische Fortsetzung zu schöpfen.

1   Zeitlichkeit und Tätigkeit

Nun kann und soll hier nicht die Vielfalt der Zeitbegriffe entfaltet werden (vgl.
zum Überblick Zimmerli & Sandbothe, 1993). Es gibt – mindestens – einen
messbaren und einen erfahrbaren, einen physikalischen und einen biologischen,
einen analytischen und einen hermeneutischen, einen positivistischen und einen
phänomenologischen, einen objektiven und einen subjektiven Begriff der Zeit.
Fast jede wissenschaftliche Disziplin versucht, Zeitfragen in ihrem Begriffsnetz
einzufangen.

Insofern müssen wir uns auf die Suche nach einem erziehungs- und bildungswissenschaftlich angemessenen Zeitbegriff begeben. Wie der gefasst werden kann, hängt selbstverständlich zusätzlich davon ab, welche Konzeption
unserer eigenen Disziplin wir selbst vertreten. Ich verfolge demgemäß ein Zeitverständnis im Rahmen einer kritisch-pragmatistischen Theorie, wie ich sie
schon öfter beschrieben habe (Faulstich, 2003; Faulstich-Wieland & Faulstich,
2006).

Hier steht die Kategorie Handeln im Vordergrund. Kern der Angelegenheit
ist, dass wir Raum und Zeit herstellen durch unsere Tätigkeit im Spektrum von
Arbeiten, Lernen, Spielen usw. Reine Kontemplation kennt weder Raum noch
Zeit. Sie ist versunken in Zeitlosigkeit. Erst durch Bewegung bzw. durch Handlung, indem wir eingreifen in die Welt, stellt sie sich uns gegenüber und wir
ordnen sie.

Eine solche Vorstellung von Zeit findet sich in ihrer, der logischen Struktur
schon bei Aristoteles, der dieses Problem vor allem in seiner „Physik" (Aristoteles, 1995, Bd. 6. Buch IV, S. 10ff.) behandelt. Zeit wird verbunden mit Bewegung. Es findet sich aber angedeutet auch in der „Nikomachischen Ethik", dort,
wo es erziehungs- und bildungswissenschaftlich hingehört: in der Betrachtung
des – wie Aristoteles es nennt – „gerichteten Lebens" (Aristoteles, 1995, Bd. 3,
S. 6).

In den Vorlesungen zur Physik bestimmt Aristoteles Zeit als „die Zahl der
Bewegung hinsichtlich des ‚davor' und ‚danach'" (Aristoteles, 1995, Phys. IV
11. 219 b). Der Zeitbegriff ist untrennbar an Veränderungen gebunden. Diese
geschehen in der Zeit, aber von der Zeit selbst gilt das nicht. Sie selbst ist keine
Bewegung, sondern das Maß jeder Bewegung. Zu beachten ist hier, dass Aristoteles den Begriff der Veränderung als grundlegend ansieht und der Begriff der
Zeit dem folgt. Zeit ist ohne Veränderung bzw. Bewegung nicht möglich. Zugleich mit der Bewegung außer oder in uns nehmen wir die Zeit wahr (Aristoteles, 1995, Phys. IV 11, 219 a, S. 3). Die Zeitvorstellung ist die Vorstellung des
Früher und Später im Verlauf der Bewegung. So ist denn die Zeit das Maß der
Bewegung.

Aristoteles selbst hat aber auch die Grundlage für ein anderes Zeitverständnis geschaffen. In der „Nikomachischen Ethik" ist nicht die abstrakte Bewegung, sondern die konkrete Handlung der Ausgangspunkt (Aristoteles, 1995, Bd. 3). Das formale Argumentationsmuster der Entstehung von Raum und Zeit durch die Bewegung kann von da aus weitergehend, statt auf eine physikalistische, auf eine pragmatistische Grundlage gestellt werden: Zeit und Raum entstehen durch unsere Tätigkeiten bzw. durch unser ‚in der Welt Tätigsein' in einem weiten Sinne (eben auch: reflexiv – sinndeutend, beobachtend; nicht nur sachlich herstellend. Der Stellenwert den Zeit für das menschliche Selbst- und Weltverständnis einnimmt, bestimmt sich in einem historisch und kulturell geknüpften Netz der praktischen Art und Weise des handelnden Weltumgangs. Damit kommt auch eine gegenüber dem Verlauf der Bewegung veränderte Sichtweise der Zeit ins Blickfeld: im Ereignis des als Gegenwart erlebten Augenblicks.

Hinweise auf ein pragmatistisches Konzept der Zeit finden sich dann bei Charles S. Peirce im Kontext seiner mathematischen Studien (Peirce, 1967). Er verortet Handeln im Kontinuum der Momente. Zeiterfahrung erfolgt in den Erlebnissen im Fluss der Zeit. Es ist zunächst ein Fühlen, das die Modi der Zeit – Vergangenheit, Gegenwart und Zukunft – begrifflich noch nicht unterscheidet. Wohl aber liegt dem das Erinnern an Vergangenes und das Erwarten von Zukünftigem zugrunde. Peirce bezieht dies in seine Grundüberzeugung ein, dass Wahrnehmungsurteile unhintergehbar sind (Peirce, 1967). Sie markieren also auch den logischen Ausgangspunkt für die Bestimmung des Kontinuums. Die Zeit ist Folge einer in den Erlebnissen fortschreitenden Entwicklung.

Hier drängen sich die Zeitbilder der griechischen Mythologie auf: Stillstand oder Ende der Zeit sind Metaphern des Todes. So auch im Bild des Chronos, der in seinem Lauf mit Sichel und Stundenglas dargestellt wird (Panofsky, 1939). Momente in der Zeit sind immer einbezogen in Erinnerung und Erwartung. Sie rahmen den günstigen Moment, den Schopf des Kairos – des Augenblicks – zu packen, bevor er den kahlen Hinterkopf zeigt (Meyer-Drawe, 2007). Der rechte Zeitpunkt, die Gunst des Augenblicks zerschneidet die Zeit wie die Klinge eines Messers. Das Jetzt zerschneidet die Zeit in zwei Hälften: in das Davor und das Danach. Hans-Georg Gadamer hat dies aus Sicht einer hermeneutischen Position aufgegriffen: als „Abrollen der Jetzte in eine unendliche Vergangenheit, das Heranrollen aus einer unendlichen Zukunft" (Gadamer, 1967, S.151). Als „Formen pädagogischer Zeiterfahrung" nennt auch Alfred K. Treml „Rhythmus, Chronos, Kairos" (Treml, 1999, S. 15ff.). Er behandelt das Problem aber eher formal und systematisch durch Parallelisierung zu biologischen, sozialen und psychischen Systemen (Treml, 1999, S. 17).

In der bildenden Kunst war dieses Thema immer schon mit hoher Faszination besetzt (Abb. 1-3).

Abb. 1: Chronos (Graphik 1546)

Solange der Lauf der Zeit anhält, ist sie der Vergänglichkeit unterworfen. Sie
geht unerbittlich weiter. Der Chronos, ein bärtiger Mann (Abb. 1), schreitet mit
Bocksfüßen unaufhaltsam voran. Sein Spruch lautet „Hanc Aciem Sola Retundit
Virtus" (Dieser Schneide widersteht nur die Tugend) – eine sich auch nur selbst
widerlegende Hoffnung.

Abb. 2: Kairos (Röm. Kopie nach einer Skulptur des Lissypos)

Glücklich erfüllt hingegen ist nur der Augenblick. Der Kairos, ein bartloser Jüngling (Abb. 2), hält die Waage zwischen Vergangenheit und Zukunft auf der Schneide des Messers. Der opportune Moment fliegt davon. Auch an seinen Füßen trägt er die Flügel des Merkur, des Gottes des Handels, den gegenwärtig besonders die Finanzmakler verehren.

Abb. 3: Hogarth „The Bathos" 1764

William Hogarth veröffentlichte seine letzte Graphik: „The Bathos" 1764 (Abb. 3). Sie zeigt ‚Father Time' erschöpft vor einer Szene der Endzeit liegend.Die Darstellung parodiert die Mode der Zeit und die Kritik an Hogarths eigenen Werken. Chronos ist niedergesunken. Die Sense ist zerbrochen, das Stundenglas ist abgelegt. Sein letzter Atemzug heißt „Finis". Die Uhr auf dem zerborstenen Kirchturm hat ihre Zeiger verloren. Das umstürzende Kneipenschild mit dem brennenden Globus gehörte der „Worlds End". Der Sonnenwagen stürzt vom Himmel. Ein schwarzer Mond fällt ins Bodenlose. Die Szene kann auch als memento mori gesehen werden. Es ist im Stillstand alles vorbei.

Die altbekannte Paradoxie von Verlauf und Augenblick, von Bewegung und Stillstand – durch Zenon auch als Bild von Achilles und der Schildkröte gefasst – wird aufgelöst durch das Konzept der Infinitisimalität, das Peirce in seinen mathematischen Studien aufnimmt. Wir finden bei Peirce (1898/1992) also ebenfalls eine Rückbindung der Zeit an Handlung und an Erfahrung sowie die Unterscheidung von Kontinuum und Moment.

Fortgesetzt wird dies im Neo-Pragmatismus bei Richard Rorty (1989), der darauf beharrt, dass Zeit keine subjektunabhängige Realität besitzt. Alle Erkenntnis unterliegt dem Primat der Anschauung und sie ist zugänglich als sinnliche, über Handeln vermittelte Wahrnehmung. Damit ist sie Aspekt eines gegenüber einem naiven Realismus aber auch bezogen auf einen nur kontemplativen Idealismus völlig veränderten Weltbezugs. Mike Sandbothe verweist dem folgend auf den Roman „Der Mann ohne Eigenschaften" Robert Musils: die Zeit sei wie ein Zug, der seine Schienen vor sich her rollt. Der Mitreisende bewegt sich auf hartem Boden und zwischen festen Wänden, bewegt aber selbst Raum und Zeit „auf das Lebhafteste" (Gimmler et al., 1997, S. 45). Dieses Bild fasst zugleich die Relativität, als auch die Subjektivität der Zeit.

Auf diese Grundgedanken kann auch eine kritisch-pragmatistische Zeittheorie zurückgreifen. Wenn man den Begriff des Handelns ins theoretische Zentrum stellt, ist dieser zugleich eingebunden in Kontinuität von Vergangenheit und Zukunft, wie auch geöffnet in die Möglichkeiten, die sich im Moment konkretisieren.

2   Zeitprobleme in der Bildungskonzeption

Spät erst hat die Bildungstheorie sich diesen Grundfragen genähert. Wenn man aber einmal auf das Zeitproblem gestoßen ist, wird es zunehmend wichtiger und faszinierender. Selbstverständlichkeiten brechen auf. Verblüfft stellt man dann fest, wie wenig dies in der Diskussion der Erziehungs- und Bildungswissenschaft beachtet worden ist. Ausgerechnet die Bildungstheorie, die es doch mit Entwicklung und Entfaltung zu tun hat, unterschlägt die Tatsache, dass alle Bildung in der Zeit stattfindet. Zu den Ausnahmen gehören – nachdem die existenzialistische Pädagogik, die selbstverständlich ausgehend von der Existenzialontologie Heideggers eine ursprüngliche Zeitlichkeit unterstellen (Ballauff, 1962), kaum Einfluss gewonnen oder gar behalten hat – in neuerer Zeit die Aufsätze von Josef Dolch 1964, von Jürgen Oelkers 1980 und von Klaus Mollenhauer von 1981 über „Die Zeit in Erziehungs- und Bildungsprozessen" (Mollenhauer, 1981). Michael Winkler hat seinen Habilitationsvortrag 1986 zu „Zeit und Pädagogik" (Winkler, 1986) gehalten. Erst in letzter Zeit sind noch die Arbeit von Manfred Lüders über „Zeit, Subjektivität und Bildung" (Lüders, 1995) und die Monographie von Gerhard de Haan über die „Zeit in der Pädagogik" (Haan, 1996) hinzugekommen. Die Sektion „Pädagogische Anthropologie" der DGfE hat sich 1999 (Bilstein, Miller-Kipp & Wulf, 1999) und die Sektion Bildungs- und Erziehungsphilosophie 2001 (Nieke, Masschelein & Ruhloff, 2001) mit Problemen der Zeit auseinandergesetzt. Nichtsdestoweniger kommt Heinz-

Elmar Tenorth 2006 immer noch zu der Einschätzung, dass sich aus der Pluralität der Beiträge keineswegs eine pädagogische Zeitforschung generiert hat (Tenorth, 2006, S. 59). Ursula Pfeiffer hat in einem folgenden Beitrag die Zeitlichkeit in den Erziehungswissenschaften unter „Kontinuität und Kontingenz" gefasst (Pfeiffer, 2007).

Wir haben das Thema aus Sicht der Erwachsenen- bzw. Weiterbildung in einem hochschulübergreifenden Verbundvorhaben von 1998 bis 2002 unter dem Aspekt „Lernzeiten" im Verhältnis zu Erwerbszeiten aufgenommen (Projektgruppe Lernzeiten, 1999; Faulstich & Schmidt-Lauff, 2000a, b; Faulstich, 2000, 2001) und Sabine Schmidt-Lauff hat dem ihre Habilitationsschrift „Zeit für Bildung im Erwachsenenalter" 2008 gewidmet (Schmidt-Lauff, 2008a). Bereits 1993 hat Ortfried Schäffter über „Temporalität von Erwachsenenbildung" geschrieben (Schäffter, 1993; später: Seitter, 2010). Ansonsten findet man nach wie vor nicht viel. Ich habe aus dem wissenschaftlichen Arbeitszusammenhang des Projektverbundes Lernzeiten 2000 ein Schwerpunktheft der „Hessischen Blätter für Volksbildung" „Lernchancen und Zeitperspektiven" (Faulstich, 2000) herausgegeben. Die Zeitschrift des Deutschen Instituts für Erwachsenenbildung „DIE" widmete die Ausgabe I/2008 dem Thema „Bildung und Zeit" (Nuissl von Rein, 2008). In dem Heft „Erwachsenenbildung/Weiterbildung und Zeit" der „Zeitschrift für Pädagogik" sind wiederum nur einige Aspekte der Zeitfragen aufgenommen (Reichenbach, 2010).

Daneben gibt es die vielfältigen literarischen Kompilationen von Karlheinz A. Geißler (Geißler, 1985, 1996, 1999; Geißler, Orthey & Fuchs, 2010). Außerdem hat die Freizeitpädagogik sich selbstverständlich schon länger mit Zeitfragen befasst (Nahrstedt, 1974; Opaschowski, 1976; Überblick bei Freericks, 1996). Allerdings werden auch hier spät erst Grundfragen aufgeworfen (Opaschowski,1996). Selbst die Biographieforschung beschäftigt sich, obwohl dies doch zwingend erscheint, kaum explizit mit Zeitstrukturen (zum Überblick: Krüger & Marotzki, 1999). Eine Ausnahme sind Nassehi & Weber, die explizit hervorheben: „Biographie und Lebenslauf thematisieren das Problem der Temporalität menschlichen Lebens" (Nassehi & Weber, 1990, S. 153) und in der Erwachsenenbildungswissenschaft Christiane Hof, Jochen Kade und Monika Fischer, die unter dem Titel „Serielle Bildungsbiographien" Anknüpfungspunkte auf Zeitlichkeit und Zeitabhängigkeit herstellen (Hof, Kade & Fischer, 2010).

Eine erste Systematik über „Die Erziehung und die Zeit" findet sich immerhin schon 1964 bei Josef Dolch in einen Aufsatz in der Zeitschrift für Pädagogik (Dolch, 1964). Dolch arbeitet (mit anderer Begrifflichkeit und in anderer Reihenfolge) vier Aspekte zwischen Zeit und Lernen heraus:

1. Erstens geht es um die Geschichtlichkeit der Konzepte von Erziehung, Bildung und Lernen. Es gibt immer schon eine Zeitgebundenheit von Zielen, Inhalten und Verfahren. Häusliche Familienerziehung, bäuerliche Arbeitsvorbereitung, handwerkliche Meisterlehre, industrielle Aus- und Weiterbildung und Kompetenzentwicklung sind offensichtlich dem Wandel des ‚Zeitgeistes' unterworfen.

2. Unterstellt wird auch eine Zeitfolge von Erziehung und Lernen. Es wird eine innere Phasenstruktur von Erziehungsmaßnahmen oder Lernschritten unterstellt, welche sinnvolle Abläufe begründen. Unterrichtsverfahren oder Instruktionsmethoden bauen darauf oder knüpfen zumindest daran an. „Ein geschichtlich bedeutsam gewordenes Beispiel für den Versuch für unterrichtliche Maßnahmen die Abfolge in der Zeit sozusagen optimal festzulegen, ist die Lehre von den Lehr- oder Unterrichtsstufen, etwa den bekannten Formalstufen der Nachfolger Herbarts (Dolch, 1964, S. 363).

3. Solche ‚Maßnahmen' sind dann auch eingebunden in die Lebenszeit der Lernenden. „Eine dritte Überlegungsreihe muß davon ausgehen, daß der Mensch wie jedes anderes Lebewesen eine gewisse Zeitspanne lebt, d.h. daß sein Leben einmal beginnt und auch einmal endet" (Dolch, 1964, S. 366). Riskant ist – gerade aus Sicht der Erwachsenenbildung – eine starre Zuordnung von Lernmöglichkeiten zu Entwicklungsstufen oder Lebensphasen.

4. Lernen findet immer zu einem Zeitpunkt von Geschichte und Lebenslauf statt und erstreckt sich in der Zeit. Insofern muss man den Zeitverbrauch mitdenken. Dolch verweist auf Rousseau, der mahnte, Kindheit und Jugend nicht nur als Vorbereitungszeit für ein künftiges Erwachsenenleben anzusehen. Schleiermacher hat dann in seinen Vorlesungen von 1820/21 vor der „Aufopferung des Momentes" (Schleiermacher,2000, S. 316), nämlich des gegenwärtigen Zeitabschnittes zugunsten späterer Lebenszeit, von der nie feststeht, ob sie wirklich wird, gewarnt und gefordert, dass alle Vorbereitung zugleich unmittelbar Befriedigung und alle Befriedigung zugleich Vorbereitung sein müsse.

Zeitprobleme wurden in der Bildungstheorie aber nicht kontinuierlich weiterbearbeitet. Oelkers konnte deshalb 1980, als er das Thema unter dem Titel „Der Gebildete, der Narziß und die Zeit" (Oelkers, 1980) wieder aufgriff, immer noch feststellen:„Zeit ist eine fast vergessene Größe in der Theorie der Pädagogik und der Theorie der Politik, obwohl sie die Praxis beider Bereiche (nicht zuletzt auch die Praxis der Theorie) mehr und mehr dominiert" (Oelkers, 1980, S. 424). Oelkers verweist auf die Kopplung zwischen der Entwicklung von gegenüber

Antike und Mittelalter gänzlich anderen, Zeitauffassungen und dem modernen Bildungsbegriff, dessen Tragfähigkeit er in ‚postmodernen' Konstellationen untersucht. „„Bildung' ergibt als Vorstellung nur Sinn, wenn darunter fortschreitende Verbesserung verstanden wird" (Oelkers, 1980, S. 428). Lernen ist immer schon auf Zukunft bezogen. „Offenbar setzt dieses Konzept von ‚Bildung' die neuzeitliche Fortschrittstheorie voraus, also die größer werdende Differenz zwischen Erfahrungen und Erwartungshorizont" (Oelkers, 1980, S. 429). Zeit wird in historisch relevanter Weise zum Thema als Symptom steigender Kontingenz von Zukunft, welche durch den Begriff Fortschritt geschlossen wird. Zerfall der Fortschrittsidee provoziert dann auch Krisen der Bildungstheorie. Wenn eine Kontinuität des Vorwärts nicht gesichert und Identität der Lernenden unwahrscheinlich sind, wird Bildung – wie allerdings auch die ‚klassische' Theorie schon und nicht erst Oelkers wusste – unabschließbar.

Im Unterschied zu anderen Zeitaspekten ist der Zukunftshorizont von Bildung ein durchaus häufiger diskutiertes Thema (Hesse, Rolff & Zöpel, 1988; Dauber, 1989; Heipke, 1989; Faulstich, 1990). Bildung impliziert die Antizipation gelungener Entwicklung. Zukunftsentwürfe von Person und System dienen der Orientierungshilfe und der Sicherungskonstruktion bei der Überbrückung von Kontingenz. Zeit und Biographie sind Momente der Selbstkonstitution und der Identitätsfindung gerade angesichts lebenslanger Diskontinuitäten und Kontingenzen.

„Jeder Moment im Bildungsprozeß und also auch jede pädagogische Handlung enthält, als eines ihrer konstitutiven Elemente, den prinzipiell riskanten Vorgriff auf Künftiges" (Mollenhauer, 1981, S. 68). Dies ist Ausgangspunkt der Annäherung an die bildungstheoretische Fragestellung mit der Klaus Mollenhauer „Zeit in Erziehungs- und Bildungsprozessen" (Mollenhauer, 1981) systematisch untersucht. Dies betrifft unterschiedliche Zeithorizonte: „die Ereignisfolgen einzelner erinnerter Handlungen bzw. Interaktionen, die dabei erlebt innere Dauer, die Gleichzeitigkeit unähnlicher und die Ungleichzeitigkeit ähnlicher Situationen, ihre chronologische Staffelung, die erworbenen und auferlegten Zeitschemata der historischen Lage, die Erinnerungsdistanzen über den Lebenslauf usw." (Mollenhauer, 1981, S. 77).

In der Diskussion um „Postmoderne" und Zeitfragen (Oelkers, 1980; Mollenhauer, 1981; Sahmel, 1988) ist der Zerfall der Zukunft und das Auseinandertreten verschiedener Zeitvorstellungen pointiert worden. Mollenhauer präzisiert das resultierende Problem, wenn er fragt: „Gibt es eine praktisch aussichtsreiche und für die gesellschaftliche Zukunft relevante Möglichkeit, die auseinandertretenden Zeitkonzepte, ihre heterogene Thematik, ihre als Oppositionen erscheinenden Komponenten in einem Begriff von ‚Bildungsstruktur' zu integrieren?" (Mollenhauer, 1986, S. 90).

Zentrale Fragen greift Lüders (1995) auf. Er nennt als Grundprobleme:

– Gegenwart oder Zukunft

– Knappheit der Zeit

– Gegensatz von objektiver und subjektiver Zeit.

Aufgrund seiner Kritik an existenzialistischen Auflösungen des Subjekts plädiert er für eine pragmatische Behandlung des Zeitproblems in der Bildungstheorie und für ein Festhalten an der Tradition humanistischen Bildungsdenkens (Lüders, 1995, S. 162; kritisch dazu Schmidt-Lauff, 2008a, S. 113).

Eine umfassende und anspruchsvolle Monographie zur „Zeit in der Pädagogik" hat Gerhard de Haan vorgelegt (1996). Er geht von der Wahrnehmung der Knappheit (Haan, 1996, S. 9) und dem „Dualismus von Uhr-Zeit und Ich-Zeit" (Haan, 1996, S. 19) aus. Dies wird dramatisiert im Verhältnis von Ich und Welt, von der „Fülle der Welt und der Kürze des Lebens" (Haan, 1996; Untertitel). „Der einzelne gerät in eine problematische Situation. Er kann die Welt nicht mehr als einheitliche Lebenserfahrung und vor allem nicht mehr als erfahrbar in einem Leben begreifen" (Haan, 1996, S. 34). So gerät die Bildungsfrage mit dem „Auffälligwerden der Befristetheit des Lebens" (Haan, 1996, S. 36) von fünf Seiten her unter Druck: Komplexität der Gegenwart, Fragilität der Aufklärung, Unterrichten der nachwachsenden Generation, Verstetigung des Progresses sowie die Lücke zwischen Eigenrecht des Nachwuchses und der Vision vom Fortschritt (Haan, 1996, S. 36ff.). Elf Überschriften markieren prägnant die Themen: Anschluss an die Ewigkeit, Verewigung des Gegenwärtigen, Einsicht in die Evolution als Lernverdruss, Imaginationen von Geschichte, Schrecken der Erziehung für eine offene Zukunft, transformatorisches Lernen am Ende der Zukunft, Bürde der Kontinuität, Verfallsgewissheiten und wiederkehrende Anfänge, Augenblicke des Neubeginns, Langsamkeit beschleunigter Weltbemächtigung und Wartezeiten (Haan, 1996). In dieser phänomenologischen Studie wird das Spektrum der Zeitfragen ausgebreitet. Dabei tauchen vielfältig ungelöste Grundfragen auf. Für eine reflektierte Bildungswissenschaft liefern diese den Hintergrund für immer schon notwendige pragmatische Eingriffe: Es werden also Implikationen über den Prozess des Lernens gemacht. Abläufe von Lernschritten werden unterstellt und Sequenzen festgelegt. Eine Synchronisation von kollektiven Lernarrangements und -institutionen findet statt. Jede Stundenplanung ist der Versuch, die Kohorte der Lernenden in einen Gleichlauf kompatibler Zeit- und Lernquanten zu koordinieren.

Meistens allerdings wird das Zeitproblem in der Bildungstheorie eher nebenher und randständig behandelt. Heinz-Elmar Tenorth kommt 2006 immer noch zu der ernüchterten Feststellung: „Betrachtet man die angeführten Muster in der Thematisierung des Zeitproblems […] dann zeigt sich rasch, dass eine erziehungswissenschaftlich ausgearbeitete Theorie der spezifischen Zeitprobleme der Erziehung nicht vorliegt" (Tenorth, 2006, S. 60) und Zeit-Diskurse Platzhalter für andere Themen sind.Immerhin ist aber eine Sammlung von Fragen entstanden, die sich auf Geschichtlichkeit – besonders Zukunftsaspekte und Biographie, sowie Subjektivität und Kontextualität – speziell in Lernmomenten und Lernkontinuitäten beziehen.

3   Zeitfragen in der Erwachsenenbildung

Erstaunlich ist nun, dass der für die Bildungstheorie schon rudimentäre Diskussionsstand sich in der Erwachsenenbildung noch defizitärer vorfindet (Überblick bei Schmidt-Lauff, 2010), obwohl doch die zuletzt genannten Aspekte hier besonders virulent werden. Eigentlich müssten gerade hier Grundfragen der Zeitverwendung in der Lebenszeit unvermeidbar sein. Schon die Bezeichnung der Partialdisziplin betont die Temporalität. Erwachsenensein fokussiert eine generative Phasenstruktur, und Weiterbildung verweist auf die nie abgeschlossene Entwicklung des Lernens. Das Verhältnis von Lebenszeit und Weltzeit schärft sich im Lebenslauf zu. Spätestens wenn von Altersbildung geredet wird, sind Zeitfragen unausweichlich.

Nichtsdestoweniger gibt es auch in der Erwachsenenbildungswissenschaft eine Zeitvergessenheit. Zeitfragen werden als solche theoretisch nicht explizit, sondern meistens nur implizit behandelt.

‚Biographizität‘ als Umgang mit Zeit in Lebensläufen – Vergangenheitsbearbeitungen und Zukunftsentwürfen, und ‚Lernzeitansprüche‘, die in einer neuen Phase der Diskussion sich immer stärker mit Arbeitszeitfragen verbinden sowie ‚Lebenslanges Lernen‘ sind selbstverständlich Probleme der Andragogik. Es gibt außerdem im Gegensatz zur Theoriediskussion in der Praxis der Erwachsenenbildung zunehmend auch Programmangebote die „Zeit" als Thema aufgreifen (Bachmeyer & Faulstich, 2002).

Das Konzept Biographie kann für die Erwachsenenbildung in zweierlei Weise zum Gegenstand werden: zum einen als Analyse des Stellenwerts von Bildung in biographischen Prozessen und zum anderen als Reflexion eigener oder fremder Biographie als Bildungsanstoß. Im Nachvollzug der Biographien anderer spiegelt sich immer die eigene Erfahrung und wird von scheinbarer Selbstverständlichkeit befreit. Bei der autobiographischen Reflexion geht es darum, die eigene Position zu finden und sich selbst zu verorten. ‚Biographizität‘, d.h. die

Fähigkeit, das eigene Leben im Umgang mit der Lebenszeit zu gestalten, ist deshalb Intention ‚Biographischen Lernens'.

Gegenwart ist im Spannungsverhältnis von Vergangenem und Zukünftigem der erlebte Moment der Biographie, in dem das Individuum in seiner Existenz seine Identität erfährt. Darüber hinaus wird die Kontinuität der Biographie auf Normalität bezogen. Lebensläufe als institutionalisierte Normalbiographien folgen dem Muster von Kindheit zum Alter als auf- und absteigender Bogen. Wo dies heute nicht mehr gilt, weil die Ablaufmuster der ‚Normalbiographie' in Unordnung geraten sind, redet man von Bastelbiographien oder von Existenzcollagen.

So ist zum Beispiel Erwachsensein nicht mehr vorbehaltlos an den Aktivitätsmodus männlicher Vollerwerbstätigkeit gekoppelt. Angesichts des Plausibilitätsdrucks der Individualisierungsthese werden eingefahrene Lebensentwürfe zur Seltenheit. Die Ausbreitung von Patchwork-Existenzen (Beck, Giddens & Lash, 1996, S. 13) wird in vielfältigen Alltagserfahrungen bestätigt. Besonders bei kritischen Lebensereignissen und riskanten Statuspassagen wird deutlich, dass das Konzept ‚Biographie' selber fragwürdig geworden ist.

Pierre Bourdieu hat in seinem Aufsatz über die „biographische Illusion" unterschieden zwischen „Lebensgeschichte" und „Laufbahn" (Bourdieu, 1990, S. 76ff.). Er provoziert Misstrauen gegenüber der vertrauten Alltagsvorstellung „Lebensgeschichte" (Bourdieu, 1990, S. 76) und kennzeichnet sie als „Konstruktion des perfekten sozialen Artefakts" (Bourdieu, 1990, S. 80). Seine Kritik führt ihn dazu, „den Begriff der Laufbahn (trajectoire) als eine Abfolge von einander durch denselben Akteur (oder eine bestimmte Gruppe) besetzten Positionen zu konstruieren, in einem ‚sozialen' Raum, der sich selbständig entwickelt und der nicht endenden Transformationen unterworfen ist" (Bourdieu, 1990, S. 80). Biographische Ereignisse definieren sich demgemäß als Platzierungen im sozialen Raum. Diese Verortungsstrategien sind im wesentlichen Konstruktionsleistungen von Individuen im Herstellen sozialer Wirklichkeiten.

Ein Ansatz, der besonders erfolgversprechend zu sein scheint, ist das Konzept der „critical-life-events" (Filipp, 1981). Zum Beispiel beim Verlassen des Elternhauses, beim Übergang vom Bildungs- in das Beschäftigungssystem, beim Wiedereintritt in den Beruf ergeben sich Risikolagen aufgrund des Statuswechsels. Solche riskanten Prozessstrukturen im Lebensablauf sind gekennzeichnet durch große Handlungsautonomie bei gleichzeitig drohenden Kontrollverlusten. Herausforderungen sind dabei nicht die Ereignisse selbst, sondern das Entscheidende ist die Biographie, auf die sie treffen.

Peter Alheit weist darauf hin, dass auch in Problemsituationen biographisches Lernen nicht notwendig „therapeutisch" zu organisieren ist (Alheit, 1990, S. 33). Biographizität als Kompetenz ist die Fähigkeit, in sozialen Situationen eine personale Sinngebung vorzunehmen. Damit kann sie auch Kritik und Protest gegen inhumane und unvernünftige Strukturen bedeuten (Alheit, 1990).

Um dies individuell zu realisieren braucht man Zeit zum Lernen. Insofern geht es besonders auch im Zusammenhang von Erwerbszeitverkürzungen darum, *Lernzeitansprüche* geltend zu machen. Dies ist unter den Stichwörtern Bildungsurlaub oder Freistellung zunächst als unabhängig und außerhalb der Unternehmen aufgegriffen worden. Entscheidend für die zukünftigen Perspektiven bleiben auf absehbare Zeit die Lernchancen im Verhältnis zu den Zeitarrangements für die Erwerbsarbeit.

Die Knappheit der Zeit wird in der Erwachsenenbildung besonders eng. Lernzeiten sind eingespannt im Verhältnis zur Erwerbszeit, aber auch zu Familien und Arbeitszeiten. Deshalb ist eine gesellschaftspolitische Debatte entstanden über die arbeitsrechtliche Relevanz des Lernens zwischen Erwerbs- und Freizeit (Brokmann-Nooren, 1992; Dichmann & Wellmann, 1996; Dobischat & Seifert, 2001; Faulstich & Schmidt-Lauff, 2000a, b; Schmidt-Lauff, 2005; Schmidt-Lauff, 2008b; Seifert & Mauer, 2004).

Die Auseinandersetzung begann schon in den sechziger Jahren um die Durchsetzung des Bildungsurlaubs (Görs, 1978; Nuissl, 1985; Schmidt-Lauff, 2005). Damit erfolgte ein Einbruch in die für die Unternehmen verfügbare Erwerbszeit. Ausgeweitet wurde dies in der Diskussion um Lernzeitansprüche in Betriebs- und Tarifvereinbarungen (Bahnmüller, Bispinck & Schmidt, 1991, 1993; Bahnmüller & Fischbach, 2006; Heidemann, 1999; Faulstich & Schmidt-Lauff, 2000a, b; Schmidt-Lauff, 2000, 2008b). Lange schien klar: Lernen fand während der Arbeit statt und wurde bezahlt oder aber man war danach frei zu lernen, was man will aber auf eigene Kosten. Dies wird komplexer: In der Realität der Weiterbildung haben sich Mischformen herausgebildet, die Zeiten und Kosten zwischen Unternehmen und Beschäftigten aufteilen, neue Interessenkonstellationen anerkennen und neue Konsenschancen ausloten. Es entwickeln sich Formen von Time-Sharing und Co-Finanzierung (Faulstich & Schmidt-Lauff, 2000a, b). Arbeitszeiten und Lernzeiten durchmischen sich. Lernzeiten werden als ‚dritte Zeitform‘ zwischen Erwerbsarbeit und Freizeit sichtbar.

Biographie und Lernzeiten sind einbezogen in das Konzept ‚Lebenslangen Lernens‘, das der Tatsache Rechnung trägt, dass Lernen nicht zum Abschluss kommt, sondern dass beschleunigter Wandel ‚recurrenteducation‘ benötigt, aber auch ermöglicht (Faulstich, 2008). Ein drittes Problem wird auch in der Erwachsenenbildungswissenschaft diskutiert: die Frage nach der *Zukunft* der Lernmöglichkeiten. Gerade im Zusammenhang von ‚LLL‘ wird die Offenheit zwischen Zwangsverhältnissen und Befreiungsmöglichkeiten besonders deutlich (Faulstich, 1990).

Die Diagnose der Behandlung des Zeitsyndroms in der Erwachsenenbildungswissenschaft zeigt zusammengefasst eine partialisierte, auf einzelne Teilaktivitäten beschränkte und eklektizistische, wissenschaftstheoretisch wenig fokussierte Verarbeitungsweise. Das Spektrum der aufgegriffenen Referenzen reicht von Niklas Luhmann (Schäffter, 1993) bis Hannah Ahrend (Schmidt-Lauff, 2008a). Außer bei Sabine Schmidt-Lauff und dem vorhergehenden Projektverbund gibt es – wenn man von der Biographieforschung, die allerdings auch eines temporaltheoretischen Fundaments entbehrt, absieht – nach wie vor kaum Ansätze empirischer Füllung und erfahrungsbezogener Untersuchung.

4   Lernen als Moment und als Kontinuum

Wenn wir die erziehungs- und bildungswissenschaftliche Diskussion zu Problemen der Zeit mit Fokus auf ein kritisch-pragmatistisches Konzept resümieren, so ist ein angemessener Begriff in das Netz von Handlung und Erfahrung einbezogen, und differenziert in subjektiver Perspektive zwischen Moment und Kontinuum. Hier wirken die alten griechischen Metaphern von Kairos und Chronos immer noch weiter (Panofski, 1939; Meyer-Drawe, 2007) (vgl. zum Folgenden auch Pfeiffer, 2007, S. 119ff.).

Menschliche Zeit ist kein äußerliches gleichförmiges Maß, sondern hat unterschiedliche Intensität. Sie muss reif sein für ein erfülltes Erlebnis. Das wird schon im „Alten Testament" aufgerufen: „Alles hat seine Stunde. Für jedes Geschehen unter dem Himmel gibt es eine bestimmte Zeit" (Das Buch Kohelet (Prediger) 3, 1).

Diese Anforderung gilt selbstverständlich auch für Lernhandlungen. Die plötzliche Erkenntnis als Aha-Erlebnis resultiert im Lernerfolg: „Ich hab's!" Lernimpulse brauchen den rechten Moment, der sich als fruchtbarer Augenblick erfüllt. Friedrich Copei hat dies in seiner immer wieder zitierten Schrift „Der fruchtbare Moment im Bildungsprozeß" dargelegt (Copei, 1930, 3. Aufl. 1955).

Schon Josef Dolch redet 1964 in diesem Zusammenhang von Optimalzeiten. Dies kann leicht zu rigiden Phasenstrukturen, bezogen auf „Empfänglichkeit oder Leistungsfähigkeit" (Dolch, 1964, S. 367), führen. Nichtsdestoweniger gibt es immer eine,den individuellen Zeitstrukturen folgende, Lernbiographie. So entstehen fruchtbare Augenblicke im Bildungsprozess, die aber keineswegs instrumentell erzeugt werden können.Der Kairos steht für die „Struktur eines kritischen Moments im Lern- und Lehrprozess" (Meyer-Drawe, 2008, S. 141). Es geht also darum, Lernsituationen als Momente in ihrer Temporalität zu verorten.

Beim Lernen als besondere Tätigkeit braucht man weiterhin ein Einlassen auf dessen Eigenzeit. „Lernen, Wahrnehmen, Erinnern sowie Wollen und Handeln sind Vollzüge, die dauern, die Zeit brauchen" (Meyer-Drawe, 2008, S. 130). Prägnant wird das im Wahlspruch des „Vereins zur Verzögerung der Zeit" formuliert: „Du kannst noch so oft an einer Olive zupfen, sie wird trotzdem nicht schneller reif".

Es geht also erstens um eine Ausweitung und Entlastung von Lernzeiten vor allem gegenüber der Erwerbszeit. Zweitens können aber auch die Lernzeiten wieder unter Zeitdruck geraten, möglichst viel in möglichst kurzer Zeit zu vermitteln. Und drittens schieben sich zunehmend Erwerbszeiten und Lernzeiten – z.B. bei arbeitsplatznahem Lernen oder Lernen im Prozess der Arbeit – ineinander. Deshalb ist eine Entschleunigung aller Tätigkeiten angesagt. Es geht darum – um noch einmal das Bild der griechischen Mythologie zu strapazieren – die Kontinuität im Lauf des Chronos zu verlangsamen. Verweilen im Moment bremst die Geschwindigkeit des Verlaufs der Kontinuität. Gegenwärtig gilt allerdings: Der beschleunigte Akkumulationsprozess des Kapitals frisst die Zeit in immer schnelleren Bissen. Sie fehlt für das Leben der Menschen. Andere Formen des Lebens brauchen deshalb einen veränderten Umgang mit Zeit.

> Damit sind wir bei Grundfragen des Lernens. Lernen – als Aneignung gesellschaftlichen Wissens zur Erweiterung subjektiver Handlungsfähigkeit (Holzkamp, 1993) – findet wie jede andere Tätigkeit in der Zeit statt. „Expansives Lernen" – ein Lernen, das die Verfügung der Individuen über ihre Handlungsanforderungen erweitert – setzt – im Gegensatz zu „Defensivem Lernen", das auf Anpassung und Zwang beruht – Freiheit von unmittelbarem Handlungsdruck voraus (Holzkamp, 1993, S. 190).

Dem Lernzwang in den Lernanstalten kann man ein Kontrastprogramm entgegenstellen, das „expansives Lernen" (Holzkamp, 1993, S. 190) ermöglicht. Aspekte unterstützender Lernensembles sind kontrastiv zu Disziplinaranlagen: Herstellung von Zeitsouveränität, Bedeutsamkeit der Themen, Zertifikate nicht als Kontrolle, sondern als Belege für Lernfortschritte, Partizipation der Lernenden an der Planung, Durchführung und Auswertung von Kursen und Programmen im Hinblick auf den eigenen Lernerfolg.

Expansives Lernen setzt bei den Lernenden hohe Grade von Selbstbestimmtheit voraus. Zentrale Voraussetzung für expansives Lernen ist es auf alle Fälle, entlastete und entspannte Lernzeiten zu sichern.

Klaus Holzkamp hat außerdem ‚Situiertheiten' (Holzkamp, 1993, S. 251-270) in den Begriff des Lernens einbezogen. Damit wird implizit Zeitlichkeit in ihrer Doppelgesichtigkeit berücksichtigt. Durch Körperlichkeit und Sprachlichkeit werden individuelle und soziale Kontinuitäten des Lernens aufgenommen, durch Biographizität die Kombination von Kontinuität und Moment der Lebensverläufe und -ereignisse. Hieran anknüpfend wäre eine empirische Zeitforschung zu verorten. Das Augenmerk richtet sich dann auf Lerngeschichten, die Erfahrungen mit Lernen in biographische Kontinuität stellen und zugleich die fruchtbaren Momente aufgreifen. Ein möglicher methodischer Ansatz ist dazu das Konzept des ‚Story-Telling'.

Bis hierher tragen die Vorüberlegungen zu einer kritisch-pragmatistischen Konzeption eines bildungswissenschaftlichen Begriffs der Zeit bei. Sie begreift Lernen als Tätigkeit, verbindet Erfahren und Begreifen, konzentriert sich auf die Situativität von Raum und Zeit und fokussiert Momente und Kontinuitäten.

Aufgespannt ist damit ein Feld möglicher empirischer Untersuchungen der Lernzeitforschung, die notwendig folgen müssen, um die Begriffe angemessen zu füllen. Die Diskussion um Zeit ist gekennzeichnet durch einen Überschuss an theoretischen Interpretationen der Begriffe und einen Mangel an empirischen Analysen. Wenn man die beiden Perspektiven der Zeit, nämlich Moment und Kontinuität aufgreift, geht es darum, Lernsituationen zu erfassen. Eine Möglichkeit dafür ist die Untersuchung von Lerngeschichten, die biographische und situative Aspekte verbinden.

Literatur

Alheit, P. (1990). *Alltag und Biographie. Studien zur gesellschaftlichen Konstitution biographischer Perspektiven* (2. erweiterte Auflage). Bremen: Universität Bremen.

Aristoteles (1995). *Philosophische Schriften.* Bd. 1-6. Darmstadt: Wissenschaftliche Buchgesellschaft.

Bachmeyer, B. & Faulstich, P. (2002). *Zeit als Thema der Erwachsenenbildung.* Hamburg.

Bahnmüller, R., Bispinck, R. & Schmidt, W. (1991). Weiterbildung durch Tarifvertrag. *WSI-Mitteilungen, 3*, 171–179.

Bahnmüller, R., Bispinck, R. & Schmidt, W. (1993). *Betriebliche Weiterbildung und Tarifvertrag. Eine Studie über Probleme qualitativer Tarifpolitik in der Metallindustrie.* München und Mering.

Bahnmüller, R. & Fischbach S. (2006). *Qualifizierung und Tarifvertrag. Befunde aus der Metallindustrie Baden-Württembergs.* Hamburg: VSA-Verlag.

Ballauff, Th. (1962). *Systematische Pädagogik.* Heidelberg: Quelle u. Meyer.

Beck, U., Giddens, A. & Lash, S. (1996). *Reflexive Modernisierung. Eine Kontroverse.* Frankfurt a. M.: Suhrkamp.

Bergmann, W. (1983). Das Problem der Zeit in der Soziologie. Ein Literaturüberblick zum Stand der „zeitsoziologischen" Theorie und Forschung. *Kölner Zeitschrift für Soziologie und Sozialpsychologie, 35*, 462–504.

Bievert, B. & Held, M. (1995). *Zeit in der Ökonomik. Perspektiven für die Theoriebildung.* Frankfurt a. M.: Campus.

Bilstein, J., Miller-Kipp, G. & Wulf, C. (Hrsg.). (1999). *Transformationen der Zeit.* Weinheim: Deutscher Studien Verlag.

Bourdieu, P. (1990). Die biographische Illusion. *BIOS, 1,* 75–81.

Brokmann-Nooren, Chr. (1992). Weiterbildung in Tarifverträgen und Betriebsvereinbarungen. In Faulstich, P., Faulstich-Wieland, H., Nuissl, E., Weinberg, J., Brokmann-Nooren, Chr. & Raapke, H.D. (Hrsg.), *Weiterbildung für die 90er Jahre. Gutachten über zukunftsorientierte Angebote, Organisationsformen und Institutionen* (S. 167–196). Weinheim: Juventa.

Copei, F. (1930, 3. Aufl. 1955).*Der fruchtbare Moment im Bildungsprozeß.* Heidelberg: Quelle u. Meyer.

Dauber, H.(Hrsg.) (1989). *Bildung und Zukunft.* Weinheim: Deutscher Studien Verlag.

Dichmann, W.& Wellmann, S. (1996).*Arbeitnehmerweiterbildung – freiwillig oder durch Rechtsanspruch?* Köln: deutscher-institut-verlag.

Dobischat, R. &Seifert, H. (2001). Betriebliche Weiterbildung und Arbeitszeitkonten. *WSI-Mitteilungen, 2,* 92–101.

Dolch, J. (1964). Die Erziehung und die Zeit. *Zeitschrift für Pädagogik, 4,* 361–372.

Elias, N. (1984). *Über die Zeit.* Frankfurt a. M.: Suhrkamp.

Faulstich, P. (Hrsg.). (1990). *Lernkultur 2006. Erwachsenenbildung und Weiterbildung in der Zukunftsgesellschaft.* München: Lexika Verlag.

Faulstich, P. (2000). Lernchancen und Zeitperspektiven. *Hessische Blätter für Volksbildung, 2,* 97–105.

Faulstich, P. (2001). Zeitstrukturen und Weiterbildungsprobleme. In Dobischat, R. & Seifert, H. (Hrsg.), *Lernzeiten neu organisieren* (S. 33–59). Berlin: Edition Sigma.

Faulstich, P. (2003). *Weiterbildung – Begründungen lebensentfaltender Bildung.* München: Oldenbourg.

Faulstich, P. (2008). Temporalstrukturen „lebenslangen" Lernens. *DIE-Zeitschrift, 1,* 32–34.

Faulstich, P. & Schmidt-Lauff, S. (2000a). Lernzeitstrategien im betrieblichen Kontext. *Berufsbildung in Wissenschaft und Praxis, 44,* 18–22.

Faulstich, P. & Schmidt-Lauff, S.(2000b). Lernchancen durch Time-Sharing. *Personalwirtschaft, 10,* 74–78.

Faulstich-Wieland, H. & Faulstich, P. (2006). BA Erziehungswissenschaft. Reinbek: Rowohlts enzyklopädie.

Filipp, H. S. (1981). *Kritische Lebensereignisse.* Weinheim: Beltz.

Freericks, R. (1996). *Zeitkompetenz.* Baltmannsweiler: Schneider.

Gadamer, H.G. (1967). Die Kontinuität der Geschichte und der Augenblick der Existenz. InGadamer, H. G. *Kleine Schriften I* (S. 149–160). Tübingen: Mohr.

Geißler, Kh. A. (1996). *Zeit „Verweile doch, du bist so schön!"* (2. Aufl.). Weinheim: Beltz.

Geißler, Kh. A. (1985, 1997). *Zeit leben. Vom Hasten und Rasten. Arbeiten und Lernen. Leben und Sterben* (6. Aufl.). Weinheim: Beltz Quadriga.

Geißler, Kh. A. (1999). *Vom Tempo der Welt.* Freiburg: Herder.

Geißler, Kh. A.,Orthey, F. M. & Fuchs, P. (2010). *Zeit und Qualität – Zeit und Organisation – Zeit und Lernen.* Hannover: Expressum.

Gimmler, A., Sandbothe, M. & Zimmerli, W. Ch. (Hrsg.). (1997). *Die Wiederentdeckung der Zeit.* Darmstadt: Primus Verlag und Wissenschaftliche Buchgesellschaft.

Görs, D. (1978). *Zur politischen Kontroverse um den Bildungsurlaub.* Köln: Bund Verlag.

Haan, G. de (1996). Die Zeit in der Pädagogik. *Vermittlungen zwischen der Fülle der Welt und der Kürze des Lebens.* Weinheim: Beltz.

Heidemann, W. (1999). Dokumentation betrieblicher Vereinbarungen – Auswertung zur Weiterbildung. In Projektgruppe Lernzeit (Hrsg.), *Zukunftswerkstatt „Zeitpolitik und Lernchancen"* (S. 87–92). Duisburg.

Heipke, K. (Hrsg.). (1989). *Hat Bildung noch Zukunft? Herausforderungen angesichts der gefährdeten Welt.* Weinheim: Deutscher Studien Verlag.

Hesse, J. J., Rolff, H.-G. & Zöpel, C. (Hrsg.) (1988). *Zukunftswissen und Bildungsperspektiven.* Baden-Baden: Nomos.

Hof, Chr., Kade, J. & Fischer, M. (2010). Serielle Bildungsbiographien. *Zeitschrift für Pädagogik, 3,* 328–337.

Holzkamp, K. (1993). *Lernen.* Frankfurt a. M.:Campus.

ISST (International Society for the Study of Time) (2011). *Abstracts.* Verfügbar unter: http://www.studyoftime.org/ContentPage.aspx?ID=18 [22.11.2011].

Koselleck, R. (1979). *Vergangene Zukunft – Zur Semantik geschichtlicher Zeiten.* Frankfurt a. M.: Suhrkamp.

Krüger, H.-H. & Marotzki, W. (Hrsg.). (1999). *Handbuch erziehungswissenschaftlicher Biographieforschung.* Opladen: Leske + Budrich.

Lüders, M. (1995). *Zeit, Subjektivität und Bildung.* Weinheim: Deutscher Studien Verlag.

Meyer-Drawe, K. (2007). Kairos – Über die Kunst des rechten Augenblicks. *Vierteljahresschrift für wissenschaftliche Pädagogik, 2,* 241–252.

Meyer-Drawe, K. (2008). *Diskurse des Lernens.* München: Wilhelm Fink.

Mollenhauer, K. (1981). Die Zeit in Erziehungs- und Bildungsprozessen. Annäherung an eine bildungstheoretische Fragestellung. *Die Deutsche Schule, 2,* 68–78.

Mollenhauer, K. (1986). *Umwege. Über Bildung, Kunst und Interaktion.* Weinheim: Juventa.

Nahrstedt, W. (1974). *Freizeitpädagogik in der nachindustriellen Gesellschaft.* Neuwied: Luchterhand.

Nassehi, A. (1993). *Die Zeit der Gesellschaft. Auf dem Weg zu einer soziologischen Theorie der Zeit.* Opladen:Westdeutscher Verlag.

Nassehi, A. & Weber, G. (1990). Zu einer Theorie biographischer Identität. BIOS – Zeitschrift für Biographieforschung, *Oral History und Lebensverlaufsanalysen, 2,* 153–187.

Nieke, W.,Masschelein, J. & Ruhloff, J. (Hrsg.). (2001). *Bildung in der Zeit. Zeitlichkeit und Zukunft – pädagogisch kontrovers.*Weinheim: Beltz.

Nuissl, E. (1985). Bildungsurlaub: Innovation für die politische Bildung? In Landesinstitut für Schule und Weiterbildung (Hrsg.), *Standort und Perspektiven der politischen Bildung* (S. 21–27). Soest: Landesinstitut für Weiterbildung.

Nuissl von Rein, E. (Hrsg.). (2008). Zeit und Bildung. *DIE Zeitschrift für Erwachsenenbildung, 1.*

Oelkers, J. (1980). Der Gebildete, der Narziß und die Zeit. *Neue Sammlung,* 423–442.

Opaschowski, H. (1976). *Pädagogik der Freizeit.* Bad Heilbrunn: Klinkhardt.

Opaschowski, H. (1996). *Pädagogik der freien Lebenszeit* (3. Aufl.). Opladen: Leske + Budrich.

Panofsky, E. (1939). *Father Time. Studies in Iconology* (S. 69–93). New York.

Peirce, C. (1898. Nachdruck 1992). The Logic of Continuity. In *Reasoning and the Logic of Things.* Cambridge, Massachusetts, Harvard Historical Studies.

Peirce, C. (1967). *Schriften.* Bd.1. Frankfurt a. M.: Suhrkamp.

Pfeiffer, U. (2007). *Kontinuität und Kontingenz. Zeitlichkeit als Horizont systematischer Überlegungen in der Erziehungswissenschaft.* Bad Heilbrunn: Klinkhardt.

Projektgruppe Lernzeiten (Hrsg.). (1999). *Zukunftswerkstatt „Zeitpolitik und Lernchancen".* Duisburg.

Reichenbach, R. (Hrsg.). (2010). Erwachsenenbildung/Weiterbildung und Zeit. *Zeitschrift für Pädagogik,* 3.

Rorty, R. (1989). *Kontingenz, Ironie, und Solidarität.* Frankfurt a. M.: Suhrkamp.

Rosa, H. (2005). *Beschleunigung – Die Veränderung der Zeitstrukturen in der Moderne.* Frankfurt a. M.: Suhrkamp.

Sahmel, K.-H. (1988). Momo oder. Pädagogisch relevante Aspekte des Problems Zeit. *PR, 42,*403–419.

Schäffter, O. (1993). Die Temporalität von Erwachsenenbildung. *Zeitschrift für Pädagogik, 3,* 443–462.

Schleiermacher, F. (2000). *Texte zur Pädagogik.* Kommentierte Studienausgabe. Band 1. Frankfurt a. M.: Suhrkamp.

Schmidt-Lauff, S. (2000). Lernzeitansprüche. *Hessische Blätter für Volksbildung, 2,* 136–144.

Schmidt-Lauff, S. (2005). Chancen für individuelle Lernzeiten: Bildungsurlaubs- und Freistellungsgesetze. *Recht der Jugend und des Bildungswesens, 2*, 221–235.

Schmidt-Lauff, S. (2008a). *Zeit für Bildung im Erwachsenenalter*. Münster: Waxmann.

Schmidt-Lauff, S. (2008b). Lernzeiten aus individueller Perspektive – Mühsam aufgebracht, hart umkämpft. *DIE Zeitschrift, 1*, 38–41.

Schmidt-Lauff, S. (2010). Zeitfragen und Temporalität in der Erwachsenenbildung. In Tippelt, R. & von Hippel, A. (Hrsg.), *Handbuch Erwachsenenbildung/Weiterbildung* (4. Aufl.) (S. 213–228). Wiesbaden: VS Verlag.

Seifert, H.& Mauer, A. (2004). Investive Arbeitszeitpolitik – Zum Zusammenhang von Arbeitszeit und Weiterbildung. *WSI-Mitteilungen, 4*, 190–198.

Seitter, W. (2010). Zeitformen (in) der Erwachsenenbildung. *Zeitschrift für Pädagogik, 3*, 305–316.

Tenorth, E. (2006). Zeit als Thema der Erziehungswissenschaft. Dissens der Codierung, Desiderata der Thematisierung. In Bellmann, J. & Ruhloff, J. (Hrsg.), *Perspektiven Allgemeiner Pädagogik* (S. 57–74). Weinheim: Beltz.

Treml, A. K. (1999). Rhythmus, Chronos, Kairos. In Bilstein, J., Miller-Kipp, G. & Wulf, C. (Hrsg.), *Transformationen der Zeit* (S. 15–27). Weinheim: Deutscher Studien Verlag.

Winkler, M. (1986). Zeit und Pädagogik. *Sozialwissenschaftliche Literaturrundschau, 12*, 92–102.

Zimmerli, W.Ch. & Sandbothe, M. (Hrsg.). (1993). *Klassiker der modernen Zeitphilosophie*. Darmstadt: Wissenschaftliche Buchgesellschaft.

Ursula Pfeiffer

Kontinuität und Kontingenz
Zeitlichkeit als reflexive Dimension für die Erziehungswissenschaft

1 Einleitung

Mit „Kontinuität" und „Kontingenz" sind Begriffe genannt, die mit zeitlichen Dimensionen verbunden sind. Die Zeit kommt im Erleben und den Erfahrungen der Menschen in unterschiedlicher Weise vor. Es gibt sie als Erfahrung einer langen Dauer, quälenden Wartens oder ewiger Monotonie ebenso wie als Erfahrung von Hektik, Zeitnot oder rasender Zeit. Wir organisieren einerseits unser Leben in der Gewissheit der immer wiederkehrenden Rhythmen von Tag und Stunde, von Plänen und Kalendern, von Schlafen und Wach sein. Zudem schaffen wir künstliche Wiederholungen, die als mechanische Fertigkeiten das Produkt wiederholter Anwendung desselben Vorgangs sind oder in Form technischer Wiederholbarkeit identische Wiedergabe eines bereits vergangenen Erlebnisses ermöglichen. In Kunst und Musik ist die Wiederholung ein Stilmittel mit eigener Botschaft. Ohne die Möglichkeit der Wiederholung könnte es das nicht geben, was wir als ‚Klassiker' der wiederholten Rezeption für würdig erachten. Selbst das Leiden an der Wiederholung erscheint als ein Phänomen des zwanghaften Ausgeliefertseins an ein und dasselbe. Andererseits rechnen wir mit sich beständig beschleunigendem Wandel zwischen gestern und morgen, der Zeit als offen, unberechenbar und riskant erscheinen lässt. Dieser Wandel betrifft nicht nur die immer rascher sich ablösenden Phasen des neuesten Wissens in fast allen Disziplinen und Technologien, sondern auch die möglichen Veränderungen, die sich als befürchtete Folgen einmal getroffener Entscheidungen nicht mit Sicherheit vermeiden lassen. Es scheint gerade ein Zeichen unserer gegenwärtigen Situation zu sein, dass sie von anhaltendem Veränderungsdruck gekennzeichnet ist, sei er gewollt oder ungewollt. Zusammengefasst: Das Erstgenannte deutet auf Stillstand, Dauer und die Wiederkehr des immer Gleichen, das Zweite auf permanente Bewegung und Veränderung und die Ungewissheit des Kommenden.

Obwohl der Eindruck entstehen könnte, als seien die beiden beschriebenen Phänomene von Dauer und Wandel insbesondere Erscheinungen, die erst in der Moderne als Zeit des beschleunigten Wandels dominant erlebt werden, sind es dennoch Phänomene, mit denen schon seit alters die Zeit zu beschreiben versucht wurde. Dauer und Wandel sind bereits Thema bei den Vorsokratikern in den Anfängen der griechischen Philosophie (Cramer, 1994). Schon dort geht es um diese beiden unterschiedlichen und gegensätzlichen Beschreibungen der Zeit. Auf der einen Seite um die Beschreibung der Vergänglichkeit und des Verfließens der Zeit, wenn Heraklit (ca. 500 vor Chr.) schreibt: „Es ist unmöglich, zweimal in denselben Fluss hineinzusteigen" (Cramer, 1994, S. 16). Auf der anderen Seite um die Beschreibung der Beständigkeit und der Zyklizität der Welt und des Seienden insgesamt bei Anaximander aus Milet, der schreibt: „Aus welchen [seienden Dingen] die seienden Dinge ihr Entstehen haben, dorthin findet auch ihr Vergehen statt, wie es in Ordnung ist, denn sie leisten einander Recht und Strafe für das Unrecht, gemäß der zeitlichen Ordnung" (zit. nach Cramer, 1994, S. 15). Man kann den Kreis der Beobachtung weiter ziehen und findet ähnliche Phänomene auch in anderen Kulturen. So weist Poser darauf hin, dass es auch im alten Ägypten „zwei einander ergänzende und durchdringende Zeitcharakteristika gibt, die [...] Elemente sowohl des Zeit- wie des Ewigkeitsbegriffes mit einer Akzentuierung in der einen und in der anderen Richtung (haben). Diese Akzentuierungen lassen sich von Ferne mit Wandel und Vollendung beschreiben" (Poser, 1996, S. 27).[1] Luhmann geht von der generalisierenden Annahme aus, dass alle Zeitsemantiken sich nur durch ihre historisch und kulturell bedingte unterschiedliche Form der Darstellung dieser Paradoxie der Zeit unterscheiden. Sie bringen dennoch alle nur eine bestimmte Differenz zum Ausdruck, nämlich die „Einheit einer Zwei-Seiten-Form" (Luhmann, 1991, S. 45).

Aus diesen einleitenden Beschreibungen lässt sich ein Gedanke als Fragestellung ableiten, der den folgenden Ausführungen zugrunde liegen soll. Wenn es nahe liegt, dass Zeitlichkeit als eine der „Dimensionen des Menschen" (Zirfas, 2004, S. 35) heuristisch zu denken ist, dann führt das zur Frage, welche Bedeutung die beschriebenen Dimensionen von Dauer und Wandel für theoretische Überlegungen haben, die sich auf dieses Menschsein beziehen. Dabei ist es das Ziel der folgenden Überlegungen, ein Theorieangebot zu entwickeln, das erlaubt, die angenommenen Zeitperspektiven als Kategorien zur Beobachtung sozialer Prozesse systematisch zu verorten. Dazu werden zunächst die leitenden Begriffe systematisch dargestellt, um diese dann exemplarisch an einzelnen disziplinären Zugängen nachzuzeichnen. Daran anschließend wird mithilfe der systemtheoretischen Begriffe ‚Medium' und ‚Form' der theoretisch-systematische Zusammenhang beider Zeitdimensionen als Beobachtungssystem für soziale und damit auch erziehungswissenschaftliche Prozesse konstruiert.

---

1   Poser stützt diese Aussage auf Untersuchungen von J. Assmann (vgl. Poser, 1996, S. 27, Anm. 15).

2 Der Doppelcharakter der Zeit als Dauer (Kontinuität) und Wandel (Kontingenz)

Dass die beiden leitenden Begriffe des vorliegenden Gedankengangs zur Kennzeichnung von Zeitstrukturen herangezogen werden, lässt sich aus ihrer Begriffsgeschichte nicht ohne Weiteres ablesen (Pfeiffer, 2007). Aus dieser können zunächst die strukturellen Dimensionen gewonnen werden. So ist Kontinuität bei Aristoteles die höchste Form von Stetigkeit, die die Einheit des Verschiedenen darstellt. Kontinuität kennzeichnet ein Ganzes, welches sich über mögliche Einschnitte und Grenzen hinweg als Ganzes verhält. Mit Kontingenz dagegen ist seit Aristoteles ein Sachverhalt gemeint, der weder notwendig noch unmöglich ist.

Und obwohl seit Kant mit der damit angezeigten Abkehr vom Zwang des Unausweichlichen eine positiv konnotierte Vorstellung menschlicher Freiheit verbunden ist, unterliegt der Kontingenzbegriff in der Neuzeit einer negativen Bewegung, die ihn als Defizitbegriff ausweist. Als kontingent, also zufällig und nicht notwendig, erscheint, was sich im Kontext von Modernisierung, Globalisierung und Pluralisierung als sozialer und kultureller Wandel darstellt. Kontingenz wird dabei mit Begriffen wie Ungewissheit, Unberechenbarkeit und Unvorhersehbarkeit in Verbindung gebracht, deren Gegenpol auf Tradition, Gewissheit und Konstanz verweist (Ricken, 2004). Es scheint, als wäre beiden Begriffen eine je eigene kontroverse Dualität inne, die sich als Chance oder Risiko darstellt. Einerseits die Sicherheit des Vertrauten und Erwartbaren mit der damit einhergehenden Verhaftung an die Macht der Tradition, andererseits die Ungewissheit des Unvorhersehbaren verbunden mit der Option auf Veränderung als Ausweis selbst gewählter Möglichkeiten.

Wie nah beieinander beide Phänomene kontrovers gedeutet werden können, lässt sich beispielhaft an zwei Positionen aus der aktuellen Diskussion zeigen, die gleichzeitig auf die mitzudenkende zeitliche Dimension hinweisen. Die eine Position vertritt die Auffassung, dass wir durch den beschleunigten gesellschaftlichen Wandel die Gegenwart immer weiter in die Zukunft ausdehnen, weil wir durch gegenwärtige Entscheidungen Zukunft festlegen und die potentiell offenen zukünftigen Möglichkeiten einschränken. Die „erstreckte Gegenwart" (Nowotny, 2000, S. 47) ist eine künstlich geschaffene zeitliche Kontinuität, die Zukunft als das möglich Andere verhindert, weil Zukunft bereits in der Gegenwart vorweg genommen und bestimmt wird. Die andere Position vertritt die These der „geschrumpften Gegenwart" (Lübbe, 1991, S. 151) als Antwort auf die Innovationsverdichtung in Wissenschaft und Technologie. Die Zeitspanne vertrauter Kontinuität wird immer kürzer, das Neue und Überraschende, ebenso wie das Veraltete, rücken immer näher an die Gegenwart heran. Durch Wertschätzung und Sicherung wird dieser Kontinuitätsverlust kompensiert, indem wir ‚Klassiker' schaffen, die dem Prozess des Alterns entzogen sind. Wir schaffen Museen, in denen künstliche Kontinuität erzeugt wird. Je rascher der Wandel, desto schneller wächst das Traditionsbewusstsein. Das beinhaltet der Begriff „Musealisierung" (Lübbe, 1991, S. 145), mit dem Lübbe erklärt, was er in modernen Gesellschaften mit gesteigerter Kontingenz beobachtet. In beiden Fällen wird der Offenheit des Neuen mit der gewollten Beständigkeit des Bekannten abwehrend begegnet.

Im Gegensatz dazu stellt sich die Frage, wie der Zusammenhang von Dauer und Wandel, von Notwendigkeit und Möglichkeit jenseits einer sich ausschließenden Alternative gedacht werden kann. Einer Antwort auf diese Frage kann man sich zumindest beispielhaft phänomenologisch nähern: so lässt sich der Zusammenhang von Dauer und Wandel in den unterschiedlichen Disziplinen der Wissenschaften untersuchen. Dabei zeigt sich, dass beide Bewegungen in jeder Disziplin in einem notwendigen Zusammenhang miteinander stehen. „Zukunft braucht Herkunft, Wahl braucht Üblichkeiten", so Odo Marquard (1987, S. 127) als Beispiel für diese notwendige Abhängigkeit im philosophischen Diskurs. Aber auch die Naturwissenschaft sieht sich mit der Verschränkung von reversiblen und irreversiblen Strukturen und Prozessen konfrontiert und bewegt sich auf dem schmalen Grad zwischen der Auflösung aller Ordnung in Chaos und der Erstarrung in Symmetrie und Ordnung (Cramer, 1994). Und genauso erscheint dieser notwendige Doppelcharakter der Zeit in historischer oder soziologischer Perspektive und nicht zuletzt ausführlich in der Zeitphilosophie (Pfeiffer, 2007). Auf die ersten beiden Perspektiven soll kurz hingewiesen werden, während die zeitphilosophische Darstellung ausführlicher erfolgen soll, weil sie die anthropologische Dimension des Themas aufgreift.

3 Die Dimension der doppelten Zeitlichkeit aus historischer und soziologischer Perspektive

Mit der Unterscheidung zwischen „Ereignis" und „Struktur" bietet Koselleck eine Betrachtungsweise für historische Zeitperspektiven an, in der einmalige, zeitlich begrenzte und überschaubare Ereignisse in Strukturen eingelagert sind, mit denen eine gewisse Dauer und Stetigkeit, d.h. ein Wandel in längeren Fristen verbunden ist (Koselleck, 2000, S. 295). Strukturen überdauern die an ihrem Zustand beteiligten Ereignisse und sind von den handelnden Personen unabhängig. Mit seinem Angebot, die Vielschichtigkeit eines historischen Zeitbegriffs mit der verräumlichenden Metapher der „Zeitschichten" zu versinnbildlichen, liegt ein Vorschlag vor, mehrere Zeitebenen von unterschiedlicher Dauer und Herkunft als gleichzeitig andauernd zu betrachten. Damit dies möglich wird, unterscheidet Koselleck zwischen historischen und naturbedingten Zeiten, die beide ihre Stabilität durch Wiederholung sichern. Die naturbedingte Zeit der Gestirne und Jahreszeiten ist eine dem Menschen vorgegebene Zeit von großer Dauer, auf deren Beständigkeit der Mensch nicht zugreifen kann. Die historische Zeit erscheint dagegen auf den ersten Blick als lineare Abfolge unwiederholbarer Ereignisse. Dennoch enthält auch sie dauerhafte Strukturmomente. Zu diesen „metahistorischen Faktoren" (Koselleck, 2000, S. 12) zählt Koselleck neben geographischen und klimatischen Bedingungen vor allem die naturalen leiblichen Bedürfnisse, die zwar kulturell bestimmbar, aber in ihrer stetigen Wiederkehr nicht zu verändern sind. Noch deutlicher wird diese Konstanz an sozialen Phänomenen, die durch bewusste und gewollte Wiederholungen zu dauerhaften sozialen Handlungen werden, die die Stabilität des gesellschaftlichen Zusammenhalts sichern. Beispielhaft einleuchtend wird dies an der Sprache, die mit ihrer pragmatischen Dimension auf einmalige Ereignisse und in ihrer semantischen und grammatikalischen Dimension auf generationsübergreifende Deutungsmuster und Gesetzmäßigkeiten bezogen ist. Mit dem Modell der „Zeitschichten" weist Koselleck auf die Gleichzeitigkeit von historischen Zuständen unterschiedlicher Dauer hin, die sich sowohl aus kurzfristigen und unvorhersehbaren Ereignissen als auch aus langfristigen und vorhersehbaren Strukturen ergibt (Koselleck, 2000).

Warum es möglich ist, diese Unterschiedlichkeit in der Dauer der Ereignisse festzustellen, lässt sich mit der soziologischen Perspektive von Norbert Elias zeigen. Zeit, so Elias, ist selbst eine soziale Kategorie und sie kontinuierlich denken zu können, setzt Kontinuitätserfahrung voraus. Es ist das grundlegende Verdienst sozialer Stabilität, wie zum Beispiel von stabilen Staatseinheiten, die es erst möglich macht, Zeit als Phänomen zu erfahren. Um etwas als zeitlich begrenzt und von kurzer Dauer zu erleben, muss es gleichzeitig etwas geben, was im Vergleich zum begrenzten Ereignis als länger dauernd erscheint. Dieses von Elias so genannte „Standardkontinuum" (Elias, 1988, S. 12) ist die Folie, vor der Ereignisse sich als wandelbar erweisen. Die natürlichen Standardkontinuen wie Ebbe und Flut werden dann durch menschengeschaffene physikalische Wandlungskontinuen, wie Uhren, ersetzt. Diese wiederum dienen dann als Vergleichsmaßstab für weitere soziale Ereignisse. Zeit ist so gesehen ein Beziehungsbegriff, der auf die Synchronisation von mindestens zwei Wandlungskontinuen hinweist und darin Dauer und Wandel, Kontinuität und Kontingenz, zusammen sieht. Aus diesen Überlegungen folgt zwingend, dass beide Zustände nicht unabhängig voneinander vorkommen können, weil der eine auf den anderen Zustand verwiesen ist, um identifiziert werden zu können. Im Folgenden wird deshalb mit Gadamers zeitphilosophischen Überlegungen gezeigt, wie die beiden Zustände als zeitliche Dimensionen menschlichen Lebens miteinander in Zusammenhang gebracht werden können.

4   Die Verbindung der doppelten Zeitlichkeit – Hans-Georg Gadamer und die Funktion des Augenblicks als Übergang

Hans-Georg Gadamer zeigt auf, wie die bisher als Gegensatz oder als nebeneinander skizzierten Zeitstrukturen miteinander in Zusammenhang stehen. Dazu unterscheidet er die zeitlichen Dimensionen menschlichen Lebens von der Zeitlichkeit der organischen Natur. Beides denkt er getrennt, obwohl es dennoch eine Verbindung durch Ähnlichkeit gibt.

Von der Zeit des Menschen getrennt zu sehen ist eine der organischen Natur zukommende eigene Zeitverfassung. Diese Lebenszeit des Organischen ist eine Art des Lebendigseins, das im rhythmisch sich wiederholenden Prozess ständig in sich zurückmündet und sein Gleichgewicht herzustellen bemüht ist. Diese organische Lebenszeit versteht Gadamer als Lebensgewissheit, eine Lebendigkeit als volle Identität des Lebens mit sich selber. Diese besondere Zeitlichkeit stellt sich als Kreisgang und dauernde Gegenwart dar.

Diese Art der Zeitlichkeit als andauernde Gegenwart kann der Mensch nicht leben, weil seine Lebensgewissheit nicht ungestört ist. Sie enthält die Gewissheit des Todes. Deshalb gelingt dem Menschen solche beständige Gegenwart nicht, wie sie in der Kreisbewegung der organischen Lebendigkeit vorgestellt wird. Daraus folgt für Gadamer: „Wo die Zurückwendung in sich selbst in ewiger Wiederkehr, wie sie der Physis eigen ist, nicht statthat, scheidet sich Vergangenheit und Zukunft und artikuliert sich die ‚Dauer‘ des Lebens in der Entfaltung der Lebensalter. […] Nur was von dem Kreisgang des Lebens geschieden und zu einem Einzelnen vereinzelt ist, ‚hat‘ Zeit. Es hat ‚seine‘ Zeit begonnen, wenn es sein Leben beginnt" (Gadamer, 1993, S. 289). „Seine Zeit", die Zeit des einzelnen Individuums zwischen Anfang und Ende, ist sein Lebenslauf. Die Zeitlichkeit des Lebenslaufes ist älter werden und sich verändern. Darin spiegeln sich einerseits die Kontinuität des Alterns und andererseits die Kontingenz der Veränderung.

Allerdings ist diese Veränderung als Altern kein Vorbeifließen der Zeit, sondern sie ist ein Älterwerden in einzelnen Abschnitten als Epochen, die Gadamer mit einer eigenen Zeitlichkeit in Verbindung bringt. In den verschiedenen Phasen des Alters, von denen jede Phase eine eigene, in sich geschlossene Gegenwart ist, zeigt sich eine Zeitlichkeit, die als Lebenszeit der organischen Lebensgewissheit ähnlich ist. Diese Gegenwart der Altersstufen ist kein Vorbeifließen der Zeit, sondern die Bestimmung dessen, was in einen eigenen Zeitraum fällt, diesen prägt und von einem Abschnitt des Andersgewordenseins abgrenzt. „Das Lebendige tritt in ein Alter und lässt ein Alter hinter sich" (Gadamer, 1993, S. 290). Jede Altersphase verbindet sich mit einer Art anhaltender präsentischer Lebensgewissheit, eine Art gegenwärtiger Lebenszeit. Dazwischen sind die Übergänge, in denen sich „das unmittelbare Hervortreten von Neuem und das Versinken von Altem" (Gadamer, 1993, S. 290) als Verbindungen zwischen den Altersphasen darstellt.

Beide Formen von Zeitlichkeit, Lebenszeit und Lebenslauf, hängen eng miteinander zusammen: Die Erfahrung von Veränderung oder Kontingenz im Lebenslauf, eingespannt zwischen vergangen und zukünftig, beruht auf der Erfahrung von Nichtveränderung oder Kontinuität, vorgestellt als gegenwärtige Lebenszeit, als Status des Lebendigen, das sich trotz aller Veränderung des Lebenslaufs ungestört erhält.

Diese besondere Zeitlichkeit des Menschen ist der Ausgangspunkt für die folgenden Überlegungen. Gadamer legt sein besonderes Augenmerk auf die Frage, wie die Kontingenz des endlichen Lebenslaufes mit der Kontinuität der Lebensgewissheit als Altersphase zusammenhängt. Am Beispiel geschichtlicher Epochen zeigt er, wie der Übergang von einer Epoche zur Nächsten zu verstehen ist. Eine neue Epoche bringt eine neue Zeitphase. Wo Neues anbricht, gilt es vom Alten Abschied zu nehmen. Aber dieses Abschiednehmen ist kein Vergessen, sondern, so Gadamer, ein Erkennen. „Denn im Abschied geschieht immer Erkenntnis" (Gadamer, 1993, S. 292). Und damit ist das Geschiedene nicht vergangen, sondern es erhält eine eigene Dauerhaftigkeit, eine neue Art von Präsenz. Das ist die eine Seite des Übergangs. Gleichzeitig mit dem erkennenden Abschied des Alten ist das Erscheinen des Neuen. Im Übergang sind Vergangenheit und Zukunft zusammen, er erscheint als wahre Zeit, weil in ihm die Erfahrung von Abschied und Beginn wie ein Innehalten wirkt. Damit wird die Zeit des Übergangs, die als Augenblick gegenwärtig erscheint, die entscheidende Zeit der Erkenntnis. „Wenn es richtig ist, [...], dass Übergang immer die gespannte Stellung zwischen Abschied und Öffnung in ein unbestimmt Neues innehat, dann ist die Möglichkeit des unbestimmt Neuen abhängig von der Kraft, mit der wir Abschied nehmen können, das heißt aber von der Kraft, mit der wir erkennen" (Gadamer, 1993, S. 297).

Erkennen ist Abschied vom Alten und Freiwerden für Neues. „Nur wer Abschied nehmen kann", so schreibt Gadamer, „wer lassen kann, was hinter ihm liegt oder ihm unerreichbar entzogen ist, wer sich nicht an das Vergangene als etwas, was er nicht lassen kann, festklammert, vermag überhaupt Zukunft zu haben" (Gadamer, 1993, S. 295). Abschied als Erkennen, das ist – das wissen wir seit Hegel, der diesen Abschied „Negation" (Hegel, 1996, S. 138) nennt –

auch die Vorstellung für den Bildungsgang. Bildung als Entäußerung, Abschied
oder Umkehr, das alles sind Bilder für diese Bewegung, die im Abschied vom
Alten die Option für neue Möglichkeiten offen sieht. „Sich selbst und seine pri-
vaten Zwecke mit Abstand ansehen, [...] sie ansehen, wie die anderen sie sehen" (Gadamer, 1990, S. 23), so definiert Gadamer selber den Bildungsbegriff.

So gesehen hat Bildung mit der Gegenwart zu tun, die als Zeit des Übergangs im Augenblick Neues möglich macht. Dieser Übergang ist für Gadamer
„das wahre Sein von Zeit" (Gadamer, 1993, S. 293), weil in ihm „die Erfahrungen von Abschied und Beginn den Fluss der Zeit zum Stehen bringt" (Gadamer,
1993, S. 293). Die Dauerhaftigkeit des Erinnerten als Voraussetzung für die
Unvorhersehbarkeit des Neuen fällt im Augenblick als Übergang zusammen.

Die mit Gadamer entfaltete Zeitlichkeit menschlichen Lebens lässt sich sys-
temtheoretisch reformulieren, um damit eine theoretische Möglichkeit zur Beschreibung der Zeitlichkeit sozialer Prozesse zu gewinnen. Mit diesem letzten
Gedanken soll der Versuch verbunden sein, Zeitlichkeit als reflexive Dimension
auch in der erziehungswissenschaftlichen Theoriebildung zu verankern.

5   Die systemtheoretische Reformulierung sozialer Wandlungsprozesse

Aus der systemtheoretischen Begrifflichkeit Luhmanns stammt die Unterscheidung zwischen Medium und Form, die für die folgenden Überlegungen zum
Zusammenhang von Dauer und Wandel benutzt werden. Luhmann und Baecker
ziehen die Unterscheidung von Medium und Form heran, weil er damit eine
Vorstellung von „Sinn" gewinnen möchte, die auf ein traditionelles Subjekt als
individuellen „Sinnträger" (Luhmann & Baecker, 2004, S. 225) verzichten
kann. Sie suchen einen Sinnbegriff ohne „ontologische Referenz" (Luhmann &
Baecker, 2004, S. 225). Dazu beleuchten sie zunächst die Unterscheidung von
Medium und Form am Beispiel des Lichtes. Licht ist notwendige Voraussetzung, um überhaupt etwas sehen und als Gegenstand identifizieren zu können.
An der doppelten Struktur des Sehens zeigt sich der Zusammenhang von Teil
und Ganzem. Ohne Licht, das selber nicht gesehen werden kann, gibt es keine
Identifikation von etwas Sichtbarem. Das, was selber keine gegenständliche
Form hat – in diesem Fall das Licht –, ist das Medium. Dieses Medium „Licht"
ist selber unsichtbar und vom Sichtbaren in seiner je eigenen Form unterschieden (Luhmann & Baecker, 2004).

Das Medium kennzeichnet vor allem seine Dauer. Es ist relativ dauerhaft
und stabiler als die Form. Die Form ist nur temporär stabil, sie besteht nur eine
Zeit lang und zerfällt dann wieder. Dies erklärt Luhmann mit der systemtheore-

tischen Unterscheidung von loser und fester Kopplung. Das Medium besteht aus einer Menge lose gekoppelter Elemente, die das Material darstellen, aus dem dann durch feste Kopplung bestimmter ausgewählter Elemente die spezifische Form entsteht. Neben den durch feste Kopplung ausgewählten und zu einer bestimmten Form gebundenen Elementen gibt es im Umkreis von etwas Bestimmtem und Einmaligen weiterhin eine Menge unbestimmter Elemente, „die ihren Status als Element nicht einer bestimmten Kopplung verdanken, jedoch das Material bieten, aus dem Kopplungen hergestellt werden können" (Luhmann & Baecker, 2004, S. 227). Feste Kopplung entsteht durch Selektion von Elementen zu einer Form, die dabei den Bestand der vorhandenen Elemente eines Mediums nicht erschöpft. Am Beispiel der Sprache ist diese Unterscheidung leicht einsichtig: aus der vorhandenen Fülle von Wörtern und den Regeln, nach denen sie verknüpft werden können, lassen sich Sätze bilden. Sätze sind, so gesehen, nach Regeln verknüpfte feste Kopplungen basaler Elemente, in denen eine begrenzte Menge der möglichen Elemente für eine bestimmte Dauer verbunden ist. Das ist die wahrnehmbare zeitgebundene Form. Das Medium selber kann nur dadurch existieren, dass seine Elemente immer wieder benutzt werden. Außerhalb der aktuellen Repräsentation der Form hat das Medium selber weder eigene Präsenz noch Dauerhaftigkeit. Es ist auf partielle Formgebung angewiesen, um sich in seiner Gesamtheit erhalten zu können. Die Sprache in ihrem umfassenden Verständnis als Sprechen, Schreiben oder Lesen kann nur darin zum Tragen kommen, dass ihre basalen Elemente in Form von Sätzen partiell Anwendung finden. Ohne diese performante Darstellung verlieren die basalen Elemente der Sprache allmählich ihre latente Präsenz als Angebot. So gilt in der Zusammenschau der beiden Eigenschaften, der Kurzlebigkeit der Form einerseits und der Abhängigkeit des Mediums von der Form andererseits, dass die „Dauerhaftigkeit des Möglichen" nur durch „temporäre(r) Formbildung" (Luhmann & Baecker, 2004, S. 228) erhalten, bzw. reproduziert werden kann.

Zuletzt bleibt noch die Frage, in welcher Weise Medium und Form vermittelt gedacht werden können, denn Elemente können sich nur in der Zeit ereignen. Sie sind als Ereignis „radikal aufs Momenthafte und Sofort-Vergängliche" (Luhmann & Baecker, 2004, S. 228) bezogen. Damit werden der Moment, der Augenblick oder Jetztpunkt zu zeitlichen Durchgangspunkten, die ohne eigene zeitliche Ausdehnung als „Punkt der Umschaltung" (Luhmann & Baecker, 2004, S. 228) gedacht werden, in dem sich das Ereignis zur Darstellung bringt. Bei Luhmann gibt es dieses so charakterisierte Ereignis nur in einer bestimmten Qualität: im Modus des Neuen oder Überraschenden oder Plötzlichen. „Jedes Ereignis, auch jede Handlung, erscheint mit einem Mindestmaß an Überraschung, nämlich in Abhebung vom Bisherigen" (Luhmann, 2002a, S. 390). Das Neue kann nur für diesen Moment neu sein, bevor es diese momenthafte

Gegenwärtigkeit wieder abgibt und selber zeitlich und das heißt, als Form aufgrund fest gekoppelter Ereignisse endlich wird. Ereignisse sind in der Zeit und durch die Zeit. Das ist die zeitliche Antwort.

Die andere Antwort hängt eng mit der zeitlichen zusammen, lässt sich aber als sachliche, von ihr getrennt, formulieren. Den Zusammenhang zwischen Medium und Form nennt Luhmann „Zusammenspiel" (Luhmann & Baecker, 2004, S. 230) , nämlich die performante Nutzung der theoretischen Möglichkeit, aus den Elementen des Mediums, Formen zu bilden. Ähnlich der Zeitlichkeit der Ereignisse ist ihre Aktualität auch nicht isoliert vorstellbar, sondern verweist auf den Zusammenhang mit anderen Möglichkeiten, sowohl ganz allgemein als auch im Hinblick auf die jeweilige aktuelle Vorstellung des Einzelnen. Damit stellt Luhmann eine Gleichzeitigkeit her, nicht nur der aktuellen Ereignisse, denn es gilt, „dass alles, was geschieht, gleichzeitig geschieht" (Luhmann & Baecker, 2004, S. 201), sondern auch der „Seinssphären", die sich als „ein Ineinander von Aktualität und Möglichkeit" (Luhmann & Baecker, 2004, S. 233) darstellen, also das Wirkliche notwendig erst im Zusammenhang mit dem Möglichen und in Abhebung vom auch anders Möglichen erscheint.

Luhmanns Unterscheidung in Medium und Form gibt einen theoretischen Anhalt für die Frage nach Dauer und Wandel aller Erscheinungen durch die systemtheoretische Option der losen und festen Kopplung. Gleichzeitig verweist sie auf das Phänomen einer bestimmten Zeitlichkeit als Ort der performanten Darstellung von Ereignissen oder Handlungen, die in Gestalt des Neuen und Überraschenden Vergangenheit und Zukunft zur Geltung bringen. Damit hat auch Luhmann Strukturen nachgezeichnet, an denen sich eine doppelte Zeitlichkeit einerseits einer datenzeitlichen Abfolge der Ereignisse, wie andererseits einer modalzeitlichen Erinnerungs- und Erwartungshaltung als Vergangenheit und Zukunft aus der präsentischen Perspektive des Moments rekonstruieren lässt. Diese doppelte Zeitlichkeit findet gleichzeitig auch kategorialen Ausdruck als performante Wirklichkeit und mediale Möglichkeit, in dem sich Vergangenes in seinen bleibenden und Zukünftiges in seinen offenen Anteilen als kontinuierlich oder kontingent zeigen. Verknüpft man diese vier Strukturmerkmale, ergibt sich ein systematischer Zusammenhang von Dauer und Wandel in sachlicher und zeitlicher Hinsicht.

Um die modalzeitliche Differenz von Dauer (vergangene Wirklichkeit als Kontinuität) und Wandel (zukünftige Möglichkeit als Kontingenz) mit den Kategorien von Medium (lose Kopplung als Stabilität) und Form (feste Kopplung als Instabilität) für Überlegungen zur Theoriebildung in der Erziehungswissenschaft fruchtbar zu machen, sollen anhand einer systematischen Zuordnung der aufgeführten Elemente die möglichen Dimensionen in zeitlicher und sachlicher Hinsicht verbunden werden. Dabei ergeben sich vier Felder oder Sektoren (Abbildung 1), die im Hinblick auf den Zusammenhang von Dauer und Wandel interpretiert werden können.

6 Die doppelte Zeitlichkeit als systematische Dimension der Theoriebildung

6.1 Dauerhaftigkeit des Möglichen

Den ersten Sektor bildet die Analyseeinheit, die zeitlich in den Bereich dessen fällt, was noch nicht eingetreten ist, aber möglicherweise eintreten kann. Dieses Zukünftige lässt sich in sachlicher Hinsicht mit dem zusammen sehen, was als Medium aus lose gekoppelten elementaren Bestandteilen keine oder noch keine performante Präsenz besitzt und damit vielfältige Möglichkeiten der Selektion bietet. Dieser Sektor enthält das, was als „Dauerhaftigkeit des Möglichen" eine eigene Beständigkeit des noch nicht wissbaren Zukünftigen anzeigt und darin in seiner andauernden Kontingenz aufgefasst werden muss. Es ist der Bereich der nie abzuschließenden Möglichkeit neuer Erkenntnisse und potentieller Veränderungen, ein Feld des unerschöpflich und nie endgültig Vorstellbaren, die prinzipiell offene Zukunft des potentiell Möglichen. Mit dieser Perspektive ist das erfasst, was Luhmann als Voraussetzung für die Konstitution sozialer Systeme betrachtet: dass sie „als unendlich offene, in ihrem Grunde dem fremden Zugriff entzogene Möglichkeiten der Sinnbestimmung" (Luhmann, 2002a, S. 152) behandelt werden. Kontingenz als aristotelische „Ausschließung von Notwendigkeit und Unmöglichkeit" (Luhmann, 2002a, S. 152) impliziert, das Mögliche nicht unabhängig vom Wirklichen zu denken. Kontingenz „setzt die gegebene Welt voraus, bezeichnet also nicht das Mögliche überhaupt, sondern das, was von der Realität aus gesehen anders möglich ist" (Luhmann, 2002a, S. 152). Fasst man den Gedanken noch weiter, so beschreibt er eine grundlegende Bedingung, die, so Luhmann, aller Erkenntnis vorausgeht, dass nämlich „die Realität dieser Welt [...] im Kontingenzbegriff als erste und unauswechselbare Bedingung des Möglichseins vorausgesetzt" (Luhmann, 2002a, S. 152) wird.

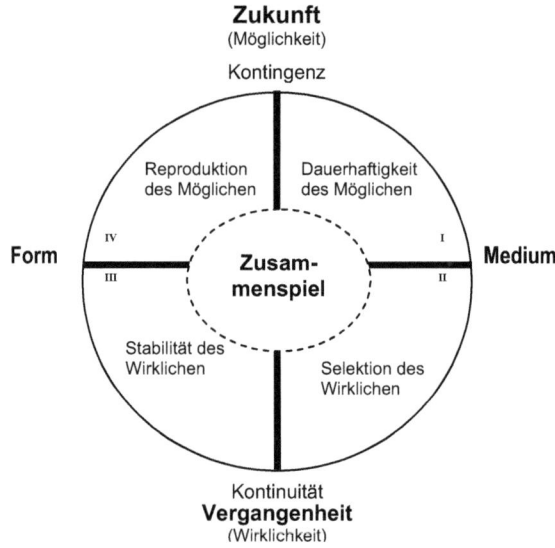

Abbildung 1

6.2   Selektion des Wirklichen

Der zweite Sektor beschreibt den Beginn der Formbildung, in dem durch Selektionsprozesse bestimmte Elemente aus der Menge der vorhandenen Elemente eines selber nicht darstellbaren Mediums in eine solche Beziehung zueinander treten, dass mit dieser Relation eine feste Kopplung erzeugt wird. Dabei gilt es auf zwei Bedingungen aufmerksam zu machen: Fragt man als erstes danach, wie es zu der erwähnten Formbildung kommen kann, so lässt sich mit Luhmann dieses Problem mit dem Rückgriff auf den Gedanken der doppelten Kontingenz explizieren. Stellt man zunächst fest, dass im Kontingenzbegriff der Bezug zur Realität enthalten ist, folgt daraus, dass Selektion kein willkürlicher, sondern ein motivierter Vorgang sein muss. Fragt man als zweites nach der zeitliche Qualität von Selektion, lassen sich dabei zwei Dimensionen festhalten: eine modalzeitliche und eine datenzeitliche Dimension. Dass Selektion als Handeln und Verhalten überhaupt stattfindet und es nicht aufgrund gegenseitiger mangelnder Gewissheit über das zu erwartende Handeln und Verhalten des Anderen zur Stagnation kommt, wird dann wahrscheinlicher, wenn es versuchsweise erstes Handeln oder Verhalten gibt. Einer handelt und es kommt zu einem neuen Ereignis, das für die Erwartung des Anderen als ein unerwartetes Ereignis erscheint, worauf er aber dann mit Rücksicht auf seine eigene Erwartung reagieren kann. Damit entsteht eine unvorhersagbare datenzeitliche Ereignisreihe der realisierten Erwartungserwartungen, die als Selektion Unwahrscheinliches wahrscheinlich oder Mögliches wirklich werden lässt. Man könnte dies als die kontingente Dimension oder Variation dieses zweiten Segmentes bezeichnen.

In der zweiten Hinsicht ist bei der Selektion des Wirklichen als Prozess der Formbildung Zeitlichkeit mit ihrem Realitätsbezug von Bedeutung: Alles Handeln und jede gesellschaftliche Kommunikation werden, so Luhmann, von der Annahme begleitet, dass es „stabile Wahrnehmungskontexte" und ein „gesellschaftliches Gedächtnis" (Luhmann, 2002b, S. 34) gibt, die in Form von Erinnerung und Erwartung präsent sind. Die Präsenz dieser modalzeitlichen Dimension ist nicht davon abhängig, dass Erinnerung und Erwartung in der konkreten Situation artikuliert werden. Diesen Gedanken findet man bei Luhmann auch darin ausdrückt, dass er ein Gedächtnis feststellt, einerseits als personales Gedächtnis der sozialen Konstruktion der Person[2], andererseits als gesellschaftliches Gedächtnis der sozialen Konstruktion der Gesellschaft. Die Funktion dieser kognitiven Leistung des personalen oder gesellschaftlichen Gedächtnisses, die Luhmann auch „Schemata" (Luhmann, 2002b, S. 44) nennt, besteht nicht darin, vergangene Sachverhalte wieder zu erinnern und zu artikulieren, sondern im Prozess der Selektion einen Eindruck von Bekanntheit zu erzeugen. Man könnte dies als die kontinuierliche Dimension dieses zweiten Segmentes bezeichnen.

Zusammen gesehen ergibt sich die analytische Dimension der Verschränkung von Dauer und Wandel bei der Beobachtung der Selektion des Wirklichen. Mit dem Vorgang der Selektion des Wirklichen ist der Bereich des potentiell Möglichen nicht ausgeschöpft. Er bleibt als Horizont des Möglichen erhalten. Einmal deshalb, weil Selektion impliziert, dass Mögliches auch nicht gewählt wird, und einmal deshalb, weil die mit der Selektion verbundene feste Kopplung der Elemente als strukturelle Instabilität auf Entkopplung verweist. Der zweite Sektor ist davon bestimmt, dass sich im Prozess die Betonung des Kontingenten zugunsten der Betonung des Kontinuierlichen verlagert.

6.3   Temporäre Stabilität des Wirklichen

Mit dem Hinweis auf die zeitlich begrenzte feste Kopplung der Elemente ist das Kennzeichen des dritten Sektors der Abbildung genannt. In Luhmanns Beschreibung der Formbildung ist der zeitliche Aspekt der temporären Stabilität der Form dadurch gegeben, dass das System mithilfe „der Unterscheidung von Zeit und von Vorher und Nachher " (Luhamnn & Baecker, 2004, S. 208) Vergangenheit und Zukunft unterscheiden kann. Die Form ist dann Resultat der

---

2   Der Begriff der „Person" ist bei Luhmann nicht synonym mit dem Begriff „psychisches System", sondern ist ein „soziales Konstrukt", dem Gedächtnis zugeschrieben wird, „weil nur so der Fortgang der Kommunikation in Aussicht gestellt werden kann" (Luhmann, 2002b, S. 36).

festen Kopplung der ausgewählten Elemente eines selber unsichtbaren Mediums und ihre Aktualität wird zur Vergangenheit und von neuen Formen abgelöst. Durch feste Kopplung erhalten Elemente einerseits eine zeitlich begrenzte, performante Aktualität oder Realität und diese realisierte Selektion reduziert dadurch zunächst Komplexität. Andererseits dient ihre begrenzte Performanz dazu, die Voraussetzung für neue Möglichkeiten des Mediums zu bilden. Luhmann geht dabei so weit zu sagen, dass Formbildung nur deshalb Sinn gewinnt, weil sie „in einem Horizont anderer Möglichkeiten platziert" (Luhmann & Baecker, 2004, S. 231) ist. Damit entsteht eben keine einlinige Abfolge, indem aus vergangener Wirklichkeit neue Möglichkeiten resultieren, sondern Wirklichkeit als Selektion braucht Möglichkeit und Möglichkeit erhält sich durch Wirklichkeit als Selektion. „Alle Items", so schreibt Luhmann, „die operativ aktualisiert werden, leben und haben nur Sinn, weil sie in einem Horizont anderer Möglichkeiten platziert sind" (Luhmann & Baecker, 2004, S. 231) Damit weist er einerseits auf den ersten Sektor zurück, der die Dauerhaftigkeit des Möglichen beschrieben hat, ohne aber die dafür notwendige temporäre Formbildung zu vernachlässigen, andererseits leitet dieser Gedanke über zum vierten Segment der Abbildung, bei dem es um die Reproduktion des Möglichen geht. Der dritte Sektor ist also davon bestimmt, dass sich im Prozess die Betonung der Kontinuität zugunsten der Betonung der Kontingenz wieder verlagert.

6.4 Reproduktion des Möglichen

Wenn man den letzten Schritt in dieser Weise nachvollzieht, dass man in der temporären Formbildung einen Beitrag zur Reproduktion des Möglichen als die andere Seite des Wirklichen betrachtet, erweist sich gleichzeitig, dass die durch Selektion und Stabilisierung erreichte Reduktion von Komplexität in diesem letzten Schritt nicht endgültig ist. Gleichzeitig mit der Reduktion von Komplexität durch Formbildung ist die Komplexität des Mediums erneut von Bedeutung. Auch wenn in der hier vorliegenden analytischen Darstellung der Eindruck geweckt werden könnte, als sei die vorgeführte Sequenzierung des Zusammenhangs von Medium und Form eine einfache Abfolge von Dauer und Wandel, so muss dieser Zusammenhang als komplexes „Mischverhältnis" (Luhmann & Baecker, 2004, S. 228) verstanden werden, in dem lose gekoppelte Elemente und auf Zeit fest gekoppelte Elemente wechselseitig und gleichzeitig vorhanden sind. Denn die Möglichkeiten des Mediums lassen sich nicht in einer bestimmten Form erschöpfend binden und stehen zudem über kurz oder lang durch den Verfall der Form wieder zur Verfügung. Damit entstehen die Möglichkeiten des Mediums immer wieder neu und bleiben für den spezifischen Gebrauch in zeitlich begrenzten Formen erhalten. Die zeitweilig vorherrschende Reduktion der medialen Komplexität ist gleichzeitig auch wieder aufgehoben. Es geht, so Luhmann, um ein „Ineinander von Aktualität und Möglichkeit" (Luhmann & Baecker, 2004, S. 233), das von der „ständigen Aufforderung zur Bildung spezifischer Formen" (Luhmann & Baecker, 2004, S. 229) seinen Antrieb erhält.

Damit kommt abschließend ein Gedanke ins Spiel, der auf den Vermittler oder den vermittelnden Ort hinweist, der die Transformationen zwischen Form und Medium aktuell werden lässt. Dieser vermittelnde Ort war auch in den vorausgegangenen Überlegungen mit den Stichworten ‚Augenblick' oder ‚Plötzliches' oder ‚Einfall des Neuen' bezeichnet. Luhmann beschreibt diesen Ort in zeitlicher Hinsicht als „Umschlagplatz", als „Punkt der Umschaltung" (Luhmann & Baecker, 2004, S. 211), an dem man unter Entscheidungsdruck steht, handeln muss und damit gleichzeitig eine Differenz zwischen vorher und nachher, Vergangenheit und Zukunft gesetzt wird. Das ist die Funktion der Gegenwart als der einzigen Möglichkeit, frei zu handeln. In sachlicher Hinsicht ist dieser Umschlagplatz der Ort des Neuen oder der „Überraschung" (Luhmann, 2002a, S. 391), denn, so Luhmann, jedes Ereignis oder jede Handlung ist mit einem „Mindestmoment an Überraschung" als „Abhebung vom Bisherigen" (Luhmann, 2002a, S. 390) notwendig verbunden. So gesehen, gebraucht Luhmann für die Frage nach der Sinnbildung drei unterschiedliche Komponenten der Erklärung: erstens ein komplexes Medium oder Substrat, das aus einzelnen lose gebundenen Elementen als Angebot zur Auswahl besteht, zweitens bestimmte Formen, die durch die vollzogene Selektion aus dem Angebotspool des Mediums zustande kommen und drittens das „Zusammenspiel, in dem der ganze Apparat von Medium und Form nur Sinn gewinnt, wenn er gebraucht wird" (Luhmann & Baecker, 2004, S. 230).

Die erläuterten vier Dimensionen des Zusammenhangs zwischen Wirklichkeit/Vergangenheit und Möglichkeit/Zukunft erlauben in mehrfacher Hinsicht, darin die Dimensionen von Kontingenz/Wandel und Kontinuität/Dauer sowie Medium und Form aufzufinden. So ist das Medium einerseits als dauerhafter ‚Selektionspool' zu betrachten, andererseits ist es Reservoir für immer neue und überraschende Möglichkeiten der Formbildung. Im Gegensatz dazu sind die zu festen Formen gekoppelten Elemente des Mediums einerseits instabil und werden von immer neuen Formen abgelöst. Andererseits sind sie als vergangene Ereignisse dauerhaft in ihrer Bedeutung als Erinnerung, die aus der Erwartung resultieren kann. Am Lebenslauf lässt sich dieser Zusammenhang anschaulich machen: Der Lebenslauf basiert auf der Kontinuität des Lebens und der damit verbundenen anthropologischen Kennzeichnung des Menschen als prinzipiell unbegrenzt lernfähig. Gleichzeitig ist der Lebenslauf als individuelle Lebensgeschichte prinzipiell offen und nicht festgelegt. Im jedem Erlebnis verschränken sich die Kontinuität des Lebenslaufes mit der Kontingenz der Lebensgeschichte.

Dabei wird auch deutlich, dass die Modellskizze in sich selber zeitlich gedacht werden muss. Sie nimmt ihren Anfang – sowohl am biographischen Beispiel wie am theoretischen Modell – im offenen Möglichkeitsraum, auf den sie nach Selektion und Stabilisierung ausgewählter Ereignisse wieder zurückkommt. Damit ist eine zeitliche Entwicklungsrichtung vorgegeben, die als Folge nicht umkehrbar und als Ergebnis nur durch erneute Selektion und Stabilisierung korrigiert werden kann. Aber dennoch gilt, dass sich alles, was sich ereignet, im gegenwärtigen Zusammenspiel ereignet, das die Verschränkung von Dauer und Wandel mit Wirklichkeit und Möglichkeit leistet. Der Prozess selber enthält einen medialen Anteil, der auf seine Unabgeschlossenheit und Wandlungsfähigkeit hinweist. Und er enthält ebenso einen formalen Anteil, der von der Unwiderruflichkeit der Ereignisse und ihrer bleibenden Wirkung ausgeht.

In dieser Allgemeinheit betrachtet, benennt das Modell Kriterien, mit denen, so die Annahme, soziale Prozesse im weitesten Sinn beschrieben werden können. Geht man weiter davon aus, dass Erziehung und Bildung als soziale Prozesse verstanden werden können, in denen es einerseits darum geht, Wissen, Motive und Einstellungen auf Dauer zu stellen, und andererseits Veränderungs- und Wandlungsbereitschaft zu ermöglichen, muss es auch in diesen Prozessen zur Verschränkung der zeitlichen Dimensionen von Dauer und Wandel kommen. Vorliegendes Modell macht diesen Prozess in den ausgewiesenen zeitlichen Dimensionen beschreibbar, was abschließend exemplarisch gezeigt werden soll. Damit könnte eine Perspektive auf die Frage nach der Dominanz einer der beiden zeitlichen Dimensionen ebenso gefunden sein, wie auf die nach dem möglichen oder notwendigen Zusammenhang, in dem beide miteinander stehen und aufeinander verweisen.

7   Die Dimensionen der Zeitlichkeit im Kontext erziehungstheoretischer Überlegungen

Eingebettet in den historischen Entstehungskontext der Moderne steht Erziehung unter dem Vorzeichen, dem Freiheits- und Gleichheitsanspruch der Aufklärung gerecht werden zu müssen. Die damit verbundene normative Orientierung erfordert als erzieherische Maxime, von der grundlegenden Bildsamkeit des Menschen ebenso auszugehen wie von seiner Fähigkeit, selbsttätig handelnd sich zur Welt zu verhalten. Deshalb gelten in pädagogischen Zusammenhängen Annahmen, wie sie Benner mit den beiden „konstitutiven Prinzipien pädagogischen Denkens und Handelns" (Benner, 2005, S. 63), dem „Prinzip der Bildsamkeit" und dem „Prinzip der Aufforderung zur Selbsttätigkeit" (Benner, 2005, S. 71) vorgestellt hat. Im Folgenden sollen Benners Ausführungen zu einer Grundstruktur pädagogischen Denkens und Handelns im Hinblick auf die individuelle Seite des Bildungsprozesses für die vorgestellte Struktur sozialer Prozesse benutzt werden, weil sie den Anspruch erheben und begründen, als „universale Grundstruktur des Pädagogischen" (Benner, 2005, S. 11) betrachtet werden zu können.

7.1 Das Prinzip der Bildsamkeit im Horizont des Medialen

Das Prinzip der Bildsamkeit gewinnt für Benner seine Bedeutung aus der Abgrenzung sowohl gegen eine Festlegung auf Naturanlagen als auch gegen eine Festlegung auf Umwelteinflüsse aus dem Sachverhalt der auf Offenheit basierenden pädagogischen Interaktion. Bildsamkeit legt das Gewicht darauf, dass nur eine interaktive Praxis anerkennt, dass die Zu-Erziehenden am Entstehen ihrer „humanen Bestimmtheit" (Benner, 2005, S. 72) aktiv beteiligt werden müssen. Ist mit Offenheit auf die unabschließbaren Möglichkeiten einer Bestimmtheit Bezug genommen, so nimmt dies Bezug auf die Tendenz, die als Dauerhaftigkeit des Möglichen im vorigen Abschnitt beschrieben wurde. Im Hinblick auf Erziehung und ihre Voraussetzungen, dass diese es mit Menschen als selbstreferenziellen Systemen im Sinne „nichttrivialer Maschinen"[3] zu tun hat, beschreibt Luhmann diesen offenen Ausgang als „interne Unbestimmtheit" (Luhmann, 2002b, S. 90), in der einerseits Zukunftsungewissheit und andererseits undurchsichtige Erwartungen und Auswirkungen aus Gewesenem, also der Vergangenheit, zusammenkommen und den Horizont für zukünftige Ereignisse, mithin den medialen Hintergrund für Formbildung abgeben.

Das Prinzip der Bildsamkeit repräsentiert die Stelle des Mediums und besetzt dessen Position in der Weise, dass Bildsamkeit die Bestimmbarkeit als Dauerhaftigkeit des Möglichen ebenso wie die Bestimmtheit als Selektion des Wirklichen anzeigt. Oder anders formuliert: Erziehung kann die „Unbestimmtheit ihrer Klienten als eigene Chance auffassen, indem sie Kinder als ein Medium ansieht, das Formbildung ermöglicht" (Luhmann, 2002b, S. 91).

Interpretiert als „offene Bestimmtheit des Menschen" (Prange, 1978, S. 39) verweist Bildsamkeit auch auf die zeitliche Dimension einer menschlichen Praxis der pädagogischen Interaktion, in der die Transformation von Möglichkeit in Wirklichkeit stattfindet. Sie kann zunächst ganz allgemein gesehen werden als eine Praxis, in der die „interaktive Bestimmtheit des Menschen zur Selbstbestimmung" (Benner, 2005, S. 75) zum Tragen kommen soll. Den Zu-

---

3   Vgl. zur Unterscheidung zwischen „trivialen Maschinen" und „nichttrivialen Maschinen" Luhmann & Baecker, 2004, S. 97f.

Erziehenden als den zur Selbstbestimmung Bestimmten zu denken, reicht aber in pädagogischen Interaktionen deshalb nicht aus, weil sich erst im beteiligten Handeln Selbstbestimmung als Wahl realisieren kann. Erst durch das in der pädagogischen Praxis ermöglichte Hinführen zur reflektierten Wahl äußert sich Selbstbestimmung in Bestimmtheit als Reduktion von Möglichkeit im Übergang zur Wirklichkeit.

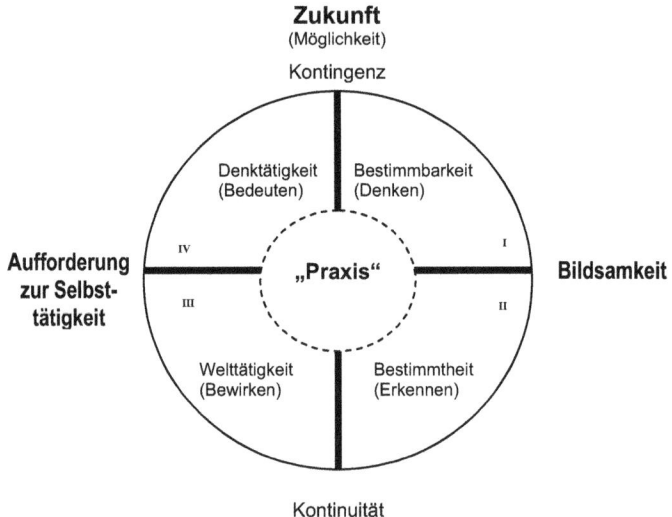

Abbildung 2

7.2 Das Prinzip der Aufforderung zur Selbsttätigkeit im Horizont des Formalen

Weil, so Benner, die pädagogische Praxis die einzige der menschlichen Praxen ist, die ihr Ende herbei führen muss, um nicht zu pervertieren, ist es notwendig, das Prinzip der Bildsamkeit um ein zweites für pädagogisches Denken und Handeln konstitutives Prinzip zu ergänzen. Diese konstitutive zweite Bedingung der pädagogischen Interaktion nennt Benner das „Prinzip der Aufforderung zur Selbsttätigkeit" (Benner, 2005, S. 80).

Damit verweist er auf ein Prinzip, „das Grundaussagen darüber macht, wie in pädagogischen Situationen so gewirkt werden kann, dass Heranwachsende auch tatsächlich als bildsam anerkannt werden" (Benner, 2005, S. 80). Dies geschieht, sofern als Voraussetzung gilt, dass sie „zur Mitwirkung an ihren Lernprozessen" (Benner, 2005, S. 75) fähig sind. Damit kommt eine Aktivität in den Blick, die Benner mit Selbsttätigkeit bezeichnet.

Selbsttätigkeit ist Auseinandersetzung des tätigen Subjekts einerseits mit sich selber und andererseits mit der Welt. So ist der Mensch als Subjekt einmal für sich selbst Objekt und zum anderen wird für ihn als Subjekt die Welt zum Objekt. Die aneignende Auseinandersetzung mit Welt, die Benner „Welttätigkeit" (Benner, 2005, S. 87) nennt, begründet menschliches Handeln und Bewirken. Im Sinne der oben aufgezeigten Kategorien der Formbildung erhält Handeln einerseits den Charakter der zeitlich begrenzten Dauer, andererseits trägt es durch die Faktizität der Entscheidung zu dauerhafter Bedeutung bei. Parallel dazu ist die Auseinandersetzung mit sich selbst, die Benner „Denktätigkeit" (Benner, 2005, S. 87) nennt, die deutende Auseinandersetzung mit den Entscheidungen des eigenen Handelns. Sie provoziert damit nicht nur im Rückblick auf das Gewesene, sondern auch im Hinblick auf Zukünftiges Auswirkungen auf kommende Handlungen. Insofern erzeugt der Zusammenhang von Bewirken und Bedeuten eine Verbindung zwischen den zeitlichen Kategorien von Wirklichkeit und Möglichkeit, die auf den reproduzierenden Aspekt im Prozess der Formbildung hinweist.

Bezieht man nun beide Prinzipien, also Bildsamkeit und Aufforderung zur Selbsttätigkeit, auf die von Benner genannten Bereiche menschlicher Praxis als Sprachlichkeit, Leiblichkeit, Geschichtlichkeit und Freiheit, erkennt man deren unterschiedliche Zeitlichkeit. Können Freiheit und Geschichtlichkeit den beiden ersten Sektoren der Grafik zugeordnet werden, weil Selektion an den vorhandenen Möglichkeitsraum anschließen muss, so kann Leiblichkeit mit dem Ereignischarakter der Welttätigkeit und Sprachlichkeit mit dem reflexiven Charakter der Denktätigkeit in Verbindung gebracht werden. So erscheint einerseits Leiblichkeit in ihrer Raum-Zeit-Verhaftung mit dem Ereignischarakter der Welttätigkeit verbunden, andererseits gehen die raum-zeitlichen Ereignisse über die leibgebundene handelnde Praxis hinaus, insofern – darauf hat Prange hingewiesen – deren zeichenhafte Vermittlung auf den doppelten Verweisungszusammenhang der Sprachlichkeit hinweist, weil die „Teilhabe am Zusammenhang der Zeichen das jeweilige Verhalten über das Bewirken in der Reihe der Ereignisse hinaus [hebt, U.P.] und […] ihm eine Bedeutung [verschafft, U.P.]" (Prange, 1978, S. 60).

Abschließend soll noch einmal gefragt werden, in wieweit den beiden für pädagogisches Denken und Handeln relevanten Prinzipien der Bildsamkeit und der Aufforderung zur Selbsttätigkeit die zeitlichen Dimensionen zugeordnet werden können, die in den vorausgegangenen Ausführungen als Doppelcharakter der Zeit beschrieben wurden. Es geht einerseits um Aussagen im Hinblick auf die doppelte Zeitlichkeit als Modalzeit und Datenzeit und andererseits um Konsequenzen für die Frage nach Dauer und Wandel als Kontinuität oder Kontingenz.

Was mit Modalzeit benannt wird, der mitlaufende zeitliche Horizont, der nicht vergeht und in sich auf Vergangenes und Zukünftiges hin orientiert ist, ist die Zeitdimension, die die grundlegende Offenheit und Unbestimmtheit des Menschen widerspiegelt. Sie ist selbst als Horizont unabgeschlossener Möglichkeiten uneinholbar und findet im unbestimmten Denken und im denkenden Bedeuten als Erinnerung und Erwartung ihren praktischen Ausdruck. Ergänzend dazu artikuliert sich das Nacheinander der Ereignisse als Datenzeit im bestimmenden Erkennen und tätigen Bewirken. Beides sind in der ‚Praxis' miteinander verschränkte Prozesse. Auch dieser Gedanke wird durch Pranges Ausführungen unterstrichen, wenn er schreibt: „So wie die Ereignisse vergehen in der Datenzeit, wandeln sich Bedeutungen mit ihrem materiellen Substrat, aber sie vergehen nicht" (Prange, 1978, S. 60).

So lässt sich an dieser Stelle feststellen, dass die von Benner dargestellten konstitutiven Prinzipien pädagogischen Denkens und Handelns im Hinblick auf das entwickelte Modell der doppelten Zeitlichkeit gedeutet werden können. Dass sich Erziehungs- und Bildungsprozesse in besonderer Weise damit spiegeln lassen, liegt auch darin begründet, dass sie in normativer Hinsicht ein kritisches Moment enthalten und Bildung als reflexiven Prozess in einem „nichtaffirmativen" Sinn begreifen (Benner, 2005, S. 168). Die Reproduktion neuer Möglichkeiten durch Reflexion auf das auch anders Mögliche beruht so gesehen auf einem bewertenden Denken als Voraussetzung für neues Entscheiden, letztlich auf der Urteilsfähigkeit des Menschen. Mit diesem Bezug soll abschließend die Verbindung zu Aspekten aktueller bildungstheoretischen Diskurse hergestellt werden.

8   Schlussbetrachtung

Dass die Urteilsfähigkeit in der philosophischen Tradition ihre Wurzeln in den Ansätzen sowohl in ästhetischer als auch in sprachanalytischer Theoriebildung hat, stiftet den Zusammenhang zu einer Diskussion, die auf den Aspekt der Reproduktion des Möglichen bezogen werden kann. Wenn Meder mit Hinweis auf Lyotard den postmodernen Menschen als „Möglichkeitsmensch" bezeichnet, der als „Sprachspieler" darzustellen vermag, dass „auf der Basis des Widerspruchs alles möglich ist" (Meder, 1987, S. 49), so verweist er auf ein Denken, das in einem unabsehbaren Prozess Widerspruch annimmt und damit umgeht.

Bildungstheoretisch verankert erscheint dieser Widerspruch, die Aporie (Meyer-Drawe, 1999, S. 89), in der Gestalt des Fremden. Mit dem Anderen als Fremdem in seiner Differenz zum Eigenen umgehen zu können, wird als Motiv im traditionellen bildungstheoretischen Denken als Negation oder Entfremdung beschrieben. Dabei geht es vorrangig darum, dieses Fremde seiner Fremdheit zu entkleiden, um damit die Differenz der Fremdheit aufzuheben. Im Gegensatz dazu und als Kritik formiert sich ein Diskurs im Anschluss an die postmoderne philosophische Kritik an der Assimilation des Anderen durch Verstehen, der den Gedanken von Bildung als „Mimesis" (Wulf, 2001, S. 67) in den Vordergrund rückt. Sein erkenntnisleitendes Interesse ist die Aufrechterhaltung und Anerkennung der Differenz zwischen Eigenem und Fremdem. ‚Mimesis' als ‚Anähnlichung' oder Ähnlichmachen des fremden Außen der Welt im Inneren des Menschen ist der Vorgang, der einen Umgang mit dem fremden Außen möglich macht, bei dem die Differenz zwischen Außen und Innen erhalten bleibt. Das dabei entstandene Verhältnis zwischen Eigenem und Fremdem ist kontingent und verweist damit darauf, dass es nicht zwingend so, sondern auch anders sein könnte. Alterität als Prinzip des Bildungsprozesses kann jedoch aus dieser Sicht selber nicht kontingent sein.

Literatur

Benner, D. (2005). *Allgemeine Pädagogik. Eine systematisch-problemgeschichtliche Einführung in die Grundstruktur pädagogischen Denkens und Handelns* (5. kor. Aufl.). Weinheim: Juventa.

Cramer, F. (1994). *Der Zeitbaum. Grundlegung einer allgemeinen Zeittheorie* (2. rev. Aufl.). Frankfurt a. M.: Insel-Verl.

Elias, N. & Schröter, M. (1988). *Über die Zeit* (1. Aufl.). Frankfurt a. M.: Suhrkamp.

Gadamer, H.-G. (1990). *Hermeneutik I. Wahrheit und Methode: Grundzüge einer philosophischen Hermeneutik* (6. durchges. Aufl.). Band 1. Tübingen: Mohr.

Gadamer, H.-G. (1993). Über leere und erfüllte Zeit (1969). In Zimmerli, W. Ch. (Hrsg.), *Klassiker der modernen Zeitphilosophie* (S. 281–297). Darmstadt: Wissenschaftliche Buchgesellschaft.

Hegel, G. W. F. (1996). *Phänomenologie des Geistes.* [Nachdr. der Ausg.] Bamberg, Würzburg, Goebhardt, 1807, [Nachdr.]. Stuttgart: Reclam.

Lübbe, H. (1991). Der verkürzte Aufenthalt in der Gegenwart. Wandlungen des Geschichtsverständnisses. In Kemper, P. (Hrsg.), *‚Postmoderne' oder Der Kampf um die Zukunft. Die Kontroverse in Wissenschaft, Kunst und Gesellschaft* (S. 145–164). Frankfurt a. M.: Fischer Taschenbuch.

Luhmann, N. (1991). *Soziologie des Risikos.* Berlin: de Gruyter.

Luhmann, N. (2002a). *Soziale Systeme. Grundriß einer allgemeinen Theorie.* Darmstadt: Wissenschaftliche Buchgesellschaft.

Luhmann, N. (2002b). *Das Erziehungssystem der Gesellschaft.* Hrsg. von D. Lenzen. Darmstadt: Wissenschaftliche Buchgesellschaft.

Luhmann, N. & Baecker, D. (2004). *Einführung in die Systemtheorie* (2. Aufl.). Darmstadt: Wissenschaftliche Buchgesellschaft.

Marquardt, O. (1987). Apologie des Zufälligen. Philosophische Überlegungen zum Menschen. In Marquard, O. (Hrsg.), *Apologie des Zufälligen. Philosophische Studien* (S. 117–139). Stuttgart: Reclam.

Meder, N. (1987). Bildung im Zeitalter der neuen Technologien oder Der Sprachspieler als Selbstkonzept des modernen Menschen. In Meder, N. *Der Sprachspieler. Der postmoderne Mensch oder das Bildungsideal im Zeitalter der neuen Technologien* (S. 91–104). Köln: Janus Pr. (Janus-Wissenschaft).

Meyer-Drawe, K. (1999). Herausforderung durch die Dinge. Das Andere im Bildungsprozeß. *Zeitschrift für Pädagogik, 3*, 329–335.

Nowotny, H. (2000). *Eigenzeit. Entstehung und Strukturierung eines Zeitgefühls* (Nachdruck der 1. Aufl.). Frankfurt a. M.: Suhrkamp.

Pfeiffer, U. (2007). *Kontinuität und Kontingenz. Zeitlichkeit als Horizont systematischer Überlegungen in der Erziehungswissenschaft.* Bad Heilbrunn: Klinkhardt.

Poser, H. (1996). Zeit und Ewigkeit. Zeitkonzepte als Orientierungswissen. In Baumgartner, H. M. & Büttemeyer, W. (1996*). Das Rätsel der Zeit. Philosophische Analysen* (2. unveränd. Aufl.). Freiburg Breisgau, München: Alber (Alber-Reihe Philosophie).

Prange, K. (1978). *Pädagogik als Erfahrungsprozeß.* Band 1. Stuttgart: Klett-Cotta.

Ricken, N. (2004). Diesseits von Relativismus und Universalismus: Kontingenz als Thema und Form kritischer Reflexion. In Schäfer, A. (Hrsg.), *Tradition und Kontingenz* (S. 27–58). Münster: Waxmann.

Wulf, Ch. (2001). *Einführung in die Anthropologie der Erziehung.* Weinheim, Basel: Beltz.

Zirfas, J. (2004). *Pädagogik und Anthropologie. Eine Einführung.* Stuttgart: Kohlhammer.

Ortfried Schäffter

Lernen in Übergangszeiten
Zur Zukunftsorientierung von Weiterbildung in der Transformationsgesellschaft

Zunächst wird der Begriff der Transformation geklärt, um die Differenz zwischen ,kontextgebundenem Lernen' und ,Lernen im strukturellen Wandel' zu verdeutlichen. Hieran anschließend wird das Konzept der Übergangszeit entwickelt und der Kontinuitätsbegriff über lineare Fortschreibung hinaus als „gebrochene Kontinuität" im Sinne von sequenziell rhythmisiertem ,Abschluss und Anschluss' erweitert. Die Kategorie der Anschlussfähigkeit erhält hierbei im Sinne von Synchronisation eine wichtige theoriestrategische Bedeutung. Sie erklärt, dass ein temporaler Übergang erst durch ,transformatives Lernen' der beteiligten Akteure möglich wird und nicht deterministisch aus einer abstrakten Strukturlogik heraus erfolgt. ,Anschlussfähigkeit' stellt somit eine temporale Kompetenz dar, die im Verlauf lebenslangen Lernens erworben wird.

Im ,relationalen Feld' differenter Zeitmodi werden schließlich temporale Figurationen identifizierbar, in denen Gegenwart nicht mehr ihre klassische dominante Rolle besitzt. Die Bezüge zwischen Vergangenheit und Zukunft, aber auch zwischen Zukunft und Vergangenheit, werden als gleichermaßen wichtige Relationen erkennbar, wobei Gegenwart eine vermittelnde Scharnierstelle einnimmt. Diese Sicht führt zur Erweiterung unterschiedlicher Figurationen im ,temporalen Feld eines relationalen Zeitgefüges', in denen nicht nur ,empiristisch' allein von einer ,allgegenwärtigen Gegenwart', sondern auch eschatologisch ,von der Zukunft her' gedacht werden kann.Auf der Grundlage der relational verknüpften Zeitmodi wird das Konzept der Übergangszeit schrittweise zu einer ,Temporaltheorie lebenslangen Lernens' ausdifferenziert: als permanente situative Ereignisverknüpfung, als strukturimmanente Statuspassage, als zielgenerierender Prozess offener Transition und schließlich als ein epochaler Strukturbruch im Verlauf einer sozial-evolutionären Entfaltung immer neuer konstitutiver ,Bedingungen der Möglichkeit'.

Als Perspektive für eine Theorie ,strukturvermittelten Lernens in Übergangszeiten' wird als Ausblick das Konstrukt des ,personal trajectory' bzw. des ,formation trajectory' zur Diskussion gestellt. In ihm lässt sich das Erschließen historisch neuartiger Möglichkeitshorizonte als ein zielgenerierender Lernprozess auf der Ebene von bislang unerschlossenen ,Weisen der Welterzeugung' modaltheoretisch fassen. Mit der Konstitution eines historisch oder biographisch neuartigen Möglichkeitshorizonts im Verlauf eines trajectories eröffnet sich im Sinne einer „Zone der nächsten Entwicklung" (Wygotski, 1964, S. 259) eine vorher noch unverfügbare Zukunftsperspektive, aus der heraus gegenwärtiges Handeln im Sinne einer konkreten Utopie (Bloch, 1970, S. 90; S. 210) von nun ab seine Entwicklungsoptionen zu beziehen vermag. Strukturvermitteltes Lernen wird so eschatologisch ,von der Zukunft her' kontextbezogen steuerbar.

1   Temporale Aspekte einer Theorie der Transformation

Das Verfließen der Zeit wird in „unmittelbarer Zeitauffassung" (Picht, 1992, S. 149) als Veränderung wahrnehmbar. Dadurch, dass unablässig eine unendliche Menge von Veränderungen eintritt, wird überhaupt erst erfahrbar, dass Zeit verfließt. Nun hängt es jedoch entscheidend davon ab, ob Veränderungen innerhalb eines institutionell geschützten Rahmens verlaufen oder ob der Orientierung bietende Rahmen selber einer Veränderung ausgesetzt ist. Dies hat für Bildung erhebliche Konsequenzen: Befindet sich eine Gesellschaft dauerhaft in einer Umbruchsituation, so schlägt der bisherige Leistungsvorteil kontextgebundener und standardisierter Formen institutionalisierten Lernens zu einer Strukturschwäche um. Im Zusammenhang mit dem Wirkungsverlust tradierter Institutionalformen in epochalen ,Übergangszeiten' wird daher ,Lernen in Transformationsprozessen' klärungsbedürftig. Angesprochen ist die *Differenz zwischen Veränderung und Transformation*:

Veränderungen erfolgen innerhalb eines trotz des Wandels gleichbleibenden Kontextes. Sie beschränken sich auf ein „Mehr-Desselben" (Watzlawick, 1985, S. 366). Als Einzelveränderungen verbleiben sie innerhalb eines weiterhin übereinstimmenden Sinn- und Bedeutungshorizonts. Dies wird hier als *Veränderung 1. Ordnung* bezeichnet.

Transformation hingegen bezieht sich darauf, dass sich nun auch die Form einer Veränderung wandelt. ,*Trans-Formation*' bezeichnet daher die Verschiedenheit, in der Veränderungen auftreten können, und meint ,Veränderungen von Veränderungen'. Dies wird hier als *Veränderungen 2. Ordnung* begrifflich gefasst, weil nun auch der Kontext einem strukturellen Wandel unterworfen ist, in dem Veränderung neue Bedeutung erlangt.

Übergänge zwischen differenten Sinnkontexten, in denen sich einerseits Veränderungen erster Ordnung vollziehen, die aber gleichermaßen auch einem zeitlichen Strukturwandel unterworfen sein können, bleiben selten nur auf einen Entwicklungsstrang beschränkt. In der Transformationsgesellschaft geht es meist um eine Überlagerung von individueller Humanontogenese, biographischer Entwicklung, verschiedener ,Generationslagerung', sozial-struktureller

Milieus und ihren Lebensstilen, gesellschaftlicher Funktionssysteme und ihren Institutionalformen, und dies oft genug im Kontext eines historischen Epochenbruchs. Diese Interferenz sich überlagernder ‚Übergangszeiten' verändert unser heutiges Verständnis von Bildung (Schäffter, 2001; Schmidt-Lauff, 2008; Schäffter & Schmidt-Lauff, 2010). Für das Konzept lebensbegleitenden Lernens stellt sich in diesem Zusammenhang die grundsätzliche Frage, ob und in welcher Weise die Kette ineinander verschränkter Kontextwechsel in ihrer Irritation als ‚Lernanlass' gedeutet werden kann (Schäffter, 1997). Vor dem Hintergrund der Unterscheidung zwischen Veränderungen erster und zweiter Ordnung lässt sich zwischen zwei Ebenen von *Lernen in der Transformationsgesellschaft* differenzieren:

- Einerseits *Lernen im strukturellen Kontext* eines implizit vorausgesetzten Sinnhorizonts und Bedeutungszusammenhangs, bei dem der zugrunde liegende Kontext des Lernens unverändert bleibt.

- Andererseits *Lernen in Prozessen des Übergangs* zwischen differenten Sinnhorizonten, das sich auf einen Wandel der Bedeutungskontexte bezieht und hier als ‚transformatives Lernen' bezeichnet wird.

Auf den besonderen temporaltheoretischen Modus von ‚Übergangszeiten' wird daher später noch genauer einzugehen sein. Will man nun Transformation zum Ausgangspunkt einer Temporalanalyse lebensandauernden Lernens machen, so ist zwischen einer Vielzahl unterschiedlicher Einzelveränderungen einerseits und *Prozessen struktureller Transformation* von übergeordneten Kontexten wie z.B. von individuellem Persönlichkeitswachstum, biographischen Entwicklungsphasen, sich verändernden „Generationslagerungen" (Mannheim, 1970, S. 524) sowie historischem Wandel von gesellschaftlichen Formationen und ihren Institutionalformen zu unterscheiden. Benötigt wird hierzu eine pädagogische Theorie der Struktur-Evolution, der Entwicklung und der Transformation (vgl. Schäffter, 1993). Diese Betrachtungsweise ist auf der Ebene von Alltagserfahrungen keineswegs neu und gehört gewissermaßen zu den historischen Konstitutionsbedingungen einer gesellschaftlichen Institutionalisierung lebensandauernden Lernens. Theoretisch erforderlich wird hierbei jedoch ein erweiterter Lernbegriff, also ein Verständnis von „*Lernen im Lebenszusammenhang*" (Baldauf-Bergmann, 2009, S. 29), das sich weder allein auf das Lernen von Individuen noch auf unterrichtlich strukturierte Lehr-Lern-Arrangements beschränken lässt. Im angelsächsischen Fachdiskurs spricht man hier vom „lifelong and lifewide-learning" (Reischmann, 2004, S. 92).

In diesem umfassenden Sinne versteht sich Erwachsenenbildung bereits seit ihren frühen Anfängen als Ausdruck, Bestandteil und Triebkraft gesellschaftlichen Wandels. Die „Universalisierung des Pädagogischen" und eine dabei erkennbare „Entgrenzung des Lernens" (Kade, 1996; Kade & Egloff, 2004; Kade, Seitter & Hornstein, 1993; Kade & Seitter, 1996), die zunächst im Erziehungsauftrag gegenüber den nachwachsenden Generationen ihren Ausgang nahm, hat sich schrittweise für alle Lebensphasen und Lebensbereiche als Normalität durchgesetzt. Sie steht in einem unmittelbaren Zusammenhang mit dem Fortschrittsgedanken im ‚Projekt der Moderne': Es galt dafür zu sorgen, dass der Einzelne im beschleunigten Wandel nicht ‚hinter der Entwicklung' zurückblieb, sondern sich möglichst auf ‚der Höhe der Zeit' befand, um an ihr partizipieren zu können. Institutionalisierung von Erwachsenenbildung bezog zumindest in der ersten Moderne ihre Motivkraft und Energie aus einer Geschichtsphilosophie, in der ‚Zukunft' bildungstheoretisch als ein Steigerungsverhältnis zur Vergangenheit gedeutet wurde. Da die angestrebte Zukunft unabhängig von den Akteuren immer ‚schon begonnen' hatte und man ‚an sie' den ‚Anschluss nicht verlieren' wollte, war der Zeitmodus eines ‚Noch-Nicht' für die Pädagogik zumindest normativ im Sinne einer Vorbereitung auf eine bereits antizipierbare Zukunft, im Sinne einer „Zukunftspropädeutik" (Bokelmann, 1969, S. 181) präsent und somit bestimmbar. „Pädagogisch relevant wird also vorrangig das Zukünftige, das sich aus gegenwärtiger Sicht und mit den Kenntnissen der Gegenwart als zukünftig möglich und mit Gründen erwartbar erkennen lässt" (Pfeiffer, 2007, S. 44f.). Überraschend neuartige Möglichkeitshorizonte in Folge von Diskontinuitäten wie nicht antizipierbare Ereignisse, unerwartete und nicht intendierte Abweichungen, Misserfolge oder Fehler, sollten und konnten aufgrund einer linearen Kausalität nicht in ihrer innovativen Produktivität in den Blick genommen werden. Die bruchlose Kontinuität einer bereits absehbaren Zukunft ließ sich allein aus der Spannung zu einer offenkundig obsolet gewordenen Vergangenheit im Sinne eines rational kalkulierbaren Ist-Soll-Vergleichs erfahren. In ihm definierte sich die Gegenwart als objektiv begründbarer Lernanlass, dem man sich zu stellen hatte, wenn man weiterhin ‚mitkommen' wollte oder an dem man auch scheitern konnte. Dass hierbei gerade das ‚Scheitern' eine wesentliche Voraussetzung für späteren Erfolg sein kann, ist in der linearen Temporalordnung aufgrund ihrer kurzschlüssigen Unterkomplexität, die keine Umwege zulässt, nicht wahrnehmbar (zur Fehlerkultur in entwicklungsorientiert rekursiven Temporalordnungen vgl. Oser, Hascher & Spychiger, 1999; Oser & Spychiger, 2005). Nicht nur schulisches Lernen, sondern in immer höherem Maße das Erwachsenenlernen im Lebensverlauf entscheidet im Sinnhorizont einer rigiden Wettlaufmetapher über gesellschaftliche Inklusion und Exklusion von Einzelnen als selbstverantwortliche Subjekte. Im gesellschaftspolitischen Begründungszusammenhang von Bildung bezieht sich dies vor allem auf die politische Emanzipation sozialer Gruppen und Klassen. Ursula Pfeiffer rekurriert in ihrer Betonung einer linearen Kontinuität auf Hans Bokelmann, der 1969 die pädagogische Bedeutung einer linear steuernden Form von „Zukunftswissen" zu einer didaktischen Frage reformulierte. Er unterschied dabei drei methodische Formen:

1. *„Präparativ"* stellt sich die Aufgabe einer Vorbereitung auf eine bekannte Zukunft, in der das gegenwärtig Erforderliche auch weiterhin relevant sein wird: *„das Gegenwärtige wird dem Zukünftigen unterlegt"* (Bokelmann, 1969, S. 186).

2. *„Prospektiv"* geht es um einen Vorgriff, in dem durch Pobehandeln eine lernende Auseinandersetzung möglich wird mit Ereignissen und Herausforderungen, die mit hoher Wahrscheinlichkeit eintreten werden:*„das Zukünftige wird dem Gegenwärtigen (probeweise) unterlegt"* (Bokelmann, 1969, S. 188).

3. *„Antizipativ"* werden bestimmte Sachverhalte bereits vorausschauend bearbeitet in der Einschätzung, dass sich diese zukünftig höchstwahrscheinlich als nützlich erweisen werden: *„das Gegenwärtige wird weiterentwickelt"* (Bokelmann, 1969, S. 189).

Kennzeichnend für die drei Formen pädagogischer Zukunftsorientierung im Rahmen einer linearen Temporalordnung ist die *Unterstellung von bruchloser Kontinuität*. Im Sinnhorizont eines propädeutischen Zugriffs auf eine bereits hier und heute erwartbare ‚gegenwärtige Zukunft' bewegte man sich somit ganz im historischen Kontext rationalistischer Planungskonzepte der sechziger und siebziger Jahre. Ein pädagogisch reflektierter und lernförmig angelegter Umgang mit einem ambivalenten und entwicklungsoffenen Möglichkeitsraum stand noch nicht zur Verfügung. Noch weniger war in dieser Temporalordnung denkbar, dass die beteiligten Akteure und sozialen Gruppen für ein pro-aktives Erschließen noch unerkannter Alternativen im Sinne eines ‚transformativen Sprungs' in vorher nicht antizipierbare ‚Möglichkeitsräume' selber mitverantwortlich sein könnten. Alle Zeitmodi befinden sich im Sinne externer Bedingungen ‚außerhalb'. ‚Offene Zukunft' erscheint in dieser kontrollierenden Temporalordnung nicht als ein reflexiv ausdeutbarer und damit gestaltbarer Lernanlass, sondern als eine unüberschreitbare Grenze für pädagogisches Planungshandeln. Ursula Pfeiffer bringt dies folgendermaßen auf den Punkt:

„Offen bleibt bei Bokelmann allerdings eine pädagogische Lösung für die Zeitlage, die von immer größerer Zukunftsungewissheit ausgeht. Oder sollte man von Bokelmann lernen, dass erzieherisches Handeln nur da als solches auftreten und auf Kontingenz reagieren kann, wo Kontinuität in den Lernformen und den Lernzeiten gegeben ist?" (Pfeiffer, 2007, S. 45f.)

Wäre dies der Fall, so müsste Weiterbildung in der Postmoderne ohne Zukunftsorientierung im Sinne eines ‚utopischen Kerns' auskommen. Zukunft im Sinne einer linearen Fortschreibung der Gegenwart ist im heutigen Zeiterleben nicht mehr gesichert. Vielleicht liegt hier eine Ursache für Probleme in pädagogischen Praxisfeldern, die nicht in formalisierten Kontexten einer „linearen Transformation" (Schäffter, 1999, S. 8) institutionelle Sicherheit finden. ‚Bruchlose Kontinuität' erweist sich im Verlauf der historischen Entwicklung jedoch als eine zunehmend unrealistische Annahme. Kontinuität stellt sich nun dar als ein aktiv herzustellender ‚Übergang'. Die unübersehbare Herausforderung einer ‚offenen Zukunft' wird damit zu einem paradigmatischen Problem, an dem die bisherigen linearen Lösungen scheitern (vgl. Schäffter, 1999; 2001, S. 333).

2   Der utopische Kern von Weiterbildung

Im Gegensatz zu den traditionellen geschichtsphilosophischen Begründungen von Erwachsenenlernen verlangt ‚offene Zukunft' eine prinzipiell andere Funktionsbestimmung von Weiterbildung (vgl. Schäffter, 1993), als sie für gesellschaftliche Formationen im Sinnhorizont eines linearen Fortschrittsdenkens gültig war, in dem Zukunft noch deterministisch aus vergangenen Zuständen hervorging. Weiterbildung rekurriert nun thematisch, sozial und zeitlich im Sinne eines „reflexiven Mechanismus" (Schäffter, 2003, S. 48) auf ein Übermaß an Optionen (Gross, 1994) innerhalb einer permanent bestimmungsbedürftigen Zukunftsperspektive. Wird im Historismus der ersten Moderne die Vergangenheit temporalisiert (Wittkau, 1992), so in der Transformationsgesellschaft der zweiten Moderne die Zukunft (Stäheli, 1998). Die temporale Semantik der späten Moderne (Luhmann, 1990) fächert sich auf in ein relationales Spannungsverhältnis zwischen ‚gegenwärtiger Zukunft', ‚vergangener Zukunft' und ‚zukünftiger Zukunft'. Darauf wird noch genauer einzugehen sein. In der Spätmoderne kann man aufgrund reflektierter Erfahrungen aus früheren Epochenbrüchen (Horn, 2005) und dem dann erforderlichen ‚Lernen in Übergangssituationen' inzwischen wissen, was aus Zukunftserwartungen vergangener Zeiten so alles werden kann. Sensibel registriert man vor diesem Erfahrungshintergrund, gerade in gegenwärtigen Umbruchzeiten, die sich bereits manifestierenden Optionsverschiebungen hinsichtlich einer bereits als „Informationsgesellschaft" (Sterbling, 1992, S. 5) präsenten Zukunft und fragt sich, wie die ‚zukünftige Zukunft' wohl beschaffen sein könnte (Neckel, 1988). Da sich Erwachsenenbildung aufgrund ihrer Reflexionsfunktion mit der historischen Kontingenz (Makropoulos, 2000, S. 77) gesellschaftlicher ‚Zu-künfte' lernbereit auseinanderzusetzen hat, muss sie hierfür geeignete Bildungsformate entwickeln, um der offenen Gestaltbarkeit auch konzeptionell Rechnung tragen zu können. Dies sprengt das tradierte Reproduktions-Paradigma des ‚Qualifizierungsmodells‘ (vgl. Schäffter, 1999). In den Zeitkonzepten des Weiterbildungssystems (Schmidt-Lauff, 2008; Schäffter & Schmidt-Lauff, 2010) müssen daher die gesellschaftlichen Antizipations- und Planungsprobleme in innovativer Auseinandersetzung mit einer unbestimmbaren Zukunft in der Weise zum Ausdruck gelangen, dass sie sich in biographisch und sozialstrukturell bedeutsame Lernanlässe transformieren lassen. Eine solche Selbstthematisierung des immer wieder aufs Neue erfahrenen Zwangs zur kreativen ‚Zukunftsproduktion‘ beim Übergang in eine lernhaltige ‚Zone der nächsten Entwicklung‘ soll hier programmatisch als der „utopische Kern“ von Weiterbildung in der Transformationsgesellschaft bezeichnet werden.

3   Die Kontingenz gesellschaftlicher Zeitordnungen in der späten Moderne

Der aktuelle Bedarf an einer theoretischen Gegenstandsbestimmung von Zeit bezieht in diesem Zusammenhang seine Motivkraft aus der Erfahrung eines offenkundigen Scheiterns der tradierten linear-technischen Zeitordnung in Prozessen struktureller Transformation. Rainer Zoll sprach 1988 von einer „Krise der Zeiterfahrung" (Zoll, 1988, S. 9). Lineare Zeitordnungen scheitern, relational gesehen, an ihrem naiven Anspruch auf eine Prognosefähigkeit, bei der „Zukunft" wahrscheinlichkeitstheoretisch auf die Fortschreibung von Daten aus einer ‚gegenwärtigen Vergangenheit‘ reduziert wird. Vor diesem temporaltheoretischen Missverständnis bei der prognostischen Interpretation statistischer Daten warnen zunehmend deutlicher Experten einschlägiger Beratungsinstitutionen (vgl. Bosbach & Korff, 2011; Kistler, 2006). Dies gilt es auch in der Bildungsforschung zu berücksichtigen.

Aus philosophischer Sicht kritisierte Martin Heidegger die linear quantifizierende Temporalordnung an dem Paradox des inzwischen zur gesellschaftlichen Normalform verfestigten „vulgären Zeitverständnisses" (Heidegger, 1986, S. 420). Einem derartigen Verständnis sind insbesondere die populären Konzepte des Zeitmanagements und der Zeitökonomie verpflichtet. Demzufolge leiden gerade die fleißigen Kunden der „grauen Herren von der Zeitsparkasse" (Ende, 1973, S. 57) unter wachsendem Zeitdruck, „weil dem methodischen Zeitstrategen die Zeit zu einer reinen Jetztfolge von austauschbaren Sekunden, Minuten, Tagen, Wochen, Monaten und Jahren gerinnt. Zu einer gegenständlichen, äußeren Zeitmacht also, die als eine unendlich teilbare, endlose Linie vor ihm liegt, die auszufüllen ihm nie wirklich gelingen kann" (Sandbothe, 1994, S. 123).

Heidegger bringt das praktische Scheitern folgendermaßen auf den Punkt: „Sich fragend nach dem Wann und Wieviel verliert das Dasein seine Zeit. Gerade das Dasein, das mit der Zeit rechnet, mit der Uhr in der Hand lebt, sagt ständig: Ich habe keine Zeit" (Heidegger, 1995, S. 20). Daraus folgt, dass „jede Zeit, die der vulgäre Zeitökonom durch geschicktes Zeitmanagement spart, [...] sich ihm sogleich als leere, erneut mit Arbeit auszufüllende Zeit auf(drängt)" (Sandbothe, 1994, S. 123). An diesem, gerade in pädagogischen Zusammenhängen immer wieder kritisch kommentierten Scheitern des linearen Zeitbegriffs (Zoll, 1988), hat die Gegenstandsbestimmung der Temporalität lebensbegleitenden Lernens anzusetzen. Hinzu kommt als weitere Begründung noch eine gesellschaftspolitische Dimension, die über eine handlungstheoretische Problematik im alltäglichen Umgang mit zerstückelter Zeit hinausgeht: Eine kulturwissenschaftliche Kritik an der Auffassung von Temporalität als einer mathematisch formalisierbaren linearen Zeit hat immer wieder hervorgehoben, dass die heutige Naturwissenschaft, die auf einem chronologischen Zeitbegriff beruht, bereits grundlagentheoretisch die Geschichtlichkeit ihres Forschungsgegenstands verletzt und deshalb zerstörerische Auswirkungen nach sich zieht (Picht, 1990, S. 395). Diese temporaltheoretische Fehlentwicklung in den Grundlagen der Naturwissenschaft führt in unserer Epoche zu einem sich radikalisierendem Widerstand gegen alle Varianten technisch-administrativen Denkens (Kornwachs, 2001, S. 308). Auf dieses Problemfeld bezieht sich die Formulierung, wenn von differenten „Temporalordnungen" (Nassehi, 1993, S. 139; Schmied, 1985, S. 115) innerhalb einer sich auch in seinem sozialen Zeiterleben (Nowotny, 1990) wandelnden ‚Transformationsgesellschaft' gesprochen wird.

Die ersten Schritte unserer *kategorialen Dekonstruktion* setzen daher grundlagentheoretisch an und arbeiten die Historizität und Kontextualität jeglicher zeittheoretischer Varianten heraus. Entscheidend ist hierbei die Einsicht, dass der heutige Stand einer Gegenstandsbestimmung von ‚Zeit' bereits weit über die Position von Augustinus und seiner Frage: „*Was* ist nun Zeit?" hinausgelangt ist (vgl. Schmidt-Lauff, 2008, S. 29). Jeder Versuch einer Hypostatisierung von Zeitlichkeit als ‚Sein' macht sie zu einem universellen Gegenstand und unterschlägt hierdurch ihre Kontingenz. Kann ‚Zeit' denn überhaupt zu einem ‚Gegen'-Stand wissenschaftlicher Erkenntnis gemacht werden, wo Erkennen doch selbst zeitgebunden ist? Es stellt sich hierbei nicht nur das epistemologische Problem einer geeigneten Erkenntnismethode, sondern die jeder Erkenntnis zugrunde liegende Frage nach dem ontologischen Status von Zeit und Zeitlichkeit. Folgt man unter diesem Aspekt Sandbothe (1994; 1996; 1998), so besteht der heutige Stand einer philosophischen Zeittheorie in dem Überschreiten der substanzontologisch gefassten Frage: ‚Was-ist-Zeit?' durch ihre relational-ontologische Reformulierung in ‚Was versteht man jeweils unter Zeit?' Aufgrund dieses relationalen ‚onto-epistemologischen' Ansatzes geht eine sozial- und kulturwissenschaftliche Gegenstandsbestimmung grundlagentheoretisch von gesellschaftlichen Formationen eines jeweils historisch verfügbaren ‚Zeitbewusstseins' und ‚Zeiterlebens' aus, auf das in kulturellen Praktiken im Sinne eines ‚doppelseitigen Repertoires' eines „know how and know that" (Hörning, 2004, S. 145) zurückgegriffen werden kann (zur soziologischen Zeittheorie vgl. Rammstedt, 1975; Bergmann, 1983; Schmied, 1985; Häder, 1996; Nassehi, 1993; Schilling, 2005).

Sandbothe kennzeichnet in einem historischen Überblick den paradigmatischen Wechsel vom essentialistischen zum relationalen Paradigma als eine in der heutigen Zeitphilosophie beobachtbare „Verzeitlichung der Zeit" (Sandbothe, 1994, S. 114). Der Wechsel nimmt in Kants kopernikanischer Wende[1] seinen Anfang, radikalisiert sich in Heideggers existential-ontologischem Zugang zu einer zeitlichen Konstitution des Subjekts im ‚Dasein', um schließlich in der gegenwärtigen Philosophie bei Derrida und Rorty zu einer „kontingenztheoretischen Verzeitlichung unseres Zeitverständnisses zu gelangen" (Sandbothe, 1994, S. 126). Da der ‚Zeit' aufgrund ihrer entschiedenen Historizität keine menschheitsumfassende Universalität mehr zugeschrieben werden kann, sondern als ‚Zeitlichkeit' unter kulturwissenschaftlichen Kategorien wie Zeiterleben, Zeitbewusstsein und Zeitordnung nunmehr selbst kontingent wird, erschließt sie einen jeweils unterschiedlichen, epochenspezifischen „Erfahrungsraum und Erwartungshorizont" (Koselleck, 1984, S. 349) im Sinne einer ‚Zeitgenossenschaft'. Angesprochen ist damit der soziale Charakter von Zeit im Sinne einer kohortenspezifisch „intersubjektiven Zeitlichkeit des unmittelbar gesellschaftlichen Handelns" (Nassehi, 1993, S. 258). Aufgrund einer „Synchronisierung der inneren Zeit unter Zeitgenossen" (Nassehi, 1993, S. 258) wird jeder somit zum ‚Zeugen seiner Zeit', teilt das Erleben kritischer Ereignisse mit den Angehörigen seiner sozialen Kohorte und nimmt somit seine vergangenen Gegenwarten, vor allem aber die vergangenen Zukunftserwartungen aus einer besonderen „Generationslagerung" (Mannheim, 1970, S. 524) heraus wahr, aus der einerseits eine ‚intersubjektive Zeitlichkeit' in bestimmten Altersgruppen entsteht. Andererseits wird in der Kommunikation mit anderen Altersgruppen aber auch eine ‚Gleichzeitigkeit von Ungleichzeitigkeit' und damit Synchronisationsbedarf ungleicher Entwicklungsprozesse auf mannigfaltigen ‚temporalen Kontaktflächen' manifest. Karl Mannheim betont in diesem Zusammenhang die soziale Produktivität der gesellschaftlich in einander verschränkten diskontinu-

---

1 In ihr wird in paradigmatischer Abkehr von einem ‚essentialistischen' Weltverständnis davon abgesehen, dass Raum, Zeit und Kausalität als Elemente a priori aus der Welt abgelesen, sondern vielmehr in sie hineingelegt werden. Sie sind somit transzendentale ‚Bedingungen der Möglichkeit', um überhaupt gegenständliche Erfahrungen machen zu können.

ierlichen Struktur (Mannheim, 1970, S. 517). Diese temporale Diversität lässt sich aus bildungstheoretischer Sicht als eine strukturelle Ressource lebenslangen Lernens quer zu den Generationslagerungen betrachten, die sich nicht allein auf institutionalisierte Bildungsformate biographischen Lernens beschränkt (vgl. Schäffter, Doering, Geffers & Perbandt-Brun, 2005). Sie ermöglicht ein optimistisches Bewertung einer alternden Gesellschaft, die aus dieser Sicht über ein wachsendes Potential an ‚sozialer Produktivität' verfügt, insoweit allerdings ‚temporale Diversität' als struktureller Lernanlass genutzt wird (Knopf, Schäffter & Schmidt, 1989).

Folgt man in diesem Zusammenhang weit grundsätzlicher einer kulturwissenschaftlichen Deutung, so kann man in einem hermeneutischen Verständnis davon ausgehen, dass in unterschiedlichen historischen Epochen und ihren soziokulturellen Formationen je besondere Erfahrungsweisen von ‚Gegenwart', für sie charakteristische Konzeptionalisierungen von ‚Vergangenheit' und je spezifische Erwartungserwartungen an ‚zukünftige Zeiten' plausibel erschienen und auf die praktisch im Sinne eines ‚doppelten Repertoires' symbolisch und handelnd zurückgegriffen werden konnte (Zoll, 1988). Das theoretische Konstrukt einer ‚Temporalisierung von Zeit', mit dem eine substanz-ontologische Gegenstandsbestimmung von Zeit in ein relationales Paradigma kulturspezifischer Zeitkonzepte transformiert wurde, zieht daher auch eine ‚reflexive Temporalisierung' des jeweiligen Zeitbewusstseins im Sinne der Gegenwärtigkeit eines je verfügbaren Möglichkeitshorizonts nach sich: Über die lineare Kausalität objektiv ableitbarer Zeitmodi von Vergangenheit – Gegenwart – Zukunft hinaus erschließen sich jedem der drei Modi relational je eigene Zeitverhältnisse. Insgesamt bilden sie ein relationales ‚Zeitgefüge':

Tabelle 1: Das temporale Feld eines relationalen Zeitgefüges (vgl. Kornwachs, 2001, S. 169; Tabelle 26)

der …	Vergangenheit	Gegenwart	Zukunft
Vergangenheit	**VV**	**VG**	**VZ**
Gegenwart	**GV**	**GG**	**GZ**
Zukunft	**ZV**	**ZG**	**ZZ**

Zur Verdeutlichung dieses komplexen Zeitgefüges gebe ich die Erläuterungen von Klaus Kornwachs hier ausführlich wieder (vgl. Kornwachs, 2001, S. 169f.):

– *Die Vergangenheit der Vergangenheit* **VV**
Sie ist das Faktum des Faktischen. Sie ist die Seinsmodalität der Spur, des Protokolls, des Dokuments, des endgültigen, irreversiblen Ereignisses.

- *Die Gegenwart der Vergangenheit* **GV**
  Sie ist die aktuelle Verwandlung des Gespeicherten, von Spuren, von Protokollen als eine Festlegung von Freiheitsgraden gegenüber den gegenwärtigen Beeinflussungen.

- *Die Zukunft der Vergangenheit* **ZV**
  Spuren werden gelöscht, wenn sie nur metastabil repräsentiert sind. Gespeichertes zerfällt, Faktisches wird anders interpretiert oder vergessen werden.

- *Die Vergangenheit der Gegenwart* **VG**
  Gegenwart heißt im aktuellen Bezug eine Art zeitliche ε-Umgebung. Dieser Modus ist unmittelbarste Vergangenheit, die jederzeit verwendet werden kann, ohne gespeichert werden zu müssen. Sie ist noch reversibel, d.h. ein Messergebnis liegt nur dann vor, wenn die Messung auch abgeschlossen ist.

- *Die Gegenwart der Gegenwart* **GG**
  Die Aktualität des Aktuellen. Sie ist der Seinsmodus des Bewusstseins, der Prozesse, der Dynamik.

- *Die Zukunft der Gegenwart* **ZG**
  Sie stellt sozusagen die rechte Seite einer ε-Umgebung" dar. Sie reicht u.U. weit in die Zukunft, sofern Antizipation von möglichen Geschehnissen aktuelles Geschehen bestimmt. Jeder kognitive Akt, jede Fluchtreaktion beispielsweise hat diese antizipatorischen Anteile.

- *Die Vergangenheit der Zukunft* **VZ**
  „Jemand hat seine Zukunft schon hinter sich" demonstriert als Redeweise eine Einschränkung von Möglichkeiten. Die Antizipationsweisen des Zukünftigen ändern sich, werden Protokoll – oder besser – Metaaussagen über ad acta gelegte Entwürfe. Diese Vergangenheit wird von künftigen Ereignissen nicht mehr eingeholt, sondern verbleibt als verstaubter, nicht realisierbarer Plan.

- *Die Gegenwart der Zukunft* **GZ**
  Hiermit ist nicht die aktuelle Antizipation des zukünftigen Geschehens gemeint, sondern die Zwangsläufigkeit, dass etwas vom Möglichen immer aktuell wird. ‚Dass' etwas auf uns zukommt, ist unvermeidlich. Somit ist das Mögliche, indem es aktuell werden kann, immer gegenwärtig. Das Mögliche ist aber kein defizienter Modus des Wirklichen, sondern hat einen eigenen ontologischen Status.

– *Die Zukunft der Zukunft* **ZZ**
Das Potentielle des Möglichen, seine prinzipielle Offenheit, die Unmöglichkeit, die Möglichkeit früher als aktuell zu beeinflussen.

Was ist mit dieser relationalen Ausdifferenzierung für eine temporaltheoretische Gegenstandsbestimmung lebenslangen Lernens gewonnen? Entscheidend ist zunächst, dass sich die Richtung der Zeit nicht mehr als lineare Kurve darstellen lässt. Georg Picht fasst die neue Sichtweise in ihrer komplexen Vielschichtigkeit treffend zusammen:

> Zeit ist dann ein vieldimensionales, offenes Gefüge mit mobilen Parametern, und jede Zeitbestimmung erfordert innerhalb des Gefüges die Festlegung eines bestimmten Bezugssystems, das einem bestimmten ,Standort' zugeordnet ist und einen bestimmten Schnitt durch die Vieldimensionalität der Zeit fixiert. Von einem anderen ,Standort' aus käme man durch ein anderes Bezugssystem zu einer anderen Zeitbestimmung. Die Relation der möglichen ,Standorte' lässt sich aber selbst nur im Kontext der Modi der Zeit und der Modalitäten bestimmen: sie ist selbst zeitlich. Die Zeit ist deshalb der universale Horizont der Phänomenalität der Phänomene überhaupt im Spielraum ihrer durch die Modi der Zeit begründeten Modalitäten (Picht, 1980, S. 372).

Der Erkenntnisfortschritt des so gewonnenen Zeitgefüges besteht daher darin, dass ,Zeit' nicht allein als Kategorie kontingent gesetzt wird, sondern dass nun auch Verschränkungen je unterschiedlicher Zeitmodi identifizierbar werden, auf die in dem epochenspezifischen Zeiterleben als temporaler Möglichkeitshorizont zurückgegriffen werden kann. Oesterle (1985) spricht in Anlehnung an Niklas Luhmann von einem nun historisch möglich gewordenen „Führungswechsel der Zeithorizonte" (Oesterle, 1985, S. 12). Er lässt sich in den Figurationen im temporalen Feld relationaler Zeitgefüge beobachten, das nun selber die übergeordnete Dimension einer „evolutionären Zeitstruktur" (Kornwachs, 2001, S. 310ff.) im Sinne einer „operativen Zeit" herausbildet, die von den der temporalen Semantik einer epochenspezifischen „Beobachtungszeit" unterscheidbar wird (Nassehi, 1993, S. 193ff.). Für eine Temporaltheorie lebenslangen Lernens wird es daher von Interesse sein, im Rahmen des relationalen Zeitgefüges historisch differente Zeithorizonte in Hinblick auf ihre jeweiligen *Formen von Zukunftsorientierung* zu identifizieren:

– In einer verbreiteten Tradition in Anschluss an Augustinus dominiert üblicherweise eine Präferenz für Gegenwärtigkeit: die Gegenwart des Vergangenen als Erinnern – die Gegenwart des Gegenwärtigen als Anschauen – die Gegenwart des Zukünftigen als Erwarten (Schmidt-Lauff, 2008, S. 32).

– Unzutreffend scheint die vertraute Dominanz von Gegenwärtigkeit hingegen für viele Konzeptionen der Erinnerungsarbeit zu sein, vor allem aber für die Zeitzeugenarbeit (vgl. Schäffter et al., 2005). Hier wird häufig ein relationales Zeitgefüge aus einer dominanten Vergangenheitsperspektive (VV) angestrebt, nämlich aus der Seinsmodalität der Spur, des Protokolls und des Dokuments. Darüber hinaus wird eine „Gegenwart der Vergangenheit" (GV) (Kornwachs, 2001, S. 169) über besondere Techniken der Erinnerungsarbeit reanimiert und damit historischem oder biographischem Lernen wieder rekonstruktiv als authentische Erfahrung (Kornwachs, 2001, S. 169) verfügbar gemacht. Eine derartige „Vergegenwärtigung von Vergangenheit" (GV) unterscheidet sich hinsichtlich ihrer temporalen Perspektive grundlegend von Formen ihrer ‚Aktualisierung' (VG), bei der vergangene Ereignisse noch Bestandteil des gegenwärtigen Erlebenshorizonts sind (Kornwachs, 2001, S. 169). Illustrative Beispiele für eine konsequente Vergangenheitsperspektive auf historische Ereignisse bieten publizierte Tagebücher, wie die von Thomas Mann, Victor Klemperer oder des Justizbeamten Friedrich Kellner. Die Faszination derartiger Aufzeichnungen für den heutigen Leser erklärt sich daraus, dass in der damals dokumentierten Spur (VV) authentische Hinweise auf eine für den damaligen Schreiber noch kontingente Zukunft (VZ) enthalten sind. Wird diese längst vergangene, gewissermaßen historisch ‚überholte' Zukunftsperspektive in einem pädagogischen Setting ‚rückholbar' und wieder erlebnisfähig, so bietet Zeitzeugenarbeit und intergenerationelle Bildungsarbeit in ihren relationalen Konfigurationen ein komplexeres Zeitgefüge als nur die historisierende Vergegenwärtigung aus einer besserwisserisch rückblickenden „Vergangenheit der Gegenwart" (VG). Reflektiert wird hingegen im Modus einer „Gegenwart der Vergangenheit" (GV) auch auf verloren gegangene Zukunftshoffnungen, erfüllte oder auch glücklicherweise nicht erfüllte Erwartungen oder Befürchtungen.

– Ein Vergleich differenter Zeitgefüge und ihrer Zeithorizonte verweist aber auch auf wissenschaftstheoretische Präferenzen. Hierbei wird erkennbar, dass sich Wissenschaften grundlagentheoretisch in den jeweiligen Formen ihrer Relationierung der Zeitmodi unterscheiden: „Empirische Wissenschaft wäre damit mit dem Akt der Reduktion des vollen Zeitgefüges auf ein der Dauer von Gegenwart unterworfenes Gefüge verbunden. Insofern in diesem Reduktionsschritt die Zeit selbst vergegenständlicht wird, reduziert sich dabei das Gefüge der Zeit auf die Struktur der Zeit, eben auf die Weizsäckersche Zeitstruktur" (Glöckle, 1989 zit. nach Kornwachs, 2001, S. 316).

– „Eine noch extremere Reduktion stellt die Zeit der klassischen Physik dar, die aus dem Zeitgefüge nur den Augenblick der Gegenwart im Sinne einer ewigen Gegenwart betrachtet" (Kornwachs, 2001, S. 316). „Aber auch innerhalb der Zeitmodi kommt der Gegenwart eine ausgezeichnete Stellung zu. Sie ist der Ort des Umschlags von Zukunft zu Vergangenheit und in ihr ist begründet, was wir Wirklichkeit nennen. Picht bezeichnet sie als universalen Horizont der Phänomenalität aller Phänomene [...] und die Zeit in der Entfaltung der Zeitmodi als phänomenale Zeit. Von der Zukunft her erscheint die Zeit in einer anderen Gestalt, die Picht als transzendentale Zeit bezeichnet" (Kornwachs, 2001, S. 316).

Mit dem *Konstrukt des relationalen Feldes eines ausdifferenzierten Zeitgefüges* werden klassische Zeitordnungen also in ihrem jeweiligen Reduktionismus beobachtbar.[2] Geboten wird in diesem *Schritt der Variation* differenter Gegenstandsbestimmungen von Zeit aber auch ein hermeneutischer Erklärungsrahmen, in dem sich, für lineares Denken ungewohnte ‚Formen von Zukunft' als besondere Konfigurationen der Verschränkung der Zeitmodi bestimmen lassen. ‚Gegenwart' lässt sich somit nicht nur von den verschiedenen Modi der Vergangenheit, sondern auch von der Zukunft her bestimmen, während sich die „Gegenwart der Zukunft" (Kornwachs, 2001, S. 169) bereits aus der utopischen Modalität eines sich bereits konkret manifestierenden ‚Noch-Nicht' offenbaren kann. „Die starren Scheidungen zwischen Zukunft und Vergangenheit stürzen so selber ein, ungewordene Zukunft wird in der Vergangenheit sichtbar, gerächte und beerbte, vermittelte und erfüllte Vergangenheit in der Zukunft" (Bloch, 1985, S. 7). Im Deutungsrahmen eines relationalen Feldes wird Gegenwart nicht mehr wie in den tradierten Zeitmodi-Verschränkungen reduziert auf ein „punkthaftes Jetzt als Schwelle, zu einer Zukunft, die bloße Offenheit ist. Vergangenheit bleibt nicht bloße in sich abgeschlossene und ruhende Determination. Vielmehr erhalten Vergangenheit wie Gegenwart ihre wahre Wirklichkeit aus der in der konkreten Utopie entworfenen Zukunft. Die Zukunft selbst als konkret vorbewußte wird zum Kriterium dessen, was Vergangenheit und Gegenwart heißen kann. Es ist das Zukunftsträchtige in Vergangenheit und Gegenwart, was ihnen ihre wahre Qualität verleiht" (Lieber, 1965, S. 169f.)

Für Lernen in der Transformationsgesellschaft bedeutet ein relationales Zeitverständnis, dass gerade in Übergangssituationen, im Kontextwechsel zwischen differenten Zeitregimen oder im Mitvollzug eines historischen Epochenbruchs ‚von der Zukunft her' gedacht werden kann (vgl. auch Scharmer, 2009), realisti-

---

2 Zeittheoretisch gesehen, definiert das ‚temporale Feld' somit auf der Ebene einer Beobachtung dritter Ordnung eine ‚Gleichzeitigkeit differenter Zeitperspektiven', also eine Kontinuität möglicher Übergangszeiten (vgl. Luhmann, 1990).

scherweise aber auch gehandelt werden muss. Mit dieser Sichtweise ist der ‚utopische Kern' lebensbegleitenden Lernens nun auch kategorial erfasst. Hierbei wird zudem die Relevanz der geschichtsphilosophischen Temporaltheorie von Ernst Bloch für ein „Lernen in transitorischen Übergängen" erkennbar: Im Verlauf eines Übergangs zwischen subkulturellen Kontexten einer Gesellschaft stößt man wiederholt auf lernhaltige ‚Ungleichzeitigkeiten' individueller, biographischer, generationaler, sozialstruktureller, funktionssystemischer und historisch epochaler Provenienz. Hierbei werden alle Zeitmodi des relationalen Feldes aus den unterschiedlichsten Perspektiven erfahrbar und praktisch relevant. Die Transformationsgesellschaft der Postmoderne kann daher zeittheoretisch insgesamt als ein relationales Feld differenter Temporalordnungen und sozialer Zeitregime verstanden werden, das in ihrer gesamten Feldstruktur gegenwärtig selbst wiederum einem historisch-epochalen Wandel unterliegt. Dies erklärt, verlangt aber auch, eine wachsende Sensibilität für das Verhältnis von Bildung und Zeiterleben.

4   Die Ungleichzeitigkeit innergesellschaftlicher Zeitregime

Die Einsicht in eine grundsätzliche ‚Historizität von Zeit' beschränkt sich nicht auf Veränderungen der subjektiven Zeiterfahrung in verschiedenen historischen Epochen in einem philosophiegeschichtlichen Sinne (Horn, 2005; Zoll, 1988). In der Postmoderne wird eine Pluralität unterschiedlicher Zeitkonzepte beobachtbar, die sich auch innergesellschaftlich herausgebildet und in Formen sozialer Zeitordnungen kontextuell verfestigt bzw. personell habitualisiert haben. In Gestalt differenter ‚Zeitregime' geraten sie nun in der späten Moderne aufgrund ihrer heterogenen Ungleichzeitigkeit in wechselseitige Konkurrenz zu einander, ohne dass sie aufgrund ihrer paradigmatischen Inkompatibilität unter eine universelle Ordnung subsumierbar und damit auf harmonische Weise synchronisierbar wären. Hier wird als mögliche Perspektive für einen pädagogischen Umgang mit differenten Zeitregimen die Möglichkeit erkennbar, sich statt larmoyanter Anklagen gegenüber temporalen Unvereinbarkeiten, lieber an pädagogischen „Diversity"-Konzepten (Stuber, 2004; Leiprecht, 2008; 2009) zu orientieren. Die hierbei erkennbare *Analogie zwischen Kulturdifferenz und Temporaldifferenz* kann sicherlich weiterführen. Kontextüberschreitende ‚Passagen' zwischen innergesellschaftlich verfestigten Eigenzeiten erzwingen an ihren Grenzen und Sinnhorizonten relationale Übergangszeiten eines ‚Zwischen'. Wie mit ihnen unterschiedlich umgegangen werden kann, arbeiten Gerhard/Hörning/Michailow 1990 in ihrer Untersuchung über „Zeitpioniere" heraus. Die ‚Historizität von Zeit' bezieht sich dabei nicht allein auf die Pluralität von Zeitordnungen in der Vergangenheit. Darüber hinaus meint sie, dass Temporalität auch zukünftig strukturellen Veränderungen im Sinne einer weiteren innergesellschaftlichen Differenzierung unterworfen sein wird. Entsprechende gewissermaßen ‚vorwegnehmende‘ Entwicklungen im Sinne von „preadaptive advances" (Luhmann, 1981; Stäheli, 1998, S. 320) werden als Manifestationen eines temporalen Epochenbruchs bereits in der Medienphilosophie diskutiert. Hierbei finden die ‚medialen Temporalitäten des Internet‘ und die globale ‚Echtzeitmassenkommunikation‘ im Sinne von Veränderungen alltagsnaher Zeitkonzepte intensive Beachtung (vgl. Sandbothe & Zimmerli, 1994; Sandbothe, 1996; Sandbothe, 1998; Wehner, 1997; Wenzel, 2001).

Während in der Ethnologie die Kulturdifferenz bei Formen des Zeiterlebens und der Zeitordnungen (Hofstede, 2003, Hall, 1984) bereits als Gemeinplatz gelten kann, beziehen sich die Theorien sozialer Differenzierung noch überwiegend auf die sachliche oder sozialstrukturelle Sinnreferenz und nehmen die Ausdifferenzierung innergesellschaftlicher Temporalordnungen erst zögerlich in den Blick. Dennoch können Untersuchungen über kulturspezifische Temporalordnungen, die sich auf soziale Milieus und ihre habitualisierten Lebensstile, auf generationsspezifische Lebenslagen bestimmter Alterskohorten oder auf formalisierte Zeitregime in den Funktionssystemen beziehen, nicht davon absehen, in welche besondere Nationalkultur oder in welchen umfassenderen Kulturkreis ihre jeweiligen kontextgebundenen Zeitordnungen eingebettet sind. Edward T. Hall zufolge lassen sich einerseits Kulturen beobachten, in denen es zum habitualisierten Normalverhalten gehört, einzelne getrennte Arbeitsschritte in einer rationellen Abfolge jeweils nacheinander zu tun und in denen es zentrale Bedeutung hat, einen vorgegebenen Zeitplan verlässlich einzuhalten. Diese ‚Temporalordnung‘ mit ihren kontextspezifischen Zeitregimen bezeichnet er als „monochron". In Kontrast hierzu lassen sich „polychrone" Kulturen daran charakterisieren, dass ihren Standards zufolge mehrere Handlungen nebeneinander oder ineinander verschränkt erledigt werden (Hall, 1984, S. 2). Man organisiert seine soziale Performance weniger regelgeleitet, sondern widmet sich vorrangig der persönlichen Beziehung, ohne den latent mitlaufenden Zeitplan explizit erkennbar werden zu lassen. Die Erledigung der Aufgabe erscheint so als nachrangig gegenüber der zwischenmenschlichen Begegnung. Im ‚westlichen‘ Genderdiskurs wird dies unter dem Begriff ‚Multi-tasking‘ als eine geschlechtsspezifisch relevante Differenz diskutiert. Die Relevanz solcher Dimensionen des Kulturvergleichs für die Bestimmung innergesellschaftlicher Temporalordnungen wird allerdings immer dann fraglich, wenn nicht berücksichtigt wird, dass ‚Kulturstandards‘ nur auf hohem Aggregatsniveau empirische Gültigkeit beanspruchen dürfen, weil sie sich in ihrem empirischen Befund nicht auf das konkrete Verhalten in sozialer Interaktion, sondern ausschließlich auf die Meta-Ebene institu-

tionalisierter ‚Erwartungs-Erwartungen' beziehen. Sie stellen nur einen übergreifenden normativen Rahmen dar, innerhalb dessen gesellschaftliche Binnen-
differenzierungen überhaupt erst möglich werden. In Anschluss an die weltum-
spannenden Forschungsarbeiten von S. N. Eisenstadt (2000, S. 110) wird darüber hinaus quer zu den Kulturkreisen zudem eine „Vielfalt der Moderne"
beschreibbar, in der sich einerseits differente kulturspezifische Konzepte des
Zeiterlebens unterscheiden lassen, die jeweils ‚vor Ort' einer hohen kontextuellen Ausdifferenzierung unterworfen sind. Die nachindustriellen, auf wissensba-
sierten Dienstleistungen beruhenden Transformationsgesellschaften der späten
Moderne sind daher in ihrer Binnenstruktur im Rahmen ihrer ‚Kulturstandards'
von einem Spannungsgeflecht divergierender Temporalstrukturen gekennzeichnet, die sich in ihrer fehlenden Inkommensurabilität wechselseitig kontrastieren
und nach Synchronisierung ihrer kontextuellen Zeitregime verlangen. Es lässt
sich daher thesenhaft formulieren, dass unabhängig von dem jeweiligen historischen Möglichkeitshorizont einer umfassenden Großkultur in allen Transformationsgesellschaften der Umgang mit einer ‚Gleichzeitigkeit divergierender Ungleichzeitigkeiten' die epochale Herausforderung der Postmoderne darstellt.
Auch hier wird das Erfordernis von temporaler Diversitätskompetenz erkennbar,
die sich auf reflektierten Umgang mit unterschiedlichen Zeitregimen in differenten Lebenslagen und sozialen Situationen bezieht. ‚Temporale Diversitätskompetenz' beschreibt eine verstärkte Wahrnehmungsfähigkeit für die innergesell-
schaftliche Ausdifferenzierung von Temporalordnungen und ihren widerständi-
gen ‚Eigenzeiten' u.a. in folgenden Bereichen:

– *sozialstrukturelle Differenz* im Umgang mit Zeit, je nach sozialer Schicht,
  Milieu, Alter, Generationslage, Geschlecht und Einbettung in ethnische Tra-
  ditionslagen (Zoll, 1988):
  Michael Häder (1996) hat die von Bergmann systematisierten „Zeitperspektiven oder Zeithorizonte von Individuen in Abhängigkeit von sozialen Gegebenheiten" (Bergmann, 1983, S. 465) am Transformationsprozess
  in Ostdeutschland als Veränderungen im Zeitbewusstsein empirisch untersucht. Sein Befund zeigt einerseits eine positive Beziehung zwischen einer
  offenen Zukunftsperspektive in Verbindung mit der Fähigkeit zum Bedürf-
  nisaufschub als entscheidende temporale Voraussetzung für sozialen Auf-
  stieg. Andererseits zeigte sich, dass das Geschlecht eine (in Ostdeutschland)
  eher unbedeutende Größe darstellt. „Primär das Alter und sekundär das Bil-
  dungsniveau (sind) entscheidend dafür […], ob ein linear offenes Zeitbewusstsein vorliegt. So treffen wir […] den jungen Menschen als Prototypen
  an, der in die spätmoderne, offene Gesellschaft zu passen scheint"
  (Dringenberg, 2006, S. 30). Die Form des Zeitbewusstseins erweist sich da-

mit als ein wichtiger Indikator für soziale Inklusion oder Exklusion im Verlauf gesellschaftlicher Transformationsprozesse (vgl. auch Schmidt-Lauff, 2008).

– *biologisch konstitutionell begründete Differenzlinien* im Biorhythmus, körperlicher Konstitutionsbedingungen im leibbezogenen Umweltverhältnis (z.b. hinsichtlich der Zeiterfahrung chronisch Kranker (Fischer, 1986) oder Langsamkeit/Schnelligkeit im Reaktionsvermögen) (vgl. Nadolny, 1987)).

– *gesellschaftliche Differenzierung:* Hinsichtlich funktional differenzierter Gesellschaften gilt es, die grundlegende Differenzlinie zwischen 1. den institutionell verfestigten Temporalordnungen und über Sanktionen abgesicherten Zeitregimen innerhalb der verschiedenen Funktionssysteme (wie Wirtschaft, Politik, Recht, Wissenschaft, Krankenversorgung, Religion, Erziehung und soziale Hilfe) (Zoll, 1988) und 2. den ebenfalls in sich heterogenen und weitgehend polychronen Temporalordnungen lebensweltlich strukturierter Handlungskontexte zu beachten (Fürstenberg & Münch, 1986): Für eine Temporaltheorie lebenslangen Lernens verlangt dies, den ständigen Wechsel zwischen unterschiedlichen Kontexten ‚alltagsgebundenen Lernens‘ und den hier gültigen Temporalordnungen einerseits und der Vielfalt von Formaten funktional didaktisierter Lehr-Lern-Arrangements bei der Rekonstruktion lernbiographischer ‚trajectories‘, d.h. bei der strukturellen Rekonstruktion des Entwicklungsverlaufs quer zu den gesellschaftlichen Zeitordnungen andererseits zu berücksichtigen (Schäffter, 2001). Der permanente Kontextwechsel hat zur Konsequenz, dass lebenslanges Lernen nur im Rahmen einer „strukturalen Bildungstheorie“ des Kontextwechsels (Marotzki, 1990, S. 41) in Verbindung mit Theorien „transformativen Lernens“ (Koller, Marotzki & Sanders, 2007, S. 69) temporaltheoretisch greifbar wird.

– *Gesellschaftliche Einheit versus Polykontexturalität:* Allerdings ist auch die grobe Unterscheidung zwischen Funktionssystem und Lebenswelt noch genauer zu differenzieren: Auch die gesellschaftlichen Funktionssysteme unterliegen in ihrer Ausdifferenzierung notwendigerweise verschiedenen Zeitverhältnissen, an denen sie sich von anderen Funktionssystemen abzugrenzen haben. Ottheim Ramstedt formulierte diese Unterscheidung bereits in den siebziger Jahren treffend: „In unvollständig differenzierten gesellschaftlichen Systemen (mit linearem Zeitbewußtsein und geschlossener Zukunft) wird Welt, Raum-Zeitlichkeit, Wirklichkeit – wie komplex auch immer – als *Einheit* erlebt. Was geschieht, ist sinnhaft mit dem Ganzen verbunden, da deren Teile erst durch das Ganze ihren Zweck erfüllen. In funktional differenzierten Systemen (lineares Zeitbewusstsein mit offener

Zukunft) beginnt die Relativierung von Raum und Zeit; es wird jetzt akzeptiert, dass in der Gesellschaft hier und jetzt *mehrere Wirklichkeiten* existieren. Sie generieren sich in Subsystemen. So gehören Widersprüchlichkeiten und Unvereinbarkeiten zum System" (Rammstedt, 1975, S. 56f.).

– *Logik einer systemischen Eigenzeit:* Soziale Systeme konstituieren, hinsichtlich ihrer gesellschaftlichen Funktionsbestimmung im Zuge einer Grenzbildung gegenüber ihrer Umwelt, eine für sie spezifische ‚Eigenzeit' mit interner Rhythmik. Hierdurch kann eine für sie besondere Entwicklungslogik zu realistischem ‚Selbstausdruck' gelangen. Zum Beispiel kann eine ‚ökonomischer Logik' folgende Entwicklung im gesellschaftlichen Rahmen einer ‚freien Marktwirtschaft' unberührt vom Rhythmus der ‚Legislaturperioden' des Politiksystems der wenig plausiblen Eigenlogik von Konjunkturzyklen folgen, was allerdings gesamtgesellschaftliche Synchronisationsprobleme aufwerfen kann.

– *Transformation systemspezifischer Zeitordnungen:* In einer Transfor-mationsgesellschaft erhöht sich die Komplexität ausdifferenzierter Temporalordnungen noch dadurch, dass auch die jeweils verfestigte Logik funktionaler Zeitordnungen innerhalb von Politik, Wirtschaft und Erziehung selbst wiederum einem historischen Wandel unterworfen ist. Dies macht Ungleichzeitigkeiten zwischen ihnen besonders unübersichtlich und unvorhersehbar und lässt neue Formen gesellschaftlicher Synchronisation erforderlich werden. Aktuelles Beispiel hierfür wäre die Verkürzung der Schulzeit in ihrer Wirkung auf die Hochschulausbildung.

– *Systeminterne Ausdifferenzierungen:* Für die heterogene Pluralität von Zeitordnungen in der Transformationsgesellschaft ist darüber hinaus kennzeichnend, dass sich in Auseinandersetzung mit strukturellem Wandel in einer ‚turbulenten' Umwelt auch innerhalb des selben Funktionssystems differente Zeitordnungen herausbilden, die zwar miteinander in Konflikt stehen, in ihrer Diskrepanz letztlich jedoch für die Funktionserfüllung des übergeordneten Systems erforderlich sind. Dies gilt bspw. in Wirtschaftsunternehmen für das komplementäre Nebeneinander differenter Zeitordnungen im Produktionsbereich, bei der Distribution und in den Entwicklungs- und Forschungsanteilungen. Strategien des Wissens- und Zeitmanagements haben der Differenz der Zeitregime im Rahmen einer bereichsübergreifenden Organisationsentwicklung Rechnung zu tragen. Ähnliches gilt für konkurrierende, aber sich hierdurch komplementär ergänzende Zeitregime innerhalb des Gesundheitssystems. Heilungsprozesse unterliegen der hochkomplexen Temporalstruktur eines komplementären Zusammenspiels biologisch-organismischer Wachstumsprozesse mit sozial eingebetteten psychosomatischen Entwicklungsverläufen, die bei der medizinischen Behandlung und Pflege mit einem linear quantitativen Zeitre-giment einer rationalisierten, bürokratisch verfassten Organisation betriebswirtschaftlicher Kalkulation zu synchronisieren sind.

Zusammenfassend lässt sich daher festhalten, dass ein strukturell weitgehend unverbundenes Nebeneinander inkompatibler Zeitordnungen von jeweils eigenem Recht, eigenem Sinnhorizont und besonderer Wissensstrukturen keine krisenhafte Problematik, sondern geradezu die charakteristische Normalform einer spätmodernen Gesellschaftsformation darstellt. Auf der Folie dieses formationstheoretischen Deutungshintergrunds erhält die temporaltheoretische Gegenstandsbestimmung von Lernen im Lebenslauf eine zusätzliche Dimension: Der Prozess lebensandauernden Lernens wird nun auf einer Metaebene als biographische Zeitgestalt eines „personal trajectory" (Dreier, 1999, S. 12) erkennbar, das ihre Entwicklungslogik in einer für sie besonderen Form eines pfadabhängigen Durchgangs durch differente Temporalstrukturen und Zeitregime herausbildet. Entscheidend für das Konzept des trajectory ist, dass eine gesellschaftliche Synchronisation der Pluralität kontextgebundener Zeitregime erst in ihrem Durchlaufen durch differente soziale Praktiken der Zeitordnung erfolgt, d.h. erst in performativen ‚Praktiken des Übergangs' realisiert werden kann. Das Konzept des Übergangs erhält hierdurch im Rahmen des trajectories auf einer individuell biographischen, aber auch auf einer organisationstheoretischen und historischen Ebene eine theoriestrategische Bedeutung, auf die nun genauer eingegangen wird. Für die Ausarbeitung einer Theorie lebenslangen Lernens gerät in diesem Zusammenhang zunächst das Konstrukt der ‚Übergangszeit' ins Zentrum des Interesses.

5 ‚Übergangszeit' – eine temporaltheoretische Kategorie

‚Übergang' beruht begrifflich auf einer räumlichen Metaphorik, die von dem Bild einer zu überwindenden Barriere lebt, die einen bis dahin routinisierten Verlauf unterbricht. Übergangszeiten verweisen somit darauf, dass auch zeitlich kontinuierlich anschließende Verläufe nicht immer ohne Brüche sind. Dies verlangt eine Differenzierung von Kontinuität als ein bruchloses Ineinanderübergehen gegenüber einem Verständnis von Kontinuität als Anschlussfähigkeit. Da nicht alles gleichzeitig geschehen kann, wenn nicht der Sinn des Ganzen verloren gehen soll, werden Unterbrechungen und damit auch Übergänge in allen Verlaufsstrukturen in Formen der „Interpunktion" (Bateson, 1981, S. 362) relevant. Auch dies ist eine kulturelle Errungenschaft rationalen Ordnens, deren temporale Logik des ‚Eins nach dem andern' im Sinne einer narrativen Struktur erlernt werden muss. Es gilt dabei, eine hochkomplexe Gleichzeitigkeit lebendiger Komplexität in Form einer „Geschichte" (Schapp, 2004, S. 127) ‚auf die Reihe zu bringen', um dadurch historischen Sinn zu generieren, der über das einzelne Ereignis hinausgeht. Gerade innerhalb eines kontinuierlich fließenden ‚stream of consciousness' oder in einem permanent verlaufenden ‚stream of action' bilden sich daher sinnkonstituierende Abschnitte heraus, die sich jeweils temporal in einem ‚Vorher und Nachher' von anderen Zeitabschnitten erkennbar abgrenzen. „Kontinuität" kann daher nicht ‚ontisch' als Gegebenheit vorausgesetzt werden. Sie ist das langfristige Ergebnis einer neuralen, psychischen und sozialen ‚Herstellungspraxis'. Barbara Keddi spricht in diesem Zusammenhang sogar von einem permanenten „Doing continuity" als „biopsychosozialer Praxis", die als „Lern- und Bildungsprozess" verstanden und pädagogisch unterstützt werden sollte (Keddi, 2011, S. 268). Derartige Praktiken der Herstellung von Kontinuität sind sachlich oder sozial über ‚Kontextmarkierungen' des jeweiligen ‚Zeitgeistes' einer biographischen Entwicklungsphase oder historischen Epoche ausgewiesen. Auf eben diese zeitlichen Grenzen zwischen Sinnkontexten, in der die Differenz zwischen Vorher und Nachher manifest zum Ausdruck gelangt und damit als bedeutungsvoll erfahrbar werden, bezieht sich das Konzept der ‚Übergangszeit'. Es wurde in unterschiedlicher Form wie bspw. mit den Begriffen der „Sattelzeit" (Koselleck, 1984, S. 325), des Epochenbruchs (Horn, 2005), des „psycho-sozialen Moratoriums" (Erikson, 1992, S. 98) oder der „Schwellenerfahrung" im ‚Zwielicht der Ordnung' (Waldenfels, 1987, S. 133) geschichtsphilosophisch, entwicklungspsychologisch oder phänomenologisch ausgearbeitet. Mit der Erfahrung eines Übergangs hinein in eine ‚Neue Zeit' wird ein Kernproblem von Temporalität berührt, nämlich das komplementäre Spannungsverhältnis zwischen „Kontinuität und Kontingenz" (vgl. Pfeiffer, 2007). Einerseits bezieht sich Epochenbruch auf irritierende Ereignisse einer abrupten Unterbrechung bislang eingespielter Ablaufsstrukturen und erhält daher seinen Sinn aus der immanenten Diskontinuität auch langfristiger Prozesse, die in langen Intervallen verlaufen. Ab einem bestimmten, epochalen und als ‚einschneidend' erfahrenen Ereignis ist dann ‚nichts mehr so, wie es einmal war'. Andererseits haben Übergänge als ‚Schwellenereignisse' (Waldenfels, 1987, S. 133) auch selber eine gewisse Dauer. Sie verfügen damit über eine eigene Zeitstruktur anschlussfähiger Verknüpfung, die sich von einem Ausgangspunkt der ‚Abschlussfähigkeit' hin zu einem Ende der ‚*An*schlussfähigkeit' her definiert (Sydow, Duschek, Möllering & Rometsch, 2003). Dieser lernhaltige Spannungsbogen zwischen Abschlussereignissen und Anschlussereignissen wird hier als ‚Übergangszeit' bezeichnet und hinsichtlich seiner pädagogischen Relevanz für transformative Lernprozesse hervorgehoben.

Zur Ausarbeitung einer Temporaltheorie lebenslangen Lernens wird es daher erforderlich sein, das komplementäre Zusammenspiel von Kontinuität und interpunktierenden Kontextgrenzen als Voraussetzung für das Herausbilden lernhaltiger Entwicklungsprozesse hin zu strukturell immer komplexeren Prozessen zu verstehen. Um dies begrifflich genauer fassen zu können, ist zu beachten, dass man zur Rekonstruktion lebenslangen Lernens im Rahmen einer Temporaltheorie nicht mehr allein von der personalen Entwicklung individueller Lerner ausgehen kann. Sozialität wird daher nicht im Sinne eines methodologischen Individualismus als ein Aggregat individueller Lerner auf einer Makroebene verstanden, sondern als relational fassbare Beziehung situativer Ereignisse. ,Kollektive' Strukturen werden damit als mikrosoziale Beziehungsnetze wechselseitiger Anschlussfähigkeit gedeutet und nicht als eine objektiv vorgegebene überindividuelle Ordnung. Das analytische Element lebensandauernden Lernens bezieht sich in einer temporaltheoretischen Rekonstruktion folglich auf die soziale Kategorie des Ereignisses sowie daran anschließend auf temporale Strukturen der Ereignisverknüpfung.

5.1 Ereignis als temporaltheoretisches Element lebenslangen Lernens

Temporaltheoretisch gefasst sind die Systemelemente von Bildung somit als ein permanenter Prozess von ständig auseinander hervorgehenden und aneinander anschließenden *Ereignissen* zu verstehen. Temporalisierte Systeme sind auf ständigen Zerfall angewiesen, weil der fluide *Geschehenscharakter ihrer Elemente* eine konstitutive Voraussetzung für ihre ständige Reproduktion ist. Insofern ist Gegenwart auch immer zugleich Übergangszeit (Picht, 1992, S. 158). Dies ist eine bislang noch ungewohnte Sicht. Wandel und Veränderung werden so zu einer Grundvoraussetzung des Systemerhalts, während hingegen identische Dauer in der spätmodernen Transformationsgesellschaft zunehmend prekär und somit erklärungsbedürftig wird. ,Kontinuität' beruht daher in diesem Verständnis auf dem „temporalen Grundbezug der Flüchtigkeit der Zeit" (Schmidt-Lauff, 2008, S. 458). Von Martin Heidegger wird Historizität als konstitutives Merkmal einer temporaltheoretischen Gegenstandsbestimmung in folgender Formulierung zusammengefasst:

> Die Analyse der Geschichtlichkeit des Daseins versucht zu zeigen, daß dieses Seiende nicht ,zeitlich' ist, weil es ,in der Geschichte steht', sondern weil es umgekehrt geschichtlich nur existiert und existieren kann, weil es im Grunde seines Seins zeitlich ist. (Heidegger, 1986, S. 376).

5.2 Ereignisverknüpfung

Als zentrales Erfordernis von Systembildung erweist sich letztlich die ‚Anschlussfähigkeit' differenter Ereignisse. Die Kategorie der ‚Anschlussfähigkeit' wird damit zum zentralen Merkmal eines sozialtheoretisch, nicht individualpsychologisch gefassten Kompetenzbegriffs (Sydow et al., 2003, S. 28f.). In welchem Modus ‚Anschluss' im Einzelnen konkret möglich wird, kann dabei noch offenbleiben: Neben analog übereinstimmender Fortsetzung oder einem Wiederaufnehmen der vorangegangenen Verlaufsstruktur in variierender Modulation lässt sich an ein vorheriges Ereignis auch durch Differenzbetonung in ‚kontrapunktischen' Formen der Kontrastierung, des Widerspruchs und des Gegensatzes anschließen. ‚Negation' als Modus von Anschlussfähigkeit ist in westlichen Kulturen besonders im Generationenverhältnis vertraut und gilt als Motor für gesellschaftlichen Fortschritt (Mannheim, 1970). Die Temporalisierung lebenslangen Lernens im Sinne einer permanenten Folge von Ereignisverknüpfungen führt dazu, dass sich die zeittheoretisch informierten Diskurse bemühen, die bisherige Engführung auf formalisierte Lernwege oder als Normallebenslauf standardisierte Karrieremuster zu vermeiden und stattdessen „transformatorische Bildungsprozesse" (Koller et al., 2007, S. 69) im Rahmen einer „transitorischen Identität" (Straub & Renn, 2002, S. 10) zu rekonstruieren. ‚Bildung' im Sinne eines permanenten Übergangs zwischen informell-alltagsgebundenen, non-formalen und formalisierten Lernkontexten erscheint hierbei als ein individuell „lebensentfaltender" (Faulstich, 2011, S. 13) zugleich aber auch sozialstrukturell-historischer Transformationsprozess in und von gesellschaftlichen Umwelten, in dem das epochale ‚Welt- und Selbstverhältnis' von Menschen, sozialen Gruppen und Organisationen durch die Konfrontation mit aktuellen Problemlagen (‚critical incidents') in ihrer entwicklungsgebundenen Ungleichzeitigkeit synchronisiert wird und in dieser relationalen ‚Vergegenwärtigung' eine wechselseitige Veränderung durchläuft.

Der Begriff der Übergangszeit kann auf dieser theoretischen Grundlage daher in folgenden drei Bedeutungen verstanden und konzeptionell berücksichtigt werden:

1. als situative Ereignisverknüpfung,
2. in Instistsionalformen des Übergangs und
3. als sozial-evolutionärer Entwicklungsprozess.

5.3 Situative Ereignisverknüpfung

Auf einer elementaren Ebene permanenter situativer Ereignisverknüpfungen lässt sich lebenslanges Lernen in einer spätmodernen ausdifferenzierten Transformationsgesellschaft als eine kontinuierliche Kette anschlussfähiger aber auch strukturell anschlusserzwingender Übergänge konzipieren. Die alltägliche Erfahrung eines ‚Never Ending Learning' bezieht sich hierbei nicht allein auf formalisierte Lehr-Lern-Arrangements, sondern auf ihre Einbettung in ein Netzwerk informeller, alltagsgebundener Kontexte, in denen Irritationen den Erwerb von immer neuen Kompetenzen auslösen. Hierbei ist zu berücksichtigen, dass die wechselseitige Interferenz zwischen unterschiedlichen gesellschaftlichen Strukturveränderungen dazu führt, dass eine vorübergehend erreichte Verstetigung und Stabilisierung in dem einen Lebensbereich durch eine ‚ungleichzeitig' verlaufende Entwicklungsphase in anderen Bereichen in eine abermalige Perturbation versetzt wird, auf die daraufhin lernbereit zu antworten ist. Kaum scheinen bspw. eigene berufliche Veränderungen bewältigt und in Routine überführt zu sein, schon führt der Schulwechsel des Kindes in Verbindung mit Lehrplanänderungen zu neuem Kontextwechsel. Gut nur, wenn nicht ‚gleichzeitig' der Steuerberater oder ein epochaler Bankenkollaps ante portas stehen. Kurz gesagt: Lebensandauerndes Lernen definiert sich auf einer elementaren Ebene ereignisbasierter Temporalität als eine sequenziell gebrochene *Kontinuität permanenter Übergangszeiten.*

5.4   Zwei Formen gesellschaftlicher Institutionalisierung von Übergangszeiten

Die hohe Komplexität, die durch temporale Ereignisverknüpfung hervorgerufen wird, führt dazu, dass man sich in funktional differenzierten Gesellschaften dazu genötigt sieht, „mehr und mehr von raumlimitierten zu zeitlimitierten Ordnungen überzugehen. Diese Präferenz für zeitlimitierte Ordnung wiederholt sich innerhalb der Funktionssysteme – teils in der Form eines bestimmten Anfangs mit offenem Ende […], teils in der Form, dass durch Bestimmung von Anfang und Ende Perioden gebildet werden (etwa mit der Schulstunden-Ordnung des Erziehungssystems […])" (Luhmann, 1990, S. 336). „Im allgemeinen setzt der Ausbau und die zunehmende Abhängigkeit von zeitlimitierten Ordnungen Organisationssysteme voraus, die Anfang und Ende beobachten, registrieren, ja veranlassen können" (Luhmann, 1990, S. 337). Niklas Luhmann betont nun, dass in eben dem Maße, in dem eine Gesellschaft ihre Entwicklung von zeitlimitierten Ordnungen abhängig macht, man es mit einem Synchronisierungsproblem zu tun bekommt: Es gilt zu sichern, „wie man von einem Ende zu einem Anfang kommt und damit das System über die eingebauten Zeitlimitierungen hinaus in Betrieb hält" (Luhmann, 1990, S. 337).

Wir vertreten mit diesen Überlegungen nun die Position, dass auf dieses Problem mit einer gesellschaftlichen Institutionalisierung von ‚Übergangszeiten' geantwortet wird. In ihrer Temporalstruktur lassen sich daher institutionalisierte Übergangszeiten an der Form der Relationierung ihrer Anfangs und Endpunkte charakterisieren:

Übergänge zwischen einem *bestimmten Anfang* und einem *bestimmten Ende* sind organisationaler Bestandteil einer den Übergang *übergreifenden institutionellen Ordnung*, in der der Abschluss einer vorangegangenen Sequenz hin zum Anschluss an eine darauf folgende Sequenz strukturell gesichert wird. So berechtigt z.B. der Abschluss einer Klassenstufe zum Eintritt in die nächstfolgende oder der Erwerb der Hochschulreife ermöglicht die Immatrikulation. Beide Übergänge setzen eine organisatorisch intakte Infrastruktur voraus. Diese Form institutionalisierter Übergangszeiten folgt somit der linearen Strukturlogik *formalisierbarer Statuspassagen*, wie sie im nächsten Abschnitt diskutiert wird.

Die temporale Struktur von Übergangszeiten bleibt im *Kontext von Statuspassagen* integraler Bestandteil einer institutionell übergreifenden Zeitordnung und damit in ihrer temporalen Dauer weitgehend latent. Sie tritt allenfalls in Form psychosozialer Übergangskrisen, im Rahmen eines symbolischen Akts, vor allem aber im Falle eines Scheiterns als Störung in Erscheinung.

Anders sieht es bei der Synchronisierung von zeitlimitierten Ordnungen aus, wenn in ihnen Anschluss an eine unbestimmte, *kontingente Zukunft* herzustellen ist. Hier geht es um Übergangszeiten, in denen die zukünftig anschlussfähigen Entwicklungen zunächst überhaupt erst einmal in ihren Bedingungen manifest werden müssen. Diese Form institutionalisierter Übergangszeiten folgt einer rekursiven Strukturlogik ,zielgenerierender Suchbewegungen', also einer Übergangszeit, in der die zukünftig anschlussfähige Entwicklung nicht nur geklärt, sondern als kontextuell verfügbarer ,Möglichkeitshorizont' erst durch ein verändertes ,Selbst- und Weltverhältnis' lernend erschlossen wird (vgl. Schäffter, 1999; 2001). Die temporale Struktur von Übergangszeiten, in denen erst die Bedingungen für zukunftsfähige Anschlussmöglichkeiten geschaffen werden müssen, unterliegt einem modalphilosophischen Spannungsverhältnis zwischen „Potentialität und Possibilität" (Buchheim et al., 2001, S. 9; Picht 1980) das bildungstheoretisch bislang noch unzureichend verstanden und kaum praktisch berücksichtigt wird. Hier sind die gegenwärtigen Bemühungen um Kompetenzentwicklung, um biographische Lernberatung und pädagogische Entwicklungsbegleitung zu verorten. Diese Übergangsstruktur einer an ,beiden Seiten' des Übergangs reflexiv bestimmungsbedürftigen und somit beidseitig ,freitragenden Relationierung' wird hier als offene ,*Transition*' bezeichnet. Bildungstheoretisch sind Transitionen u.a. für „Übergänge vom Studium in den Beruf" (von Felden & Schiener 2010) von hoher Relevanz.

5.5 Übergangszeiten im Kontext sozial-evolutionärer Entwicklungsprozesse

Der Begriff der Übergangszeit wurde bis an diesen Punkt aus der gewohnten erwachsenenpädagogischen Perspektive als Bestandteil einer sequenziellen Folge zeitlich abgrenzbarer Intervalle in einem individuell-humanontologischen, biographischen oder auch generationsspezifischen Entwicklungsverlauf verstanden. Damit blieb ‚Übergangszeit' noch einer ausgewählten ‚Spur' eingeschrieben, in der sich ihre pfadabhängige Eigenlogik innerhalb eines spezifischen Entwicklungsstrangs rekonstruieren lässt. Nicht in den Blick kommen hierbei tiefenstrukturelle Veränderungen einer Transformationsgesellschaft hinsichtlich der sich ständig wandelnden historischen und sozialstrukturellen ‚Bedingungen der Möglichkeit', in denen der jeweilige Entwicklungsstrang seine je besonderen Voraussetzungen vorfindet. In der nun angesprochenen Dimension geht es daher um die wechselseitige Interferenz unterschiedlicher Entwicklungsverläufe in einer ausdifferenzierten Transformationsgesellschaft. Lebenslanges Lernen kann so über die pfadabhängige Deutung nur einer ‚Spur' hinaus als aktiver Bestandteil und symptomatischer Ausdruck eines mehrere Stränge verknüpfenden sozial-evolutionären Entwicklungsprozesses verstanden werden. In diesem Zusammenhang erhält das Konzept der Übergangszeit die Bedeutung einer lernhaltigen Schnittstelle zwischen dem strukturellen Wandel von Kontextbedingungen einerseits und den sich dadurch verändernden Lernmöglichkeiten innerhalb dieser sich wandelnden Kontexte andererseits. Um diese zusätzliche *sozial-evolutionäre Zeitstruktur* rekonstruieren zu können, ist es hilfreich, auf die eingangs eingeführte Differenz zwischen einem Lernen *innerhalb* eines gegebenen Kontextes zum einen und ‚transformativem Lernen' im Verlauf von Kontextveränderungen bzw. bei einem Wechsel *zwischen* verschiedenen Lernkontexten zum anderen zurückzugreifen. Es stellt sich hierbei die Frage, in welcher Weise der strukturelle Wandel bei den Kontextbedingungen mit den unter ihnen ablaufenden Lernprozessen in Beziehung gesetzt werden kann.

– Die einfachste Antwort geht von einer *beidseitigen Indifferenz* eines ‚Container-Modells' aus: Lernen verläuft unabhängig von seinen Kontextbedingungen und auch der Kontext lässt sich nicht von den Lernprozessen beeinflussen.

– Eine zweite Variante unterstellt *Strukturdeterminismus* und versteht den historischen Kontext als maßgeblichen Sinnhorizont für die von ihm ermöglichten Lernprozesse. Der strukturelle Kontext bildet dabei jedoch einen vom Lernen unabhängigen Rahmen, dessen Wandel einer eigenen, dem Lernen übergeordneten struktur-evolutionären Gesetzmäßigkeit folgt.

– Eine *relationale Erklärung* wiederum postuliert eine komplementäre Prozessualität, bei der beide Entwicklungslogiken aufeinander bezogen sind, wechselseitige Veränderungen auslösen und sich gegenseitig als ‚Bedingungen ihrer Möglichkeit' konstitutiv voraussetzen.

Die dritte relationale Position erschließt die Übergangszeiten sozial-evolutionärer Entwicklungsprozesse, in denen ‚Potentialität und Possibilität' lernförmig verschränkt werden. Sie lässt sich exemplarisch an der entwicklungspsychologischen Frage nach dem temporalen Verhältnis zwischen Reife und Lernen verdeutlichen (Breunig, 1973). ‚Reife' wird hier als eine Kontextbedingung von Lernen verstanden, die als Sinnhorizont strukturell die ‚Bedingung der Möglichkeit' für das darstellt, was in welcher Weise überhaupt erlernbar ist. Die von Walter Breunig bereits in den siebziger Jahren vertretene Einsicht besteht nun darin, dass Lernen in einem spezifischen Zustand biologischer, kognitiver, sozialer oder spiritueller ‚Reife' jeweils besondere ‚Bedingungen der Möglichkeit' vorfindet, diese aber auch ‚in the long run' zu verändern vermag. Das aktive Ausschöpfen eines zunächst als basale Voraussetzung vorgefundenen ‚Möglichkeitshorizonts' schafft schließlich auf einem höheren ‚Lernplateau' die Voraussetzungen dafür, dass in der ‚Krisenerfahrung' seiner Begrenzung eine kontextübergreifende Positionalität erreicht wird, die nun ein neues Niveau der Reife und damit einen weitergehenden Möglichkeitshorizont zugänglich macht. An diese strukturtheoretische Deutung von Übergangszeit als krisenhafter Umschlagpunkt im bisherigen Welt- und Selbstverhältnis schließen die pädagogischen Konzepte „transformativen Lernens" an (Kegan, 1986, S. 107; Mezirow, 1997; Gremmler-Fuhr, 2006, S. 19). Den in dem Übergangsereignis zunächst noch als unbestimmt erfahrbaren Möglichkeitshorizont der ‚Possibilität' gilt es in weiteren explorierenden Lernprozessen schrittweise in seiner ‚Potentialität' lernend zu erschließen. Die Übergangszeit der Überschreitung eines obsolet gewordenen Sinnkontextes und des praktischen Eintritts in einen neuartigen, aber noch unbekannten Möglichkeitshorizont wird von Wygotski als *„Zone der nächsten Entwicklung"* (Wygotski, 1964, S. 259) bezeichnet. In ihr bieten sich in Kontrastierung zum vorangehenden Kontext nun andere, wenn auch zunächst nur über Negation bestimmbare ‚Bedingungen der Möglichkeit' zum Lernen. Zu beachten ist hierbei: Es handelt sich dabei zunächst nicht um konkret fassbare Lernanforderungen, sondern erst noch um ein verändertes Bedingungsgefüge von Potentialität als ‚Vergegenwärtigung' einer sich *in dieser Tätigkeit oder aufgrund dieser Tätigkeit* überhaupt erst ‚offenbarenden' Zukunft! Sie zu erschließen, verlangt eine performative Realisierung der nun potentiell verfügbaren, aber noch nicht praktisch erschlossenen Möglichkeiten. Es geht um eine Frage/Antwort-Relation und keinen Kausalnexus von Ursache und Wirkung!

Georg Picht illustriert das aktive ‚Gewinnen von Zukunft' im Sinne eines neuartigen Möglichkeitshorizonts am Beispiel der Konstruktion eines „Apparats" (natur)wissenschaftlicher Forschung, mit dem eine Veränderung bislang gegebener kontextueller ‚Bedingungen der Möglichkeit' von Welterkenntnis hervorgerufen wird:

> Was ist ein Apparat? Es ist eine Einrichtung, die es erlaubt unter bestimmten Bedingungen bestimmte Beobachtungen zu machen. Der Bau des Apparates *antizipiert* die Beobachtungen, die er machen soll. Ein Apparat ist deshalb nichts anderes als eine Gestalt gewordene *Antizipation der Zukunft*. Die Erkenntnisse, die mit Hilfe eines solchen Apparats gewonnen werden, haben durchgängig die gleiche Struktur: *wenn* die und die Voraussetzungen gegeben sind, tritt das und das ein. Das ist eine hypothetische *Zukunftsaussage*. Nicht nur der Apparat, sondern auch die durch den Apparat gewonnenen Erkenntnisse haben deshalb die Grundstruktur der Antizipation von Zukunft (Picht, 1992, S. 253) (Hervorh. O.S.).

Temporaltheoretisch gefasst, handelt es sich um den Zeitmodus GZ, also um das nun kontextuell Mögliche, das sich in seinem eigensinnigen ‚ontologischen Status' erst über praktische Verwirklichung empirisch zu manifestieren vermag. Es geht daher um die sublime, aber entscheidende, Differenz zwischen den Zeitmodi ZG und GZ, also zwischen einer noch gegenwartsverhafteten Antizipation möglicher Geschehnisse aus aktuell vorgegebenen Bedingungen heraus (ZG) und einem *ontologischen Werden von Potentialität* eines bisherigen ‚Noch Nicht' (GZ). ‚Lernen' verläuft hier als Entwicklungsprozess auf einer evolutionär-konstitutiven Ebene von bisher nicht verfügbaren ‚Bedingungen der Möglichkeit'. Dies wird aus unserem Forschungszusammenhang zum Lernen in gesellschaftlicher Transformation als *„strukturvermitteltes Lernen"* (Baldauf-Bergmann, 2005, S. 86) bezeichnet.

Das illustrativ gemeinte Beispiel eines ‚Apparates' für eine zukunftsermöglichende, innovative Veränderung bislang latent vorausgesetzter ‚Bedingungen der Möglichkeit' bezieht sich auf historische Entwicklungen in naturwissenschaftlichen Sinnhorizonten. Um Georg Pichts temporaltheoretische Überlegungen auf gesellschaftspolitische Transformation zu übertragen, scheint es daher erforderlich, sein epistemologisches Konzept eines ‚zukunftsgenerierenden Erkenntnisapparates' in Richtung auf ein vorwegnehmendes Denkwerkzeug oder einen vorwegnehmenden „Denkstil" (Fleck, 1980, S. 129) hin zu generalisieren und es somit auf einer sozialtheoretischen Ebene zu reformulieren. Begriffsgeschichtlich betrachtet, kann das Auftreten einer neuen Kategorie im gesellschaftlichen Diskurs ebenfalls zu einer neuartigen ‚Bedingung der Möglichkeit' für eine zunächst unvorsehbare Entwicklung werden. Niklas Luhmann greift bei seiner Verhältnisbestimmung von „Gesellschaftsstruktur und Semantik" hierbei auf das evolutionstheoretische Konzept des „preadaptive advance" im Sinne einer strukturellen Vorwegnahme zurück (Luhmann, 1981, S. 191; Stäheli, 1998, S. 320). Hiermit ist gemeint, dass eine semantische Erfindung „zwar vorläufig in ein Sozialsystem eingepasst ist und deshalb überlebt, ihr aber zu einem späteren Zeitpunkt eine soziale Funktion zuwächst, die es noch gar nicht gab, als diese (semantische) Erfindung auftrat. Vielleicht hätte diese spätere Funktion auch gar nicht entstehen können, wenn es nicht die Erfindung gegeben hätte, die den Prozeß der Herausbildung dieser Funktion suggestiv begleitete. Semantik wirkt […] in diesem Modell instruktiv, aber sie wird nicht für diesen Zweck hervorgebracht, sie wird durch die ihr schließlich zufallende Funktion genauso überrascht wie das Sozialsystem, in dem sich diese Funktion realisiert" (Stichweh, 2006, S. 164). Bei dieser Argumentation besteht eine gewisse Übereinstimmung mit der Trennung des Motivs vom Zweck des Verhaltens in der Institutionstheorie von Arnold Gehlen, wonach das Herausbilden gesellschaftlicher Institutionen nicht auf intentionale Zweckmäßigkeitsüberlegungen handelnder Individuen zurückzuführen sei. In diesem Sinne können sich in Übergangszeiten neuartige, von den Akteuren zunächst noch unbegriffene Institutionalformen herausbilden, die für neue Zweckorientierungen handlungsermöglichende Rahmenbedingungen im Sinne von bislang unerwartbaren ‚enabeling structures' verfügbar machen. Es gibt Anlass zur Vermutung, dass in diesem Zusammenhang der Begriff der ‚Kompetenzentwicklung' als ein derartiger bildungstheoretisch noch weitgehend unverstandener ‚preadaptive advance' im evolutionären Kontext der gesellschaftlichen Institutionalisierung lebensbegleitenden Lernens gedeutet werden könnte.

5.6   Zusammenfassung

Übergangszeit im Rahmen eines sozial-evolutionären Strukturwandels strukturiert sich daher in vier Phasen:

1.   Kontingentwerden eines ausgeschöpften Sinnkontextes,
2.   Manifestation kontextübergreifender Möglichkeitsbedingungen als ein potentielles ‚Noch-Nicht-Wissen'
3.   Explorierendes Erkunden des nun zugänglichen Möglichkeitshorizonts als ‚Positivierung des Unbestimmten'
4.   Herausbilden gefestigter Routinen im Umgang mit einem sich zunehmend performativ verfestigenden neuartigen Sinnkontext von Zukünftigkeit im Sinne einer ‚konkreten Utopie'.

Am Beispiel Lernprozess und Reifentwicklung wurde die relationale Wechselbeziehung zwischen Kontextveränderung und kontextgebundenem Lernen zunächst am Entwicklungsprozess einer *zweiseitigen Verzwirnung* verdeutlicht. Im Zusammenhang von Lebenslangem Lernen im relationalen Feld einer Transformationsgesellschaft, in der sich eine Vielzahl von Entwicklungssträngen temporal überschneiden, bekommt man es allerdings im Vergleich zur Verzwirnung von nur zwei Horizontlinien mit einer weitaus höheren Komplexität und folglich mit einer Vielzahl von Interferenzen zu tun. Die hierbei rekonstruierbaren Übergangszeiten in lernender Auseinandersetzung mit der Ungleichzeitigkeit sich gesellschaftlich interferierender Entwicklungsverläufe werden nun in den Konzeptionen des „personal trajectory" und des „formation trajectory" gefasst. Im weiteren Verlauf wird es daher darum gehen, unterschiedliche Konzeptionalisierungen von Übergangszeiten, nämlich Entwicklungskrise – Status Passage – Transition – Trajectory zu beschreiben und als Theoriebausteine zu einer Temporaltheorie lebensandauernden Lernens herauszustellen.

6   Übergangszeit als Entwicklungskrise, Statuspassage oder Transition

Der Begriff des „*psycho-sozialen Übergangsstadiums*" als einer besonderen temporalen Struktur wurde von Parkes (1978, S. 13) eingeführt und bezieht sich auf die Zeitdauer zwischen einem persönlichen Ereignis, das zu einer existentiell bedeutsamen Unterbrechung der bisherigen Lebensroutine führt und ihrer erfolgten Bewältigung auf einem höheren Niveau rationaler Lebensführung. Krisenverarbeitung erscheint aufgrund dieser Steigerung zugleich als ein Lernprozess. Übergang wird damit zu einer relationalen Kategorie, die gleichermaßen von strukturell vorgegebenen Endpunkten bestimmbar ist, wie andererseits auch der Ausgangs- und der Zielpunkt erst aus dem Verlauf eines Übergangsprozesses selbst heraus konstituiert werden können. Konzepte des Übergangs, die von institutionell präformierten Endpunkten ausgehen, beziehen sich auf besondere, hervorgehobene Ausnahmesituationen innerhalb eines ansonsten normalisierten und gleichförmig strukturierten Lebensverlaufs, der ‚zwischenzeitlich' eine Unterbrechung erfahren hat. Sie markieren in der Regel einen grenzbetonten Kontextwechsel, der transformatives Lernen auslöst oder auch erzwingt. Dem entsprechend finden sich in übergangstheoretischen Lösungsansätzen mehrere Verlaufsmodelle, in denen es vor allem um Strategien und Phasen der Bewältigung der irritierenden und verunsichernden Routineunterbrechung geht.

6.1   Das Konzept der Statuspassage

Begrifflich bezieht sich Statuspassage nicht notwendigerweise nur auf Übergänge zwischen Lebenslagen von normativ unterschiedlichem Sozialstatus, sondern im Kontext der amerikanischen Sprache auf alle Formen des Übergangs von einem ‚sozialen Zustand' in einen anderen. Damit lässt er sich für alle strukturell eingespielten Formen innergesellschaftlicher Mobilität anwenden.

> In der Logik des universellen Statuspassagenbegriffs von Glaser & Strauss liegt denn auch, dass die Autoren [...] auch nicht standardisierte, d.h. nicht regulierte, nicht schematisierte und nicht-vorstrukturierte Passagen in den Blick nehmen (Welzer, 1993, S. 26).

Nach Glaser & Strauss (1971) werden die Individuen in modernen Gesellschaften in immer geringerem Maße durch traditionale Regulierungen darin unterstützt, eine wachsende Anzahl von Übergängen zu bewältigen. Zudem ist von einem Zusammenhang zwischen veränderten individuellen Übergangsmustern und strukturellen Veränderungen im Sozialgefüge auszugehen. „Die Analyse von individuellen Statuspassagen mag mithin auch Rückschlüsse auf die Sozialstruktur und auf gesamt gesellschaftliche Entwicklungen zulassen" (Welzer, 1993, S. 25). Ein weiterer wichtiger Aspekt im Statuspassagen Konzept besteht in der Einsicht, dass sich die Individuen in ihren Übergängen jeweils nicht allein mit nur einer Statuspassage allein auseinander zu setzen haben, sondern „sich inmitten eines Flusses von multiplen Statuspassagen bewegen"(Welzer, 1993, S. 25). In der Transformationsgesellschaft führt dies zu permanenten Veränderungsanforderungen an die Subjekte. Durch eine „Dynamisierung des Selbst" in der späten Moderne (Rosa, 2005, S. 352ff.) erweisen sich biographische Ruhezustände als temporale Ausnahmen, die sofort wieder zum Ausgang zu immer neuen Übergängen werden können. ‚Status' bezeichnet in diesem Verständnis somit nicht mehr wie in traditionellen Übergangskonzepten einen Normalzustand, sondern nur einen punktuellen Ruhemoment, einen „resting place" „im Fluß der wechselseitigen Beziehungen innerhalb der Pluralität von (individuellen) Statuspassagen" (Glaser & Strauss, 1971, S. 156; Übersetzung von Welzer, 1993, S. 25). Lebensbegleitendes Lernen in der Transformationsgesellschaft kann daher temporaltheoretisch als ein permanent aneinander anschließender Übergangsprozess konzipiert werden, der gleichzeitig auf unterschiedlichen, ineinander verschränkten Ebenen der Entwicklung verläuft. Dies wird hier als strukturelle ‚Verzwirnung' bezeichnet.

Der hier skizzierte universelle Statuspassagenbegriff bietet vor allem dadurch interessante Deutungen von biographischen Übergängen, dass mit ihm eine Gleichzeitigkeit unterschiedlicher Transitionen beobachtbar wird, die sich nicht allein auf formalisierte und institutionell geregelte Übergänge beziehen, sondern auch auf die strukturelle Transformation der bisher biographisch sedimentierten ‚sozialen Zustände' aller Beteiligter.

In diesem Sinne können einzelne Passagen auf andere ausgreifen, sie überformen, blockieren oder auch fördern. Dabei wird wiederum deutlich, dass Statuspassagen immer multipel sind und schon von daher prinzipiell nur nicht-lineare Effekte zeitigen können – weshalb etwa eigentlich positive Passagen lebensgeschichtlich negative Ergebnisse produzieren können (Welzer, 1993, S. 28).

Harald Welzer bemängelt am Statuspassagen-Konzept grundsätzlich seinen impliziten Strukturdeterminismus. Er kritisiert, dass sich bei Glaser und Strauss das Subjekt einem weitgehend gesellschaftlich normierten Lebenslauf-Regime im Sinne einer Temporalordnung gegenüber gestellt sieht und damit „also insgesamt eher als ein einsames Objekt von gesellschaftlich normierten Veränderungsanforderungen (erscheint), die es […] zu bewältigen hat" (Welzer, 1993, S. 27).

Zudem scheinen „Übergänger" bei Glaser und Strauss „einsame Wesen zu sein" (Welzer, 1993, S. 27). „Es wird ein weitgehend normatives Statuspassagenkonzept entworfen, mit dessen Hilfe man lediglich sozial unterstützte und regulierte Adaptierungsprozesse beschreiben kann, aber eben kein dynamisch-relationales Übergangsgeschehen" (Welzer, 1993, S. 27).

6.2   Das Konzept der entwicklungsorientierten Übergangskrise

Dieter Ulich definiert Krise entwicklungstheoretisch als

„belastender, temporärer, in seinem Verlauf und seinen Folgen offener Veränderungsprozess der Person, der gekennzeichnet ist durch eine Unterbrechung der Kontinuität des Erlebens und Handelns, durch eine partielle Desintegration der Handlungsorganisation und eine Destabilisierung im emotionalen Bereich" (Ulich, 1987, S. 51f.).

Aus einer entwicklungspsychologischen Perspektive lassen sich Übergänge normativ als spezifische Formen von Krise interpretieren und bewerten und dies unter der Bedingung, dass zunächst „routinemäßiges Verhalten durch soziale oder biologische Veränderungen unterbrochen werden, und zwar im Sinne von Herausforderungen und Zwängen zur Umorientierung. Übergänge können also in Verbindung mit persönlichkeits- und entwicklungspsychologischen Analysen des Bewältigungsprozesses, selbst als Entwicklungsprozess verstanden werden" (Ulich, 1987, S. 114).

Krise wird somit erst dann über irritierendes Störungserleben hinaus bedeutsam, wenn dem Subjekt hinreichend subjektive und objektive Bewältigungsmöglichkeiten institutionell bereitgestellt werden können. An dieser Form von ‚Bedingungsdiskurs' wird erkennbar, dass Krise bereits definitorisch als Bestandteil eines institutionell gesicherten und kontrollierten linearen Entwicklungszusammenhangs gefasst wird. ‚Erfolgreiches Scheitern' oder kreative

Umwege (vgl. Oser et al., 1999; Oser & Spychiger, 2005) sind in diesem Deutungszusammenhang nicht vorgesehen, da man aufgrund eines ‚restriktiven Entwicklungsbegriffs' nicht in der Lage ist, ‚fehlerfreundlich' funktional zwischen entwicklungsrelevanten und nicht entwicklungsrelevanten Krisenverläufen zu unterscheiden. Biographietheoretisch bedeutsam sind vor den Anforderungen einer sich permanent wandelnden Gesellschaftsstruktur nämlich „gerade jene Krisen, die sich nicht ohne weiteres in einen konsistenten Lebensentwurf integrieren lassen – die zu Brüchen, Zerstörungen, Modifikationen oder Abschieden von biographischen Projekten, mithin von Selbstentwürfen führen" (Welzer, 1993, S. 31).

6.3   Das Konzept der *Transition*

Im Gegensatz zu den bisher skizzierten Übergangskonzepten, in denen von einem klar identifizierbaren Ausgangs- und Ankunftspunkt ausgegangen und von denen als Fixpunkt eines ‚resting place' der jeweilige ‚Übergang' als ein temporal vorübergehendes Ereignis definiert werden konnte, betont der relationale Begriff der Transition das Bewegungsmoment gegenüber den Stationen. Strukturell handelt sich um eine ‚freitragende' relationale Figuration bei der weder der Ausgangspunkt, noch das Endziel vorab verfügbar sind. Beide Seiten der Relationierung konstituieren sich erst aus einem sich zunehmend selbst strukturierenden Spannungsgefüge heraus. Dies erfolgt erst im Verlauf einer „zielgenerierenden Suchbewegung" (Schäffter, 1999; 2001, S. 23), in der sich Ausgangspunkt und Ziel im Sinne von Reziprozität komplementär konstituieren.

7   ‚Personal Trajectory' – ein Konstrukt zur biographietheoretischen Synchronisierung

Die gesellschaftliche Ausdifferenzierung einer Pluralität mehr oder weniger gleichberechtigter Temporalordnungen und ihrer in formalen Kontexten institutionalisierten sowie habituell verfestigter Zeitregime lässt in der Spätmoderne individuelle, biographische und historische Übergangszeiten zur Normalform werden. Längerwährende Zustände erscheinen nun eher als Ausnahmesituation der Stagnation oder okkasionell in Form eines als ‚Auszeit' abgesicherten ‚resting place'. Hieran macht sich auch ein historischer Bedeutungswandel der Weiterbildung in ihrem Übergang von einer Reproduktions- hin zu einer Reflexionsfunktion fest (Schäffter, 2001; 2003). Für eine temporaltheoretische Gegenstandsbestimmung ist dies eine zwar notwendige, aber nicht hinreichende Bedingung. So komplex die Strukturanalyse auch ausfallen mag, so bleibt sie in ihrer dialektischen Kontrastierung komplementärer Zeitordnungen doch weitgehend statisch. Sie berücksichtigt nicht hinreichend die konstitutive Dynamik individueller Entwicklung in der Lebensspanne, die quer zu den vielfältigen Kontextgrenzen und Bedeutungshorizonten verlaufen und diese gewissermaßen erst erfahrbar und damit im Sinne einer ‚Gleichzeitigkeit des Ungleichzeitigen‘ für soziale Wirklichkeit relevant werden lassen.

Für den nun erforderlichen *rekonstruktiven Schritt* der Gegenstandsbestimmung greifen wir auf das kulturtheoretische Konstrukt des ‚trajectory‘ zurück (Soeffner, 1991; Dreier, 1999; Grathoff, 1990; Riemann & Schütze, 1990). Ein ‚trajectory‘ ist ein sozialer Prozess ohne ausgewiesene Steuerungsinstanz. Weil trajectories einen bestimmten Verlauf aufweisen, erstrecken sie sich in die Zeit. Sie beruhen auf einer pfadabhängigen Kette von Einzelereignissen, die sich abschnittsweise in Phasen ‚interpunktieren‘ und die auf ein noch unbestimmtes Ziel ausgerichtet sind. Dieses Ziel wird im schrittweisen Verlauf eines trajectories jeweils zum Gegenstand einer permanenten reflexiven Selbstvergewisserung. Ein trajectory beruht somit in der temporalen Form seiner Zukunftsorientierung auf einer *„zielgenerierenden Suchbewegung"* (Schäffter, 2001, S. 23).

Soeffner (1991) bezieht das Konzept des trajectories auf ‚soziale Handlungsgefüge‘, die sich aus einer Vielzahl autonomer Akteure im Sinne eines Staffellaufs, also eines ‚Kooperationsgefüges‘ organisieren. Im Gegensatz dazu geht es im biographietheoretischen Zusammenhang eines ‚life-trajectories‘ um die synchrone Anschlussfähigkeit differenter Lebensereignisse, die nun in der permanenten Schrittfolge einer zukunftsgenerierenden Selbstvergewisserung gewissermaßen ‚Akteursposition‘ erhalten. Die für ‚individual life-courses‘ relevanten Ereignisse eines personal trajectory sind die Übergangszeiten. Sie verketten sich zu „personal trajectories of participation across contexts of social practice" (Dreier, 1999, S. 19). Es entsteht aus einem lebensbegleitenden ‚Staffellauf‘ unterschiedlicher Übergangszeiten und ihrem zielgenerierenden Wahrnehmungsvermögen für den sich jeweils manifestierenden Möglichkeitshorizont. Die sich in diesem Prozess schließlich herausbildende ‚Lebensgestalt‘ ist das anfangs noch nicht antizipierbare Ergebnis einer pfadabhängigen Entscheidungskette immer neuer Übergangssituationen. „Across the life-span the person participates in a changing configuration of particular social contexts, and the person composes these changing contextual participations into a personal life-trajectory. (Dreier, 1999, S. 19). Jede der sozialen Praktiken und ihre Zeitordnungen, die dabei partizipierend angeeignet werden, stellen Zwischenschritte im Gesamtverlauf eines trajectories dar, das sich in seinem Verlauf zunehmend deutlicher zu einer individuell, biographisch, familienspezifisch und historisch gebundenen ‚Lebensgestalt‘ konturiert.

Aus gestalttheoretischer Sicht geht es dabei jedoch nicht um die Summe aller anschlussfähigen Übergangsereignisse, sondern um die ‚emergente Ordnung' einer immer deutlicher zu sich findenden Struktur. Erst ihre ‚emergente Ordnung' macht temporaltheoretisch das ‚utopische Element' lebenslangen Lernens aus.

Das Konzept des ‚life-trajectories' bietet im Deutungszusammenhang lebensandauernden Lernens einen heuristischen Rahmen, in dem transitorische Übergangszeiten in pfadabhängiger Schrittfolge sich strukturell zunehmend determinierend zu einer in sich konsistenten historischen Lebensgestalt verdichten. Man stößt daher bei temporaltheoretischen Fragen lebenslangen Lernens unversehens auf eine geschichtsphilosophische Problematik:

> Historische Kontingenz bedeutet ja nicht, dass alles zur gleichen Zeit mit gleicher Wahrscheinlichkeit möglich sei. Vielmehr ereignet sich Geschichte in einem Möglichkeits- und Wahrscheinlichkeitsraum, in dem langfristige Prozesse […] ab einem bestimmten Zeitpunkt nicht mehr zu stoppen sind, sondern fast zwangsläufig in eine bestimmte Richtung laufen (Berschin, 2008, S. 272).

Dies verweist auf eine diachron übergreifende ‚evolutionäre' Temporalordnung des Kontextwechsels (vgl. Kornwachs, 2001, S. 318ff.), der ein trajectory mit eigener Entwicklungslogik unterworfen ist.

8 Formation Trajectory – die ‚Verzwirnung' ungleichzeitiger Entwicklungsstränge

Im Rahmen einer Mehrebenenanalyse strukturellen Lernens in der Transformationsgesellschaft lässt sich das wechselseitige Ineinandergreifen ungleichzeitiger Entwicklungen als ein Prozess der ‚Verzwirnung' differenter Entwicklungsstränge zu einem ‚kollektiven trajectory' konzeptionalisieren. In einer relationalen Prozesslogik wird dabei individuelles Lernen, biographischer Wandel, Veränderungen generationeller Lebenslagerungen, familiale Entwicklungsdynamiken, Organisationsentwicklung, milieuspezifische Strukturveränderungen mit historischem Epochenwandel in Beziehung gesetzt. Das Konzept einer pluralen ‚Verzwirnung' führt schließlich zu einem polyform strukturierten trajectory, das sich nicht mehr auf die subjektiv individuelle oder auf die sozialinteraktionistische Dimension beschränkt, wie dies bei den bisherigen Konzepten noch der Fall war.

Mit der Metapher der Verzwirnung wird hierbei ein Bild angeboten für das komplementäre anschlussfähige Ineinandergreifen differenter Entwicklungszeiten auf mehreren Ebenen, wie des individuellen kontextgebundenen Lernens, biographischer trajectories quer zu differenten Kontexten und gesellschaftlichen Veränderungen im Sinne strukturellen Wandels.

Verzwirnung meint, dass sich im Prozess des Übergangs von einem Kontext in einen daran anschließenden das Verhältnis zwischen individuellem Lernen und seinem kontextuellen Bedingungsrahmen umkehrt: Bieten zunächst die historischen und biographischen Ausgangsbedingungen den Möglichkeitshorizont für kontextgebundenes Lernen im Sinne seiner Aneignungsmöglichkeiten, so führt das lernende Ausschöpfen seiner Potenzialität schließlich zu der Möglichkeit, diese Bedingungen als gegenwärtige Vergangenheit kontingent zu setzen und auf der so erworbenen Grundlage den nun erst anschlussfähigen Kontext einer ‚gegenwärtigen Zukunft‘ antizipierend zu erschließen. Das Lernen wächst gewissermaßen über seine bislang vorausgesetzten ‚Bedingungen der Möglichkeit‘ hinaus. Es handelt sich dabei um den qualitativen Umschlag in eine *„Zone der nächsten Entwicklung“* (Wygotski, 1964, S. 259), in der ‚Possibilität‘ in die in ihr enthaltene ‚Potentialität‘ übersetzbar wird. Indem zunächst die Kontextbedingungen kontingent werden und damit selber zum Gegenstand von Lernen gemacht werden, konstituiert sich entwicklungslogisch ein sich nun erst manifestierender *Möglichkeitshorizont*, den es im weiteren Schritt des trajectories anzueignen, in seiner neuartigen Potentialität praktisch zu erkunden und auszuschöpfen gilt. Der Umschlag kontextgebundenen Lernens in das antizipierende Erschließen neuer Möglichkeitshorizonte wird hier als transitiver Übergang konzipiert und unterliegt der im vorigen Abschnitt beschriebenen evolutionären Zeitstruktur. Das Konzept der ‚Verzwirnung‘ verdeutlicht hierbei den ständigen Umschlag, in dem Lernen und seine biographischen und sozialstrukturellen Bedingungen, abwechselnd zum gegenseitigen Kontext für einander werden. ‚Entwicklung‘ bezeichnet in diesem Zusammenhang ein sich im Erschließen zukünftiger Kontexte freitragend vorantreibendes ‚formation trajectory‘. Wesentlich ist für die Struktur, dass die sich manifestierende ‚Zone der nächsten Entwicklung‘ nicht wie im Konzept der Statuspassage bereits sozial determiniert ist, sondern ein zunächst nicht antizipierbares Ergebnis eines zielgenerierenden Entwicklungsverlaufs darstellt. Es handelt sich um eine formative Bahn, in der sich das Wechselspiel aller beteiligten Entwicklungsstränge auf unterschiedlichen Ebenen zu einem kollektiven trajectory ‚verzwirnt‘. Diese Temporalität kann somit als ein Prozessmodell für ‚strukturelles Lernen im Lebenszusammenhang‘ gelten.

9   Von der Zukunft her lernen

Bei der kontinuierlichen Kette von Übergangszeiten im Verlauf eines mehrfach verzwirnten ,formation trajectories' handelt es sich somit um ein kollektives Prozessmodell, das nicht mehr linear von dem Sediment einer vergangenen Gegenwart her determiniert wird, aus deren Bedingungen sich eine bestimmte, zukünftig fortzuschreibende Gegenwart ableiten ließe. Stattdessen bekommt man es mit einer rekursiven Temporalstruktur zu tun: Die ,gegenwärtige Gegenwart' wird von einer sich im Sinne eines Leitbilds offenbarenden ,gegenwärtigen Zukunft' gewissermaßen von ,rückwärts' gestaltet. Hier kommt ein säkularisiertes Verständnis ,eschatologischer Zeitordnung' zu tragen. In Betracht gezogen wird aus dieser geschichtstheoretischen Sicht eine sich bereits in der vergangenen, wie auch gegenwärtigen Gegenwart manifestierenden Zukunft, die sich im Rahmen einer „antizipierenden Hermeneutik" (Schmidt, 1985, S. 286) sensibel in ihrer konkreten Potentialität als entwicklungsmotivierende Ressource wahr-nehmen lässt. Diese Form utopischer Zukunftsorientierung führt zu erheblichen Konsequenzen für pädagogisches Handeln (vgl. dazu Scharmer, 2009). Offenkundig kommt in der gegenwärtigen Renaissance der zeitphilosophischen Arbeiten von Ernst Bloch und Walter Benjamin eine verstärkte Aufmerksamkeit für die relationale Gegenwärtigkeit aller Zeitmodi zu tragen, wie man sie kulturgeschichtlich bisher auch während früherer Epochenbrüche beobachten konnte. Für eine aktuelle Temporaltheorie lebenslangen Lernens verlangt dies, sich systematisch mit der transitorischen Übergangsstruktur von ,Lernen im Feld paradigmatischen Strukturwandels' auseinander zu setzen. Hierbei wird man den Aspekt einer antizipierenden Hermeneutik im ,utopischen Kern' von Bildung noch genauer in den Blick zu nehmen und in den pädagogischen Ansätzen zum „Lernen in biographischen und historischen Übergangszeiten" konzeptionell zu berücksichtigen haben. Daher sollte eine Temporaltheorie lebenslangen Lernens im Deutungsrahmen des oben skizzierten relationalen Feldes differenter Verschränkungen von Zeitmodi Anschluss suchen an den Diskurs zur Geschichtsphilosophie von Ernst Bloch und seiner spezifischen Verschränkung von Vergangenheit und Gegenwart aus einer Perspektive der Zukunft, mit der die Gegenwärtigkeit des Handelns aus dem bereits aktuell erkennbaren ,Noch-Nicht' einer in der Vergangenheit noch unerfüllt gebliebenen Zukunft gestaltet wird (vgl. Bloch, 1985; Lieber, 1965; Holz, 1975; Schmidt, 1985; Dietschy, 1988; Korngiebel, 1999; Behrens, 2003; Becker, 2002).

Literatur

Baldauf-Bergmann, K. (2005). Lernen im Kontext von Strukturveränderungen. Impulse für einen Wandel des Lernbegriffs. In Baldauf-Bergmann, K., von Küchler, F. & Weber, Ch. (Hrsg.), *Erwachsenenbildung im Wandel – Ansätze einer reflexiven Weiterbildungspraxis* (S. 84–100). Baltmannsweiler: Schneider Hohengehren.

Baldauf-Bergmann, K. (2009). *Lernen im Lebenszusammenhang. Der Beitrag der subjektwissenschaftlichen Arbeiten Klaus Holzkamps zu einer pädagogischen Theorie des lebensbegleitenden Lernens.* ICHS Band 31. Berlin: Lehmanns Media.

Bateson, G. (1981). Die logischen Kategorien von Lernen und von Kommunikation. In Bateson, G. *Ökologie des Geistes* (4. Aufl.) (S. 362–399). Frankfurt a. M.: Suhrkamp.

Becker, R. (2002). *Sinn und Zeitlichkeit. Vergleichende Studien zum Problem der Konstitution von Sinn durch die Zeit bei Husserl, Heidegger und Bloch.* Würzburg: Königshausen & Neumann.

Behrens, R. (2003). Aktualisierung des Ungleichzeitigen. Anmerkungen zur Prozeßlogik einer mehrschichtigen Dialektik. *Utopie kreativ, Heft 153/154*, 707–719.

Bergmann, W. (1983). Das Problem der Zeit in der Soziologie. Ein Literaturbericht zum Stand der „zeitsoziologischen" Theorie und Forschung. *Kölner Zeitschrift für Soziologie und Sozialpsychologie, 35*, 462–504.

Berschin, H. (2008). Historische Kontingenz. In Rezension zu Hafner/Oesterreicher (Hrsg.), *Mit Clio im Gespräch* (S. 272). Romanistisches Jahrbuch Bd. 59.

Bloch, E. (1970). *Tübinger Einleitung in die Philosophie.* Werkausgabe Band 13. Frankfurt a. M.: Suhrkamp.

Bloch, E. (1985). *Das Prinzip Hoffnung.* Werkausgabe Band 5. Frankfurt a. M.: Suhrkamp.

Bokelmann, H. (1969). Zukunft – ein Bestimmungsmerkmal erzieherischen Handelns. Vorüberlegungen zu einer Theorie der Propädeutik. *Vierteljahresschrift für wissenschaftliche Pädagogik, 45*, 173–206.

Bosbach, G. & Korff, J. J. (2011). *Lügen mit Zahlen. Wie wir mit Statistiken manipuliert werden* (3. Aufl). München: Heyne.

Breunig, W. (1973). Reifen und Reife. Versuch einer Begriffsklärung. In Breunig, W. (Hrsg.), *Das Zeitproblem im Lernprozess* (S. 34–71). München: Ehrenwirth.

Buchheim, Th., Kneepkens, C. H. & Lorenz, K. (Hrsg.) (2001). *Potentialität und Possibilität. Modalaussagen in der Geschichte der Metaphysik.* Heidelberg: Frommann-Holzboog.

Dietschy, B. (1988). *Gebrochene Gegenwart. Ernst Bloch, Ungleichzeitigkeit und das Geschichtsbild der Moderne.* Frankfurt a. M.: Vervuert Verlag.

Dreier, O. (1999). Personal Trajectories of Participation across Contexts of Social Practice. *Outlines. Critical Social Studies, 1* (1), 5–32.

Dringenberg, R. (2006*). Zeit. Zeitbewusstsein und Zeiterleben in der flüchtigen Moderne, Einblicke in die Literatur und Gedanken zu ihrer Verwertung aus sozialwissenschaftlicher Sicht.* Bochum: EFH.

Eisenstadt, S. N. (2000). *Die Vielfalt der Moderne.* Weilerswist: Velbrück.

Ende, M. (1973). *Momo.* Stuttgart: Thienemann.

Erikson, E. H. (1992). *Der vollständige Lebenszyklus.* Frankfurt a. M.: Suhrkamp.

Faulstich, P. (2011). *Aufklärung, Wissenschaft und lebensentfaltende Bildung. Geschichte und Gegenwart einer großen Hoffnung der Moderne.* Bielfeld: transcript.

Fischer, W. (1986). Prekäre Leiblichkeit und Alltagszeit. Kontingenz und Rekurrenz in der Zeiterfahrung chronisch Kranker. In Fürstenberg, F. & Münch, I. (Hrsg.). *Zeit als Strukturelement von Lebenswelt und Gesellschaft* (S. 237–255). Linz: Trauner.

Fleck, L. (1980*). Entstehung und Entwicklung einer wissenschaftlichen Tatsache. Einführung in die Lehre vom Denkstil und Denkkollektiv.* Frankfurt a. M.: Suhrkamp.

Fürstenberg, F. & Münch, I. (Hrsg.). (1986). *Zeit als Strukturelement von Lebenswelt und Gesellschaft.* Linz: Trauner.

Gerhard, A., Hörning, K. H. & Michailow, M. (1990). *Zeitpioniere: Flexible Arbeitszeit – neuer Lebensstil.* Frankfurt a. M.: Suhrkamp.

Glaser, B. G. & Strauss, A. L. (1971). *Status Passage.* Chicago: Aldine.

Grathoff, R. (1990). Reality of Social Worlds and Trajectories of Working. In Maines, D. R. (Ed.), *Social Organization and Social Process. Essays in Honor of Anselm Strauss* (pp. 373–381). New York: Aldine de Gruyter.

Gremmler-Fuhr, M. (2006). *Transformative Lernprozesse in der Erwachsenenbildung. Entwicklung eines Orientierungskonzepts für die Anleitung und Unterstützung relationaler Lernprozesse.* Kassel: kassel university press.

Gross, P.(1994). *Die Multioptionsgesellschaft.* Frankfurt a. M.: Suhrkamp.

Hall, E. T. (1984). *The Dance of Life: The Other Dimension of Time.* New York: Anchor Books.

Häder, M. (1996). Linear, zyklisch oder okkasional? Ein Indikator zu Ermittlung der individuell präferierten Form des Zeitbewußtseins. *ZUMA-Nachrichten, 39,* 17–44.

Heidegger, M. (1986). *Sein und Zeit* (16. Aufl.). Tübingen: Niemeyer.

Heidegger, M. (1995). *Der Begriff der Zeit. Vortrag vor der Marburger Theologenschaft,* Juli 1924 (2. unveränd. Aufl.). Tübingen: Niemeyer.

Hofstede, G. H. (2003). *Culture's Consequence: Comparing Values, Behaviors, Institutions and Organizations.* London: Sage.

Holz, H.-H. (1975). *Logos spermatikos. Ernst Blochs Philosophie der unfertigen Welt.* Darmstadt und Neuwied: Luchterhand.

Horn, Ch. (2005). *Die Herausbildung eines neuen Zeitbewusstseins im Übergang vom 18. zum 19. Jahrhundert.* Gießen: Grinn.

Hörning, K. H. (2004). Kultur als Praxis. In Jaeger, F. & Liebsch, B. (Hrsg.). *Handbuch der Kulturwissenschaften. Grundlagen und Schlüsselbegriffe* (S. 139–181). Band 1. Stuttgart: Metzler.

Kade, J. (1996). Entgrenzung und Entstrukturierung. Zum Wandel der Erwachsenenbildung in der Moderne. *Report. Literatur- und Forschungsreport Weiterbildung*, Beiheft zum Report, Frankfurt a. M. 1997, 13–31.

Kade, J. & Egloff, B. (2004). Entgrenzung und Begrenzung lebenslangen Lernens: Institutionalisierungsformen der Erwachsenenbildung. *GdWZ, 2,* 49–52.

Kade, J., Seitter, W. & Hornstein, W. (1993). Die Gegenwart des Pädagogischen – Fallstudien zur Allgemeinheit der Bildungsgesellschaft. In Oelkers, J. & Tenorth, E. (Hrsg.), *Pädagogisches Wissen* (S. 39–65). Weinheim und Basel: Beltz.

Kade, J. & Seitter, W. (1996). *Lebenslanges Lernen – Mögliche Bildungswelten. Erwachsenenbildung, Biographie und Alltag.* Opladen: Leske + Budrich.

Keddi, B. (2011). *Wie wir dieselben bleiben. Doing continuity als biopsychosoziale Praxis.* Bielefeld: transcript.

Kegan, R. (1986). *Die Entwicklungsstufen des Selbst. Fortschritte und Krisen im menschlichen Leben.* München: Kindt.

Kistler, E. (2006). *Die Methusalem Lüge: Wie mit demographischen Mythen Politik gemacht wird.* München: Hanser.

Knopf, D., Schäffter, O. & Schmidt, R. (Hrsg.). (1989). *Produktivität des Alters.* Berlin: Deutsches Zentrum für Altersfragen.

Koller, H.-Ch., Marotzki, W. & Sanders, O. (Hrsg.). (2007). *Bildungsprozesse und Fremdheitserfahrung. Beiträge zu einer Theorie transformativer Bildungsprozesse.* Bielefeld: transcript.

Korngiebel, W. (1999). *Bloch und die Zeichen. Symboltheorie, kulturelle Gegenhegemonie und philosophischer Interdiskurs.* Würzburg: Königshausen & Neumann.

Kornwachs, K. (2001). *Zeit der Logik – Logik der Zeit. Eine Einführung in die Zeitphilosophie. Münster:* Lit Verlag.

Koselleck, R.(1984). *Vergangene Zukunft. Zur Semantik geschichtlicher Zeiten.* Frankfurt a. M.: Suhrkamp.

Leiprecht, R. (2008). Eine diversitätsbewusste und subjektorientierte Sozialpädagogik. Begriffe und Konzepte einer sich wandelnden Disziplin. *Neue Praxis, 4,* 427–439.

Leiprecht, R. (2009). Diversity Education – eine zentrale Orientierung von Managing Diversity im Bereich beruflicher Bildung. In Kimmelmann, N. (Hrsg.), *Berufliche Bildung in der Einwanderungsgesellschaft. Diversity als Herausforderung für Organisationen, Lehrkräfte und Ausbildende* (S. 66–77). Aachen: Shaker.

Lieber, H. J. (1965). Utopie und Selbstaufklärung der Gesellschaft – Reflexionen zu Ernst Blochs „Das Prinzip Hoffnung". In Lieber, H. J. *Philosophie – Soziologie, Gesellschaft. Gesammelte Studien zum Ideologieproblem* (S. 164–185). Berlin: de Gruyter.

Luhmann, N. (1981). Geschichte als Prozeß und die Theorie sozio-kultureller Evolution. In Luhmann, N. *Soziologische Aufklärung 3. Soziales System, Gesellschaft, Organisation* (S. 178–197). Opladen: Westdeutscher Verlag.

Luhmann, N. (1990). Gleichzeitigkeit und Synchronisation. In Luhmann, Niklas. *Soziologische Aufklärung 5. Konstruktivistische Perspektiven* (S. 95–130). Opladen: Westdeutscher Verlag.

Mannheim, K. (1970). Das Problem der Generationen. In Mannheim, K. *Wissenssoziologie* (2. Aufl.) (S. 509–565). Neuwied: Luchterhand.

Makropoulos, M. (2000). Historische Kontingenz und soziale Optimierung. In Bubner, R. & Mesch, W. (Hrsg.), *Die Weltgeschichte – das Weltgericht?* (S. 77–92) Stuttgart: Klett-Cotta.

Marotzki, W. (1990). *Entwurf einer strukturalen Bildungstheorie. Biographietheoretische Auslegung von Bildungsprozessen in hochkomplexen Gesellschaften.* Weinheim: Deutscher Studienverlag.

Mezirow, J. (1997). *Transformative Erwachsenenbildung.* Baltmannsweiler: Schneider.

Nadolny, S. (1987). *Die Entdeckung der Langsamkeit.* München, Zürich: Piper.

Nassehi, A. (1993). *Die Zeit der Gesellschaft. Auf dem Weg zu einer soziologischen Theorie der Zeit.* Opladen: Westdeutscher Verlag.

Neckel, S. (1988). Entzauberung der Zukunft. Zur Geschichte und Theorie sozialer Zeitperspektiven. In Zoll, R. (Hrsg.), *Zerstörung und Wiederaneignung der Zeit* (S. 464–486). Frankfurt a. M.: Suhrkamp.

Nowotny, H. (1990). *Eigenzeit. Entstehung und Strukturierung eines Zeitgefühls* (3.Aufl.). Frankfurt a. M.: Suhrkamp.

Oesterle, I. (1985). Der Führungswechsel der Zeithorizonte. In Grathoff, D. (Hrsg.), *Studien zur Ästhetik und Literaturgeschichte der Kunstperiode* (S. 11–75). Frankfurt a. M.: Peter Lang.

Oser, F., Hascher, T. & Spychiger, M. (1999). Lernen aus Fehlern. Zur Psychologie des ‚negativen' Wissens. In Althof, W. (Hrsg.), *Fehlerwelten. Vom Fehler machen und Lernen aus Fehlern* (S. 11–41). Opladen: Leske + Budrich.

Oser, F. & Spychiger, M. (2005). *Lernen ist schmerzhaft. Zur Theorie des Negativen Wissens und zur Praxis der Fehlerkultur.* Weinheim und Basel: Beltz.

Parkes, C. M. (1978). *Vereinsamung. Die Lebenskrise bei Partnerverlust.* Reinbek bei Hamburg: Rowohlt.

Picht, G. (1980). Die Zeit und die Modalitäten. In Picht, G. *Hier und Jetzt. Philosophieren nach Auschwitz und Hiroshima* (Band I, S. 362–374). Stuttgart: Klett-Cotta.

Picht, G. (1990). Natur und „Welt". Die Modalitäten und die Zeit. In Picht, G. *Der Begriff der Natur und seine Geschichte* (S. 393–458). Stuttgart: Klett-Cotta.

Picht, G. (1992). Die Erkenntnis der Zukunft. In Picht, G. *Zukunft und Utopie. Vorlesungen und Schriften* (S. 43–264). Stuttgart: Klett-Cotta.

Pfeiffer, U. (2007). *Kontinuität und Kontingenz. Zeitlichkeit als Horizont systematischer Überlegungen in der Erziehungswissenschaft.* Bad Heilbrunn: Klinkhardt.

Rammstedt, O. (1975). Alltagsbewusstsein von Zeit. *Kölner Zeitschrift für Soziologie und Sozialpsychologie, 27*, 47–63.

Reischmann, J. (2004). Vom Lernen „en passant" zum „kompositionellen Lernen". Untersuchungen entgrenzter Lernformen. *GdWZ, 2*, 92–95.

Riemann, G. & Schütze, F. (1990). „Trajectory as a Basic Theoretical Concept for Analizing Suffering and Disorderly Social Processes. In Maines, D. R. (Ed.), *Social Organization and Social Process. Essays in Honor of Anselm Strauss* (pp. 333–357). New York: Aldine de Gruyter.

Rosa, H. (2005). *Beschleunigung. Die Veränderung der Zeitstruktur in der Moderne.* Frankfurt a. M.: Suhrkamp.

Sandbothe, M. (1994). Die Verzeitlichung der Zeit. Grundtendenzen der modernen Zeitphilosophie und die aktuelle Wiederentdeckung der Zeit. In *Glaube und Denken. Jahrbuch der Karl-Heim-Gesellschaft* (S. 108–133). 7. Jg. Moers: Brendow-Verlag.

Sandbothe, M. (1996). Mediale Zeiten. Zur Veränderung unserer Zeiterfahrungen durch die neuen Technologien. In Hammel, Ernst (Hrsg.), *Synthetische Welten. Kunst, Künstlichkeit und Kommunikationsmedien* (S. 133–156). Essen: Die Blaue Eule.

Sandbothe, M. (1997). Die Verzeitlichung der Zeit in der modernen Philosophie. In Gimmler, A., Sandbothe, M. & Zimmerli, W. (Hrsg.), *Die Wiederentdeckung der Zeit. Reflexionen – Analysen – Konzepte* (S. 41–62). Darmstadt: Wissenschaftliche Buchgesellschaft.

Sandbothe, M. (1998). *Mediale Temporalitäten im Internet.* Verfügbar unter: http://www.sandbothe.net/41.98.html [25.10.2011].

Sandbothe, M. & Zimmerli, W. Ch. (Hrsg.). (1994). *Zeit – Medien – Wahrnehmung.* Darmstadt: Wissenschaftliche Buchgesellschaft.

Schapp, W. (2004). *In Geschichten verstrickt. Zum Sein von Mensch und Ding.* Frankfurt a. M.: Klostermann.

Scharmer, O. (2009). *Theorie U: Von der Zukunft her führen. Presencing als soziale Technik.* Heidelberg: Carl Auer Systeme.

Schäffter, O. (1993). Die Temporalität von Erwachsenenbildung. Überlegungen zu einer zeittheoretischen Rekonstruktion des Weiterbildungssystems. *Zeitschrift für Pädagogik, 3*, 443–462.

Schäffter, O. (1997). Irritation als Lernanlaß. Bildung zwischen Helfen, Heilen und Lehren. In Krüger, H. H. u.a. (Hrsg.), *Bildung zwischen Markt und Staat* (S. 691–708). Opladen: Leske + Budrich.

Schäffter, O. (1999). Pädagogische Konsequenzen der Transformationsgesellschaft. Didaktische Modelle in zielbestimmten und zieloffenen Veränderungsprozessen. *QUEM-Bulletin, 3*, 8–11.

Schäffter, O. (2001). *Weiterbildung in der Transformationsgesellschaft. Zur Grundlegung einer Theorie der Institutionalisierung.* Baltmannsweiler: Schneider.

Schäffter, O. (2003). Die Reflexionsfunktion der Erwachsenenbildung in der Transformationsgesellschaft. Institutionstheoretische Überlegungen zur Begründung von Ermöglichungsdidaktik. In Arnold, R. & Schüßler, I. (Hrsg.), *Ermöglichungsdidaktik. Erwachsenenpädagogische Grundlagen und Erfahrungen* (S. 48–62). Baltmannsweiler: Schneider.

Schäffter, O., Doering, D., Geffers, E. & Perbandt-Brun, H.(2005). *Bildungsarbeit mit Zeitzeugen. Konzeption und Realisierungsansätze.* Erwachsenenpädagogischer Report. Band 9. Berlin: Humboldt Univ. zu Berlin.

Schäffter, O. & Schmidt-Lauff, S. (2010). Temporalität. In Arnold, R. u.a. (Hrsg.), *Wörterbuch Erwachsenenbildung* (2. überarb. Aufl.) (S. 285–286). Bad Heilbrunn: Klinkhardt.

Schilling, E. (2005). *Die Zukunft der Zeit: Vergleich der Zeitvorstellungen in Russland und Deutschland im Zeichen der Globalisierung.* Düsseldorf: Shaker.

Schmied, G. (1985). *Soziale Zeit. Umfang, „Geschwindigkeit" und Evolution.* Berlin: Duncker & Humblot.

Schmidt, B. (1985). *Das Widerstandsargument in der Erkenntnistheorie. Ein Angriff auf die Automatisierung des Wissens.* Frankfurt a. M.: Suhrkamp.

Schmidt-Lauff, S. (2008). *Zeit für Bildung im Erwachsenenalter. Interdisziplinäre Zugänge.* Münster: Waxmann.

Soeffner, H. G. (1991). „Trajectory" – das geplante Fragment. *BIOS Zeitschrift für Biographieforschung und Oral History, 1,* 1–12; sowie In Maines, D. R. (Ed.), (1990). *Social Organization and Social Process. Essays in Honor of Anselm Strauss* (S. 359–371). New York: Aldine de Gruyter.

Stäheli, U. (1998). Die Nachträglichkeit der Semantik. Zum Verhältnis von Sozialstruktur und Semantik. *Soziale Systeme, 2,* 315–340.

Sterbling, A. (1992). *Wandel oder Epochenbruch? Beiträge aus dem Fachbereich Pädagogik.* Hamburg: Universität der Bundeswehr.

Stichweh, R. (2006). Semantik und Sozialstruktur. Zur Logik einer systemtheoretischen Unterscheidung. In Tänzler, D., Knoblauch, H. & Soeffner, H.-G. (Hrsg.), *Neue Perspektiven der Wissenssoziologie* (S. 157–171). Konstanz: UVK.

Straub, J. & Renn, J. (2002). *Transitorische Identität. Der Prozesscharakter des modernen Selbst.* Frankfurt a. M.: Campus.

Sydow, J., Duschek, St., Möllering, G. & Rometsch, M. (2003). *Kompetenzentwicklung in Netzwerken. Eine typologische Studie.* Wiesbaden: Westdeutscher Verlag.

Stuber, M. (2004). *Diversity. Das Potenzial der Vielfalt nutzen – den Erfolg durch Offenheit steigern.* München: Luchterhand.

Ulich, D. (1987). *Krise und Entwicklung. Zur Psychologie der seelischen Gesundheit.* München: PVU.

von Felden, H. & Schiener, J. (Hrsg.). (2010). *Transitionen – Übergänge vom Studium in den Beruf.* Wiesbaden: VS Verlag.

Waldenfels, B. (1987). *Ordnung im Zwielicht.* Frankfurt a. M.: Suhrkamp.

Watzlawick, P. (1985). Management oder – Konstruktion von Wirklichkeiten. In Probst, G. J. B. & Siegwart, H. (Hrsg.), *Integriertes Management. Bausteine des systemorientierten Managements* (S. 365–376). Stuttgart: Gabler.

Wehner, J. (1997). Interaktive Medien – Ende der Massenkommunikation? *Zeitschrift für Soziologie, 2,* 96–114.

Welzer, H. (1993). *Transitionen. Zur Sozialpsychologie biographischer Wandlungsprozesse.* Tübingen: edition discord.

Wenzel, H. (2001). *Die Abenteuer der Kommunikation. Echtzeitmassenmedien und der Handlungsraum der Hochmoderne.* Weilerswist: Velbrück.

Wittkau, A. (1992). *Historismus. Zur Geschichte des Begriffs und des Problems.* Göttingen: Vandenhoeck & Ruprecht.

Wygotski, L. S. (1964). *Denken und Sprechen.* Stuttgart: S. Fischer.

Zimmerli, W. Ch. (1997). Zeit als Zukunft. In Gimmler, A., Sandbothe, M. & Zimmerli, W. Ch. (Hrsg.), *Die Wiederentdeckung der Zeit. Reflexionen – Analysen – Konzepte* (S. 126–147). Darmstadt: Wissenschaftliche Buchgesellschaft.

Zoll, R. (1988). Zeiterfahrung und Gesellschaftsform. In Zoll, R. (Hrsg.), *Zerstörung und Wiederaneignung der Zeit* (S. 72–88). Frankfurt a. M.: Suhrkamp.

Kathrin Berdelmann

Synchronisierte Zeit in Bildungsprozessen
Perspektiven der Operativen Pädagogik

Die „Zeit" ist mittlerweile ein präsentes Thema im erziehungswissenschaftlichen Diskurs. Verschiedene Beiträge adressieren Zeitlichkeit oder Facetten von Zeit im pädagogischen Bereich in theoretischer oder empirischer Weise. In vielen Beiträgen schwingt ein bestimmter Tenor mit: ein Plädoyer für Entschleunigung.[1] Die geforderte Entschleunigung bezieht sich auf pädagogische Situationen verschiedenster Art – auf Lehr-Lern-Prozesse in Schulen und Hochschulen (vgl. Edelstein, 2008; Geißler, 2008; Heuwinkel, 2008; Leu, 2008), auf Erziehung in Familien (vgl. Schraps, 2008) oder auf Weiterbildung (vgl. beispielsweise Rüegg, 2010). Häufig wird auch die Forderung nach neuen Lernformen nicht zuletzt mit zeitlichen Argumenten – und jenem der Entschleunigung – untermauert. Bildungssituationen sollen so entschleunigt werden, dass mehr Zeit für subjektive Erfahrungen gewährt werden kann und Selbstbestimmung im Lernen, mit dafür benötigten Zeitbedürfnissen, einen größeren Raum einnehmen (Danner, 2008; Drews, 2008; Geißler, 2008; Rüegg, 2010).

Ein Hintergrund der Forderung nach Entschleunigung ist die Kritik der vorherrschenden zeitlichen Strukturierung in Bildungsinstitutionen. Sie gilt als unvereinbar mit der Zeitlichkeit, die Bildungs- und Lernprozesse eigentlich benötigen (Edelstein, 2008; Geißler, 2008; Zeiher, 2008). Das Problem verschärfe sich noch, so die Argumentation, durch die mit gesellschaftlichem Wandel verbundenen Tendenzen der Beschleunigung (Rosa 2005) und damit zusammenhängenden Tendenzen der Ökonomisierung in Schulen und Universitäten, die eine Verkürzung und Verdichtung von Bildungszeiten zur Folge haben. Geißler kritisiert, dass „die bürokratisch und ökonomisch organisierten Zeitstrukturen in der Kindererziehung und in der Schule, zunehmend auch in der Hochschule und in der Erwachsenenbildung, mehr Folgeprobleme produzieren, als dass sie Bildungsprozesse anregen" (Geißler, 1997, S. 117). Speziell schulische Zeitorganisation stellt ein Problem dar, denn der „Zeitdisziplinierung, die im Körper der Lernenden eingerichtet wird, liegt die Ökonomie der Machbarkeit, Zweckrationalität und der Funktionalität zugrunde. Sie ist das wichtigste Mittel, individuelle und soziale Verhaltensweisen zu regulieren, zu ‚linearisieren'" (Geißler, 1997, S. 127). Diese „fabrikmäßige Zeitorganisation" (Geißler, 1997, S. 157) ist

---

[1] Vgl. hierzu beispielsweise Zeiher & Schoeder, 2008; Drews, 2008; Rüegg, 2010.

eine Zeitdisziplinierung, welche dem Zeitrhythmus des Lernens grundlegend widerspricht. Die Forderung lautet daher: Entschleunigung von Bildungsprozessen, beispielsweise durch Reduktion der Stofffülle (Zeiher, 2008) oder auch durch Individualisierung (Danner, 2008; Edelstein, 2008).

Die Argumente für Entschleunigung bündeln sich in der Überzeugung der unzureichenden Passung von institutionellen (linearen) Zeitstrukturen zu den Eigenzeiten der Lernenden. Damit bezieht sich der Diskurs um Entschleunigung in Lehr-Lern-Prozessen auf den klassischen Dualismus der objektiven und subjektiven Zeit. Dabei wird jedoch zumeist eine Problematik der Unvereinbarkeit der Zeiten in den Vordergrund gestellt, mit der Forderung, dass nicht die subjektive an die objektive, sondern umgekehrt die objektive an die subjektive Zeit angeglichen werden müsse[2]. Die Betonung subjektiver Zeiterfahrung für Lernprozesse impliziert teilweise auch die Unterstellung, dass es eine – quasi unabhängig von der jeweiligen Bildungssituation und mehr oder weniger a priori gegebene – Eigenzeit gibt. Diese Vorstellung konstituiert dann die lineare oder objektive Zeit, welche Bildungssituationen den Zeitbedürfnissen der Lernenden gegenüber entweder als angemessen oder unangemessen kennzeichnet. Damit ist aber der Zeitlichkeit von Bildungsprozessen nicht adäquat Rechnung getragen (Berdelmann, 2010; 2011). Vielmehr geht es im Sinne einer – auch praktisch wertvollen – pädagogischen Zeittheorie darum, die Zeitvielfalt und -komplexität von Bildungssituationen über die Dualität von objektiver und subjektiver Zeit hinaus angemessen zu erfassen. Weil Zeitlichkeit etwas ist, das einerseits immer durch bestimmte organisatorische Rahmungen, Verlaufsformen – kurz Artikulationen – normativ mit in pädagogische Prozesse eingebracht wird, aber dort gleichzeitig auch situativ entsteht, ist eine andersartige Perspektive auf Zeit erforderlich, die den Blick für eine aufeinander bezogene Hervorbringung und eine Vereinbarkeit unterschiedlicher Zeitstrukturen schärft. Statt als Problem müssen verschiedene Zeitordnungen in ihrer Bedeutung für die Ermöglichung von Lernen und darauf bezogenem Lehren betrachtet werden. Die Operative Pädagogik (Prange, 2005) bietet diesbezüglich einen theoretischen Ansatz, der Zeitlichkeit als zentrales Element von Bildungsprozessen verankert. Gerade die Verbindung von objektiver Zeit und individueller, subjektiver Zeit-

---

2 So stellt Geißler die bürokratische Zeitlogik als Organisationsprinzip von Bildung heraus. Diese folgt „dem Zeitmuster des Taktes, nicht des Rhythmus […] Linearität, Berechenbarkeit, Pünktlichkeit und die Schrittfolge des Eins-nach-dem-anderen sind Kennzeichen dieser Zeitlogik" (Geißler, 2008, S. 148). Als organisatorische Rahmung von Bildungsprozessen sei diese Logik zwar sinnvoll, doch muss sie „sensibel mit der rhythmischen Zeitlogik des Bildungsvorgangs abgestimmt und koordiniert werden" (Geißler, 2008, S. 149). Damit ist unter anderem die Chronobiologie der Lernenden und Lehrenden gemeint.

dynamik als eine Synchronisationsleistung auf mikrodidaktischer Ebene ist es, welche dort als entscheidendes Moment die Lehr-Lern-Situation konstituiert.

Die Theorie des Zeigens von Prange (Prange, 2005) integriert eine differenzierte Konzeption von Temporalität, die unter zeitdidaktischen Gesichtspunkten hoch relevant ist. Im Folgenden wird der Ansatz vorgestellt und diskutiert (1). Anschliessend wird der darin bedeutsame Begriff der zeitlichen Synchronisation des Lehrens und Lernens dahingehend untersucht, inwiefern er ein pädagogisches Problem in Bildungssituationen darstellt, das sich auf objektive und subjektive Zeitlogiken bezieht. Hierzu werden Ergebnisse einer empirischen Untersuchung vorgestellt, welche die Bedeutung einer auch immer wieder asynchronen Vielfalt von Zeitstrukturen jenseits der Dualität von objektiver und subjektiver Zeit betonen und somit Erweiterungen zum theoretischen Modell Pranges anbieten (2). Abschließend wird die Bedeutung von Asynchronizität für das Lernen aufgezeigt sowie auf mögliche Perspektiven für weitere (empirische) Forschung auf dem Weg zu einer didaktischen Zeittheorie verwiesen (3).

1 Das temporaltheoretische Modell des Zeigens in der operativen Pädagogik

In Pranges Theorie des Zeigens (2005) wird Zeit als strukturierendes Prinzip für die Verbindung von Lehren und Lernen rekonstruiert. Beim Erziehen und Lernen geht es primär um Zeitverhältnisse (vgl. Prange, 1996, S. 156), und zwar in ihrer grundlegenden operativen und damit auch technologischen Bedeutung für Bildungsprozesse. In einer phänomenologischen Analyse wird das ‚Zeigen' als basale Grundoperation der Erziehung, respektive jeglichen pädagogischen Handelns, herausgearbeitet und von anderen Operationsmodi abgegrenzt. Das *pädagogische* Zeigen muss sich in seiner jeweiligen Ausformung immer auf ein mögliches Lernen beziehen und diese Bezugnahme ist im Kern zeitlicher Natur. Dies wird mit den Begriffen der Artikulation und Synchronisation ausgedrückt. Die Artikulation[3] als eine Verzeitigung des Zeigens bedeutet „einem anderen etwas in Zeit so zeigen, es gewissermaßen ‚zeitigen', damit sich ihm Sachverhalte so zeigen, dass er sie selber wieder zeigen kann" (Prange, 2005, S. 73). Artikulation ist eine Gliederung des Zeigens derart, dass Themen und Personen über Zeit in ein bestimmtes Verhältnis gesetzt werden, welches am Lernen-Können orientiert ist (vgl. Prange, 2005, S. 74). Prange weist explizit darauf hin, dass jegliche Lehr-Lern-Prozesse durch Artikulationen gekennzeichnet

---

3 Prange greift Herbarts Begriff der Artikulation „als Gliederung des Unterrichts zum Zwecke der Deutlichkeit" auf (Prange, 2009a, S. 49).

sind, ob diese deutlich hervortreten oder nicht: „Wie auch immer und was auch immer unterrichtlich thematisiert wird, es geht nicht ohne Artikulation" (Prange, 2009a, S. 49), denn diese ‚inszeniert' das zu Lernende zu allererst.[4] Das ‚artikulierte Zeigen' macht den Lerngegenstand so schrittweise zugänglich, er entfaltet sich in einem zeitlichen Nacheinander. Die zeitliche Logik, in der dies geschieht, nennt Prange *Datenzeit* und unterscheidet davon die Zeit, in der sich das Lernen konstituiert – die *Modalzeit*. Die Datenzeit ist charakterisiert durch ihre ablaufende Logik: eine sich nacheinander organisierende Abfolge von Ereignissen, denen – beispielsweise mit der Uhr – messbare Zeitpunkte zugeordnet sind. Datenzeitliche Ereignisse gliedern sich nach den Prinzipien des ‚früher und später' oder auch ‚vorher und danach' (Prange, 2005, S. 113). Die Abfolge der Zeitpunkte und damit auch der Ereignisse ist irreversibel. Hierdurch wird ein Sachverhalt gegliedert, nach und nach zugänglich gemacht (Prange, 1996, S. 143).

Obgleich das Zeigen in seiner Zeitlichkeit immer auf das Lernen bezogen bleibt, denn nur dadurch erhält es seine pädagogische Qualität, ist das Lernen dem Zeigen prinzipiell unverfügbar. Das Zeigen kann das Lernen nicht „als direktes Bewirken nach Art mechanischer Kausalität" hervorrufen (Prange, 2009b, S. 34), sondern bleibt operativ verschieden. Die Tatsache, dass Lernen und Zeigen zwei unterschiedliche Operationen sind, bezeichnet Prange als „pädagogische Differenz" (Prange, 2005, S. 92), welche konstitutiv für alle Lehr-Lern-Prozesse ist. *Die pädagogische Differenz ist im Kern eine temporale Differenz*, die sich in der Unterscheidung von Datenzeit des Zeigens und Modalzeit des Lernens ausdrückt. Das Wahrnehmen, die subjektive Erfahrung und das Lernen formieren sich nicht im Nacheinander, sondern im zeitlichen Nebeneinander von Gegenwarts-, Vergangenheits- und Zukunftsbezügen. Modalzeit „ist […] der Horizont oder Modus, den wir gewissermaßen immer mitnehmen und innerhalb dem uns Zeitunterschiede erscheinen: ‚heute' oder ‚jetzt' ist immer genauso ‚gestern' oder ‚morgen' […] Sie gehört zum Menschen und macht den Modus aus, innerhalb dessen uns Ereignisse begegnen" (Prange, 1978, S. 53).

Die Modalzeit arbeitet Prange unter Rückgriff auf die zeitphilosophischen Ansätze Heideggers und Schmitz' aus. Heidegger identifiziert die Temporalität des menschlichen Daseins als einen individuellen Entwurf auf die eigene Zukunft hin und als ein Zurücklaufen von dort zum gegenwärtigen praktisch-alltäglichen Weltumgang (Heidegger, 1995, S. 18f.). Zeitlichkeit bei Heidegger entsteht im *Dasein* selbst durch eine rück- und vorlaufende Bewegung, die als „Gegenwärtigung" (Heidegger, 2001, 326) sowohl Zukunft als auch Gewesen-

---

4   Auch der offene Unterricht ist artikuliert, „sonst ist er gar kein Unterricht, sondern ein anderes Sprachspiel" (Prange, 2009a), S. 49).

heit vereint. Diese Vereinigung in der zeitlichen Bewegung ist bedeutsam für Denken und Lernen. Modale Zeitlichkeit entsteht nach Prange durch die zirkuläre Struktur des Erlebens eines aktuell Wirklichen als Gegenwart, eines jetzt schon Gegebenen als Vergangenheit und eines noch nicht Gegenwärtigen als Zukunft, aber zukünftig Möglichen.

Schmitz prägt den Begriff der „reinen Modalzeit" (Schmitz, 1997, S. 167) und meint damit die ursprüngliche Zeiterfahrung, welche durch den Einfall von Neuem in die Gegenwart und das dadurch entstehende Gefälle, die Trennung und das Absinken des Bisherigen in die Vergangenheit, gekennzeichnet ist. Im Zusammenhang mit Pranges Modalzeit ist die „modale Lagezeit" (Schmitz, 1997, S. 170) bei Schmitz relevant: das modale Zeiterleben drückt sich im Wahrnehmen von oder Erinnern an Gegebenes, im Antizipieren von zukünftig Möglichem und der Erfahrung von aktuell Wirklichem aus. In der modalen Lagezeit wird dieses dimensionalisiert und damit werden Ereignisse bestimmbar als das, was *früher (schon jetzt)* ist und *später (noch nicht)* ist. Diese Zeit charakterisiert den Modus menschlichen Zeiterlebens, der somit für Lehr-Lernzusammenhänge maßgebend ist.

Die Zeitlogik des Lernens spannt ebenso Erinnerungen als rückgreifenden Vergangenheitsbezug, als eine vergegenwärtigte Vergangenheit, wie auch Erwartungen als vorgreifenden Zukunftsbezug, als eine vergegenwärtigte Zukunft auf. Lernen wird nun von Prange (Prange, 2005, S. 118) als ein zeitlich rücklaufender Vorgriff bestimmt. Etwas Neues, noch Zukünftiges, wird nur im Horizont von bereits Gewusstem, schon Bekanntem, gelernt. Das Zeigen stellt hierzu die komplementäre Gegenbewegung dar: den vorlaufenden Rückgriff. Das Gezeigte setzt in der *Zukunft* des Lernenden an und geht von da aus rückwärts, „damit es in die Gegenwart des Lernenden gerückt werden kann" (Prange, 1999, S. 310). Hierbei folgt es der datenzeitlichen Logik und geht Schritt für Schritt vorwärts, während das Lernen als produktiver Akt in der Gegenwart gleichsam die Verbindung von Zukunft und Vergangenheit nebeneinander leistet. Zeigen und Lernen sind damit zwei gegenläufige Bewegungen, gekennzeichnet durch differente Temporallogiken, welche ihre Differenz punktuell durch Synchronisation überwinden können. Hier tritt bei Prange das Zeigen stark in den Vordergrund, denn gerade durch seine datenzeitliche Verzeitigung in der Artikulation ist es möglich, das Lernen zu treffen und in es einzugreifen (Prange, 2005, S. 119), indem es sich in seiner zeitlichen Organisation an der Modalzeit orientiert. Die datenzeitliche Artikulation hat somit eine bedeutsame Funktion, weil erst durch sie das Lernen getroffen werden kann. Sie ist die zeitliche Brücke zwischen Zeigen und Lernen, und von ihren zeitlichen Eigenschaften hängt es ab, wie die beiden zusammenkommen können (Prange, 2005, S. 109). Die *Synchronisation* ist dann das *zeitliche Koinzidieren* von Daten- und Modalzeit, wenn das datenzeitliche Zeigen sich an der zirkulären Struktur des modalzeitlichen Lernens derart orientiert, dass es nacheinander das entfaltet, was als Zukunft antizipierbar ist, und an das anschlussfähig macht, was als Vergangenheit bewusst gemacht werden kann.

Eine Stärke dieses theoretischen Modells liegt unter anderem darin, dass die beiden für das Lernen maßgeblichen Zeiten – Daten- und Modalzeit als objektive und subjektive Zeitlogiken nicht als primär inkompatibel verstanden werden. Sie werden vielmehr als komplementär und als direkt aufeinander bezogen entworfen. Damit wird für jegliche Art von Lehr-Lern-Prozessen, seien diese durch Frontalunterricht oder durch Selbststeuerung gekennzeichnet, die Möglichkeit der zeitlichen Passung, der Synchronisation, nicht grundlegend negiert, sondern kontinuierlich neu eröffnet. Die Verbindung des Lehrens mit dem Lernen ist in erster Linie durch Zeitlichkeit charakterisiert. Diese steht vorrangig vor Inhaltlichkeit und Sozialität. Synchronisation ist die Aufgabe, vor die Lehren gestellt wird, und Artikulation – als operativer Umgang mit Zeit im Zeigen – ist die Strategie, mit der sie versucht wird zu ermöglichen. „So gesehen kann man das Zusammenspiel von Zeigen und Lernen als ein Problem der Synchronisation auffassen, bei der prinzipiell von der Asymmetrie zwischen dem Zeiterleben des Lernens und der Zeitorganisation des Zeigens auszugehen ist" (Prange, 1996, S. 144).

Synchronisation ist in Pranges Theorie auf die zwei Zeitlogiken des Zeigens und des Lernens bezogen. Dies ist zwar eine sehr differenzierte, aber gleichzeitig eine vereinfachende Darstellung angesichts der vielfach vorhandenen Modalzeiten in den Eigenzeiten der Lernenden und auch Lehrenden. Die tatsächliche zeitliche Komplexität einer unterrichtlichen Bildungssituation wird hierdurch kaum abgedeckt. Hinzu kommen die starke Betonung des Einflusses des Zeigens und eine damit einhergehende Rekonstruktion des Lernens als eher Geschehen, dem das Zeigen gewissermaßen ‚widerfährt'. Die aktive zeitliche Organisation der Lernenden auf das Gezeigte hin wird nicht explizit aufgegriffen, obwohl dies in der Modalzeit strukturell bereits angelegt ist. Die Zeitlichkeit des Zeigens und jene des Lernens sollten in ihrer Verschränkung als in gleichem Maße konstitutiv für das Zustandekommen von Synchronisation erachtet werden.

Letztlich bleibt Synchronisation unscharf, denn wenn Lehren und Lernen zwei verschieden-zeitliche Operationen sind, ist fraglich, ob es sich bei ihrer Synchronisierung um ein „ineinander greifen", ein „sich ineinander verwandeln, […] gleichsam vermählen", handelt oder um ein bestehen bleiben als Verschiedene (Prange, 2005, S. 108). Auch hier erscheint die Modalzeit als etwas ontisch-gegebenes und subjektiv Vorhandenes, was in einer bestimmten Weise vor dem Lernprozess besteht, in diesen einbezogen wird und darin wiederum im Synchronisationsmoment in Interaktion mit der Datenzeit eintritt, um sich schließlich wieder zu lösen.[5] Damit erscheint Modalzeit gewissermaßen als a priori. Wahrscheinlicher aber ist es, dass es sich bei der Ausformung von Modal- und Datenzeit um interdependente Hervorbringungen handelt.

Im folgenden Abschnitt werden die Ergebnisse einer empirischen Untersuchung (Berdelmann, 2010) zusammengefasst, die das Ziel hatte, Synchronisation im Anschluss an Pranges Theorie des Zeigens zu explizieren und ein erweitertes Modell zum Verständnis von Zeitlichkeit in Lehr-Lern-Prozessen anzubieten.

2 Ein erweitertes Modell der Synchronisation und Asynchronisation

Mit dem Begriff der *Synchronisation* wird ein spezifischer Ausschnitt des zeitlichen Ineinanders von Lehren und Lernen fokussiert. Vor dem Hintergrund der bestehenden Theoriebildung sollte dieser in der qualitativen Studie theoretisch und empirisch ausgearbeitet werden.[6] Leitend war unter anderem die Frage, was in unterrichtlichen Lehr-Lern-Prozessen faktisch synchronisiert werden kann. Dies ist die Frage nach identifizierbaren Aspekten und Strukturen von Zeit sowie deren Gegenüberstellung zu dem theoretischen Konzept der Daten- und Modalzeit. Weiterhin wurde untersucht, wie sich Synchronisation ausformt, in welchen Formen sie sich manifestieren kann. Eine Frage dabei war, wie genau spezifische Zeitlichkeiten aufeinandertreffen und sich abstimmen, sowie hinsichtlich welcher zeitlicher Parameter eine Divergenz entstehen kann, wenn keine Synchronisation stattfindet.

Die genauere Analyse der das Lehren und Lernen strukturierenden unterschiedlichen Zeitlogiken der Datenzeit und Modalzeit führte zu weiteren Differenzierungen dieser Zeiten, die Lehr-Lern-Prozesse als ein komplexes Gefüge verschiedener ineinander verschränkter zeitlicher Strukturen erscheinen lassen. Pranges Synchronisationsbegriff legt ein erstes grundlegendes zeitliches Verständnis der pädagogischen Situation nahe, das datenzeitliche Organisation des Zeigens und modalzeitliche Organisation des Lernens als nur zwei zunächst gegensätzlich erscheinende zeitliche Vorgänge voraussetzt. In empirischer Beobachtung ließen sich jedoch zeitliche Strukturen identifizieren, die nicht ohne weiteres in den ursprünglichen theoretischen Rahmen eingefügt werden konnten, d.h. die Zeitstrukturen spannen sich in einem Feld auf, welches über die

---

5   „So gesehen lässt sich Erziehung als Synchronisation und Symmetrisierung zweier Zeitgestalten, der des Zeigens und der des Lernens, bestimmen" (Prange, 1996, S. 146).
6   Zum empirischen Forschungsdesign vgl. Berdelmann (2010, S. 47ff.)

Differenzierung von objektiver und subjektiver Zeit hinausgeht und, so wurde gezeigt, verhalten sich dort in relativer zeitlicher Koordination zueinander. Es handelt sich um:

- die faktisch realisierte Zeitstruktur des Unterrichtsablaufs (Interaktionszeit)
- die durch den Dozierenden angenommene und geplante Zeitstruktur, die sich in der Verlaufsplanzeit niederschlägt
- die chronometrische Zeit als Referenzzeit
- die Zeit des modalzeitlich verfassten Lernens

(Berdelmann, 2010, S. 68).

Die Verzeitigung des Zeigens als Artikulation des Unterrichts manifestiert sich zum einen in der Verlaufsplanzeit. Dies ist die Planung einer bestimmten zeitlichen Entfaltung des Unterrichts mit der darin enthaltenen Relationierung von Themen und Personen. In anderen Worten ist dies der Verlaufsplan, sei er detailliert und ausführlich oder nur in groben Vorstellungen existent.[7] Er folgt einer datenzeitlichen Logik. Zum anderen beeinflusst diese geplante Artikulation in der Verlaufsplanzeit den eigentlichen Ablauf des Unterrichts, welcher sich dann anders – während des Unterrichts entstehend – in der Interaktionszeit ausdrückt. Es entwickelt sich eine spezifisch ausgeprägte Zeitstruktur auf emergenter Ebene *während* des Unterrichtsablaufs. Diese *Interaktionszeit* entsteht unter Beitrag anderer zeitlicher Dynamiken: der chronometrischen Zeit, welche die immer wieder als Referenz herangezogene Uhrzeit darstellt und ebenfalls einer datenzeitlichen Logik folgt, sowie in erheblichem Maße unter Beitrag der Modalzeiten der Lernenden, welche über die Kommunikation die Ausformung der zeitlichen Dynamik der Interaktionszeit beeinflussen. Durch modalzeitliche Erwartungen über bestimmte Abläufe und Tempi des Voranschreitens beispielsweise, kann der faktische zeitliche Unterrichtsverlauf stark von der Verlaufsplanzeit divergieren, dafür aber an akute modalzeitliche Bedürfnisse angepasst werden. Auch die chronometrische Zeit kann eine wichtige Einflussgröße bezüglich der Ausformung der Interaktionszeit sein.

---

7   Der Verlaufsplan ist ein wichtiges Instrument, um in beiden Phasen einen (a-)synchronisationsbezogenen Umgang mit Zeit zu ermöglichen. Neben spontan-flexiblen Bedürfnisabstimmungen mit den Lernzeiten finden sich Formen routinierten Umgangs mit Zeit. Über die strukturierende Einflussnahme auf die Kommunikation versucht der Dozierende dabei, die zeitliche Entfaltung des Unterrichts den Lernerfordernissen angepasst zu artikulieren. Dies erfolgt nicht nur über eher routinierte Interaktionsmuster, sondern auch als situativ-flexibles Reagieren auf auftretende Zeiterfordernisse während des Unterrichts. Die Wahrnehmung von modalzeitlichen Bedürfnissen durch den Dozierenden über die Kommunikation erweist sich dabei als wichtige Voraussetzung für sich operativ am Lernen anpassenden Unterricht (vgl. dazu detaillierter Berdelmann, 2010, S. 182ff.).

Datenzeit formiert sich danach nicht als nur eine klar definierbare und abgrenzbare Zeitordnung, sondern datenzeitliche Logiken zeigen sich in unterschiedlichen, heterogenen Prozessen, die Anteil an einer eigens entstehenden Zeitlichkeit des Lehr-Lern-Prozesses haben. Auch wurden über die Befragung von Lernenden Hinweise auf die subjektive Erfahrung von Zeitlichkeit gewonnen, die sich als modalzeitlich rekonstruieren ließen. Doch es handelt sich in (fast) jedem Unterricht nicht um *eine* zeitlich homogene Lernbewegung, sondern um eine Vielzahl von individuellen und höchst unterschiedlichen Lernbewegungen, die als Modalzeiten zur Interaktionszeit beitragen.

Wie verbinden sich diese unterschiedlichen zeitlichen Prozesse und Strukturen der Lehr-Lernsituation nun miteinander? Trotz aller Unterschiedlichkeit zeigen sich strukturelle Äquivalenzen in den Zeitordnungen. Im Zusammenhang mit der Frage nach der Art der Abstimmung, respektive des synchronisierenden Moments dieser Zeitordnungen, können verschiedene zeitliche Dimensionen beschrieben werden, die sich in allen identifizierten zeitlichen Strukturen abbilden lassen. Insgesamt *vier unterschiedliche zeitliche Dimensionen (oder Charakteristika beziehungsweise Modalitäten der Zeit)* lassen sich identifizieren: Abfolge, Ausdehnung, Geschwindigkeit und zeitlicher Inhaltsbezug. Über diese zeitlichen Dimensionen können Interaktionszeit und Modalzeit relationiert werden.(vgl. dazu detaillierter Berdelmann, 2010, S. 106f.).

- *Dimension der Abfolge*: In datenzeitlichen Logiken wird der Unterrichtsgegenstand in einer Reihenfolge entfaltet, die die einzelnen Elemente in bestimmter Weise im Verhältnis zum Verstehen-Können und Lernen-Können platziert.

- *Dimension der Ausdehnung*: Dies geschieht zudem mit einer gewissen zeitlichen Ausdehnung, die untergliedert ist in Phasen, welche eine relative Detailliertheit der Thematisierung des Unterrichtsgegenstands mit sich bringen.

- *Dimension der Geschwindigkeit*: Die Anzahl und Positionierung von Übergängen in neue Phasen gibt dabei die *Geschwindigkeit* an, in der vorangeschritten wird.

- *Dimension des Inhaltsbezugs:* Innerhalb dieser datenzeitlichen Bewegung finden Wiederholungen statt und Vorgriffe, die dem einzelnen Ereignis, der Thematisierung des Lerngegenstandes, einen spezifischen zeitlichen Bezug in Relation zu Zukünftigem, Möglichem, respektive zu Vergangenem und bereits Gewesenem geben.

Für die modalzeitlichen Lernbewegungen und ihre Synchronisation mit der datenzeitlichen Interaktionszeit ist ein kritischer Faktor,

- *Dimension der Abfolge*: *Wann* etwas thematisch wird.[8]

- *Dimension der Ausdehnung*: *Wie lange*, mit welcher zeitlichen Ausdehnung.

- *Dimension der Geschwindigkeit*: In welchem *Tempo* dies geschieht.

- *Dimension des Inhaltsbezugs:* Ob es eine Orientierung in Richtung *Zukunft und Vergangenheit* des Lernenden besitzt, ob es etwas Neues für ihn bedeutet oder eine Wiederholung ist.

Diese Dimensionen der Reihenfolge, Ausdehnung, Geschwindigkeit und des Inhalts können als zeitliche Kerndimensionen bezeichnet werden, welche die zeitliche Form konstituieren, die im Zeigen und im Lernen entfaltet wird. Über sie kann Synchronisation beobachtbar werden, da sie Kategorien sind, in denen sich das Treffen oder Nicht-Treffen von Lehren und Lernen formulieren lässt. Anhand dieser Dimensionen erscheint Synchronisation zudem nun als graduelles Geschehen, da sie in sich differenziert beschreibbar wird – als zeitliches Ineinander einzelner Dimensionen. Beispielsweise kann ein Lernender den Aufbau eines Unterrichtsblocks (Dimension der Abfolge) als angemessen wahrnehmen, das Tempo des Voranschreitens jedoch als zu langsam oder auch zu schnell (Dimension der Geschwindigkeit), weil ihm bestimmte Thematiken bereits bekannt respektive zu neuartig oder fremd sind (Dimension des Inhaltsbezugs), so dass er schneller oder langsamer vorangehen möchte. Syn-chronisation bedeutet so eine *partielle Übereinstimmung der zeitlichen Dynamiken* des Lernens in der Modalzeit und jener Zeitlichkeit des Unterrichts, der Interaktionszeit.

Wenn Synchronisation in dieser Weise abgestuft ist, impliziert sie auch die Rückseite, die (partielle) *Asynchronisation*. Synchronisation kann nicht als absolute Übereinstimmung gedacht sein, sondern kommt zumeist gleichzeitig mit Asynchronisation vor, welche als „Nicht-Synchronisation" – dann aber nicht als hinderlich für das Lernen – verstanden werden kann. Ebenso wie bei Synchronisation lassen sich vielmehr verschiedene Formen als graduelle Abstufungen der Asynchronisation unterscheiden. Es scheint, dass Synchronisation und Asynchronisaton gewissermaßen miteinander verwoben auftreten, sogar gleichzeitig möglich sind und sich auf einem Kontinuum darstellen lassen, welches an seinen Polen die vollständige Synchronisation respektive Asynchronisation positioniert (vgl. Abbildung 1).

---

8   Unter anderem betrifft dies die Frage nach dem Kairos (vgl. dazu Copei (1950) zum „fruchtbaren Moment im Bildungsprozess", aber auch schon Rousseau zum Aufbau von Emils Erfahrungen (1995) und Meyer-Drawe (2007)).

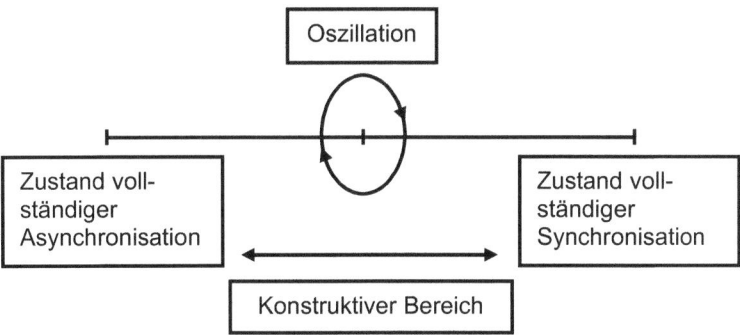

Abb. 1: (A-)Synchronisationskontinuum (Quelle: Berdelmann 2010)

Im Zwischenraum finden sich spezifische Ausformungen von Synchronisation und Asynchronisation, die von Lernenden als produktiv oder unproduktiv für ihren Lernprozess wahrgenommen werden. Empirisch lassen sich produktive Formen der Asynchronisation sowie unproduktive Formen der Synchronisation beschreiben,. Es gibt also auch Formen der Synchronisation, die von den Lernenden als problematisch empfunden werden. Der Übergang zwischen Synchronisation und Asynchronisation ist fließend, eine generell und kontinuierlich bestehende Verbindung zwischen Interaktions- und Modalzeiten kaum möglich. Stattdessen (ent)koppeln sich die Zeiten immer wieder von neuem. Das Potenzial von konstruktiver Synchronisation liegt vor allem in dieser Oszillation mit konstruktiver Asynchronisation.[9] Durch eine temporäre Abkopplung von datenzeitlichen Dynamiken wird es möglich, dass Lernende – ganz im Sinne von Pranges *rücklaufender Vorwärtsbewegung* – im temporaltheoretisch gesprochen: individuellen modalzeitlichen Horizont die Synthese von Vergangenheits- und Zukunftsbezügen vornehmen (vgl. dazu detaillierter Berdelmann, 2010, S. 148ff.). Das Konzept der Synchronisation wird durch den Begriff der Asynchronisation erweitert und Synchronisation als oszillierend zu Asynchronisation verstanden, wobei hinsichtlich der Ermöglichung von Lernprozessen zwischen problematischer und konstruktiver (A-)Synchronisation unterschieden wird. Als *problematische Synchronisation* wird eine modalzeitlich zu enge Anbindung an

---

9 Als Beispiel kann folgende Aussage eines Lernenden stehen: „Was ich schon gemerkt habe, aber ich halte das eher für produktiv, dass gedanklich ich doch immer wieder auch auf meine eigenen Sachen zurück gekommen bin, wenn bestimmte Dinge genannt worden sind. So kurze Phasen mal gewesen sind, wo ich dann überlegt habe: wie war das denn bei dem Interview gewesen und bei dem, und passt das da drauf? Und dann hab ich dann ein bisschen was für mich dann gedanklich irgendwie durchgespielt, während natürlich hier alles weiterging. Das ist ganz klar und dann muss man dann irgendwann wieder einsteigen. Aber das ist ja eher produktiv" (aus Datenauszug INT TN 3, Z. 397-408).

datenzeitliche Logiken erfahren, beispielsweise ein starres Festhalten an den normativen Vorgaben der Verlaufsplanzeit durch den Lehrenden und der Versuch, diese direkt, ohne modalzeitlich auftretenden Veränderungserfordernissen zu beachten, interaktionszeitlich umzusetzen.[10]

Abschließend sei noch die Frage der synchronisationsbezogenen Aktivität der Lernenden aufgegriffen. Für die modalzeitliche Organisation und das Erleben der Interaktionszeit ist der ‚Hintergrund' der Teilnehmenden bedeutungsvoll, insbesondere ihre Lernziele, ihr Vorwissen und ihre Erwartungen. Die Lernenden beherrschen Strategien des Umgangs mit Zeit, mit denen sie über die Kommunikation die Interaktion in ihrer zeitlichen Entfaltung gemäß modalzeitlichen Bedürfnissen beeinflussen können. Umgekehrt beherrschen sie auch Methoden, um eigene modalzeitliche Organisation an die Interaktionszeit anzupassen. Die Lernenden haben folglich nicht nur ein Zeit*erleben*, sondern auch ein Zeit*handeln*, das heißt eine bewusste und aktive Zeitorganisation (vgl. dazu detaillierter Berdelmann, 2010, S. 166ff.). Weil modalzeitliche Erfahrung erst in Verschränkung mit der Ausformung der Interaktionszeit entsteht, zu welcher sie gleichzeitig beiträgt, kann auch das Zeiterleben und Zeithandeln der Lernenden nicht vollständig auf bestimmte feste, natürliche (a priori gegebene) zeitliche Bedürfnisse ihrer Modalzeit zurückgeführt werden, die nach einer bestimmten Zeitlichkeit des Unterrichts verlangen.

3   Schlussbemerkung

Nach Prange geht es beim Erziehen und Lernen primär um Zeitverhältnisse (Prange, 1996, S. 146), doch die zeitliche Komplexität, in denen sich Lehren und Lernen vollziehen, sind nicht zu unterschätzen. Die Perspektive, mit der die Temporalität von Lehren und Lernen mikrodidaktisch und analytisch betrachtet werden kann, wurde mit dem Modell der Synchronisation ausformuliert und erweitert.

Die Begriffe der Artikulation, Synchronisation und Asynchronisation mit ihren jeweiligen Differenzierungen bieten Planungs- und Reflektionskategorien

---

10 Ein Beispiel hierfür ist die Aussage einer Lernenden: „aber Diskussionen liefen immer über ihn, Diskussionen liefen nie direkt jetzt im Raum. Und zum Beispiel mit dem Melden und Aufrufen: Also er war schon derjenige, der bestimmt hat, wann was gesagt worden ist. Und ich empfand die Gruppe so diszipliniert. […] mir hat im Unterricht so direkte Interaktion zwischen den Teilnehmern ein bisschen gefehlt. Also eine lebendige Diskussion. […] Also ich hätte es für mich persönlich besser gefunden, dass es dann nicht immer über ihn gelaufen wär um dann die Diskussion, auch die Eigendynamik so ein bisschen zu erhalten und zu gucken, welche Aspekte sind auch den anderen wichtig […]" (Datenauszug INT TN 2, Z. 480-495).

an, welche über rein pragmatische Fragen des effektiven Zeitmanagements oder der didaktischen Plan-/Gestaltbarkeit hinausgehen, und welche nicht an die Vorstellungen einer immer anzustrebenden synchronisierenden Anpassung von subjektiver und objektiver Zeit anschließen, wie dies beispielsweise zum Teil im Zusammenhang mit Entschleunigung gefordert wird, wenn es darum geht, dass die didaktischen Zeitstrukturen an die Eigenzeit der Lernenden angepasst werden sollen. Gerade weil die unterrichtlichen Zeitlogiken divergieren und produktive Asynchronisation entstehen kann, ist Lernen möglich. Es geht also nicht um Synchronisation in erster Linie, sondern zugleich um immer wieder herzustellende Asynchronisation anstatt um Überwindung dieser. Vielmehr muss auch das Bestehenbleiben, das Akzeptieren und Fördern zeitlich divergierender Prozesse und Strukturen der Unterstützung von Lernen zugerechnet werden.

Im Zusammenhang mit einer Zeittheorie der Didaktik, die Teil einer Zeitpädagogik sein kann, ergeben sich weitere Fragen als Perspektiven vertiefender empirischer Untersuchungen. Um nicht nur formal organisierte Lehr-Lern-Situationen, sondern auch andere Varianten des Lernens, beispielsweise selbstgesteuertes oder auch virtuelles Lernen, mit diesem Modell greifen zu können, ist es notwendig, die zeitlichen Verhältnisse zu erforschen, in denen sich Lehren und Lernen in anderen Kontexten pädagogischer Interaktion ausformen, ermöglichen sowie begrenzen. Es ist davon auszugehen, dass dort eigene Formen von Synchronisation und Asynchronisation generiert werden sowie andere Umgangsformen mit Zeit durch die Akteuere entstehen, jedoch auch kontextübergreifende Formen gefunden werden können. Hierbei könnte es ein entscheidender Faktor sein, ob es sich beispielsweise um erwachsene, jugendliche oder sehr junge Lernende handelt, deren Zeithandeln nicht zuletzt aufgrund der Rollenverteilungen in den jeweiligen Bildungssituationen variiert.

Literatur

Berdelmann, K. (2010). *Operieren mit Zeit. Empirie und Theorie von Zeitstrukturen in Lehr-Lern-Prozessen.* Paderborn: Schöningh.

Berdelmann, K. (2011). Rezension von: Schönbächler, M.-T. et al. (Hrsg.). (2010). Die Zeit der Pädagogik. Zeitperspektiven im erziehungswissenschaftlichen Diskurs. Bern: Haupt Verlag. In: *EWR 10*, Nr. 5 (Veröffentlicht am 04.10.2011), URL: http://www.klinkhardt.de/ewr/978325807537.html.

Copei, F.(1950): *Der fruchtbare Moment im Bildungsprozess.* Heidelberg.

Danner, D. (2008). Lineare Zeit oder Eigenzeit? Ein Vergleich zweier Grundschulen. In Zeiher, H. & Schroeder, S. (Hrsg.), *Schulzeiten, Lernzeiten, Lebenszeiten. Pädagogische Konsequenzen und zeitpolitische Perspektiven schulischer Zeitordnungen* (S. 111–123). Weinheim: Juventa.

Drews, U. (2008). *Zeit in Schule und Unterricht. Souverän im Umgang mit Zeit.* Weinheim und Basel: Beltz.

Edelstein, W. (2008). Entwicklungszeit, soziale Zeitvoraussetzung der Schüler und das schulische Zeitregime. In Zeiher, H. & Schroeder, S. (Hrsg.), *Schulzeiten, Lernzeiten, Lebenszeiten. Pädagogische Konsequenzen und zeitpolitische Perspektiven schulischer Zeitordnungen* (S. 41–45). Weinheim: Juventa.

Geißler, K.-H. (1997). *Zeit leben. Vom Hasten und Rasten, Arbeiten und Lernen, Leben und Sterben.* Weinheim: Juventa.

Geißler, K.-H. (2008). Zeitbalancen im Schulbetrieb. In Zeiher, H. & Schroeder, S. (Hrsg.), *Schulzeiten, Lernzeiten, Lebenszeiten. Pädagogische Konsequenzen und zeitpolitische Perspektiven schulischer Zeitordnungen* (S. 143–153). Weinheim: Juventa.

Heidegger, M. (1995). *Der Begriff der Zeit.* Vortrag vor der Marburger Theologenschaft, Juli 1924. Tübingen: Niemeyer.

Heidegger, M. (2001). *Sein und Zeit.* Tübingen: Niemeyer.

Heuwinkel, L. (2008). Zeitkompetenz und Zeitwohlstand als Unterrichtsinhalte. In Zeiher, H. & Schroeder, S. (Hrsg.), *Schulzeiten, Lernzeiten, Lebenszeiten. Pädagogische Konsequenzen und zeitpolitische Perspektiven schulischer Zeitordnungen* (S. 93–101). Weinheim: Juventa.

Leu, H.-R. (2008). Früher, schneller, besser? Grenzen der Instrumentalisierung frühkindlichen Lernens. In Zeiher, H. & Schroeder, S. (Hrsg.), *Schulzeiten, Lernzeiten, Lebenszeiten. Pädagogische Konsequenzen und zeitpolitische Perspektiven schulischer Zeitordnungen* (S. 45–57). Weinheim: Juventa.

Meyer-Drawe, K.(2007): Kairos. Über die Kunst des rechten Augenblicks. *Vierteljahresschrift für wissenschaftliche Pädagogik, 83* (2), 241-252.

Prange, K. (1978). *Der pädagogische Aufbau der Erfahrung.* Stuttgart: Klett-Cotta.

Prange, K. (1996). Übergänge – zum Verhältnis von Erziehen und Lernen. In Borelli, M. & Ruhloff, J. (Hrsg.), *Deutsche Gegenwartspädagogik* (S. 136–147). Hohengehren: Schneider.

Prange, K. (1999). Der Zeitaspekt des Formproblems in der Erziehung. *Zeitschrift für Pädagogik, 3,* 301–312.

Prange, K. (2005). *Die Zeigestruktur der Erziehung. Grundriss der Operativen Pädagogik.* Paderborn: Schöningh.

Prange, K. (2009a). Zeit in Zeit. Über das Verhältnis von Unterrichtszeit und gelebter Zeit. In Protner, E. (Hrsg.), *Pedagogical concepts between past and the future* (S. 43–52). Frankfurt a. M.: Peter Lang.

Prange, K. (2009b). Warum operativ? Zur Begründung der operativen Pädagogik. In Berdelmann, K. & Fuhr, T. (Hrsg.), *Operative Pädagogik. Grundlegung, Anschlüsse, Diskussion* (S. 15–29). Paderborn: Schöningh.

Rousseau, J.-J. (1995): *Emil oder Über die Erziehung.* Paderborn: Schöningh.

Rüegg, S. (2010). Flanieren und Weiterbilden. Zeitpolitik ist Weiterbildungspolitik. In Schönbächler, M.-T., Becker, R., Hollenstein, A. & Osterwalder, F. (Hrsg.), *Die Zeit der Pädagogik. Zeitperspektiven im erziehungswissenschaftlichen Diskurs* (S. 119–129). Bern: Haupt.

Schmitz, H. (1997). *Höhlengänge. Über die gegenwärtige Aufgabe der Philosophie.* Berlin: Akademieverlag.

Schraps, U. (2008). Schenkt den Familien mehr Zeit! In Zeiher, H. & Schroeder, S. (Hrsg.), *Schulzeiten, Lernzeiten, Lebenszeiten. Pädagogische Konsequenzen und zeitpolitische Perspektiven schulischer Zeitordnungen* (S. 57–63). Weinheim: Juventa.

Zeiher, H. (2008). Für eine ungewisse Zukunft lernen. In Zeiher, H. & Schroeder, S. (Hrsg.), *Schulzeiten, Lernzeiten, Lebenszeiten. Pädagogische Konsequenzen und zeitpolitische Perspektiven schulischer Zeitordnungen* (S. 31–41). Weinheim: Juventa.

Zeiher, H. & Schroeder, S. (2008*). Schulzeiten, Lernzeiten, Lebenszeiten. Pädagogische Konsequenzen und zeitpolitische Perspektiven schulischer Zeitordnungen.* Weinheim: Juventa.

Autorinnen und Autoren

Kathrin Berdelmann, Dr.; wissenschaftliche Mitarbeiterin am Institut für Erziehungswissenschaften Arbeitsbereich Allgemeine und Historische Erziehungswissenschaft, TU Berlin. Arbeitsschwerpunkte: Zeit, Raum und Materialität in Bildungsprozessen, Zeitfragen der operativen Pädagogik, Aufmerksamkeit und pädagogische Praktiken, Selbstlernarchiktekturen in der Lehrerbildung.

Andreas Dörpinghaus, Prof. Dr. phil.; Lehrstuhl für Allgemeine Erziehungswissenschaft an der Julius-Maximilians-Universität Würzburg. Arbeitsschwerpunkte: Erziehungs- und Bildungsphilosophie, Temporalphänomenologie, Kulturtheorie, Sprachphilosophie.

Peter Faulstich, Prof. Dr.; Lehrstuhl für Erwachsenenbildung und Weiterbildung an der Universität Hamburg. Vorsitzender des Arbeitskreises Universitäre Erwachsenenbildung (AUE) seit 2002, 2003-2008 der Deutschen Gesellschaft für wissenschaftliche Weiterbildung und Fernstudium (DGWF). Arbeitsschwerpunkte: Lernen Erwachsener, Aufklärung, wissenschaftliche Weiterbildung, Weiterbildungspolitik, Weiterbildende Studiengänge, u.a. „Personalwesen".

Ursula Pfeiffer, Dr. rer. soc., habil. Professur im Fach Erziehungswissenschaft an der Pädagogischen Hochschule Weingarten, Leiterin der Arbeitsstelle Schulgeschichte der PH Weingarten. Arbeitsschwerpunkte: Bildungsphilosophie, Bildungsgeschichte, Schulgeschichte, Bildung und Zeit, Wissenschaftstheorie.

Ortfried Schäffter, Prof. Dr. phil.; pensionierter Universitätsprofessor für Theorie der Weiterbildung an der Humboldt-Universität zu Berlin. Arbeitsschwerpunkte: Institutionalisierung lebenslangen Lernens in der Transformationsgesellschaft, Organisationstheorie der Weiterbildung, Lernen an Diversität und Differenz, Temporaltheoretische Deutungen lebenslangen Lernens, alltagsgebundene Lernkontexte in zivilgesellschaftlichem Engagement, Entwicklung eines Programms relationaler Weiterbildungsforschung.

Sabine Schmidt-Lauff, Prof. Dr. phil.; Lehrstuhl für Erwachsenenbildung und Weiterbildung an der Technischen Universität Chemnitz. Arbeitsschwerpunkte: Betriebliche und Berufliche Weiterbildung, Professionalisierung und Professionalität in der Erwachsenenbildung, Europäische Perspektiven der Erwachsenenbildung, Zeitfragen der Erwachsenenbildung, Temporalität und Bildung.

Ina Katharina Uphoff, Dr. phil.; Akademische Rätin am Lehrstuhl für Allgemeine Erziehungswissenschaft an der Julius-Maximilians-Universität Würzburg. Arbeitsschwerpunkte: Bildung und Musealisierung, Erziehungs- und Bildungstheorie, Konzepte der Erziehungs- und Schulreform, Historische Bildmedien: Schulische Wandbilder.

Sabine Schmidt-Lauff

Zeit für Bildung im Erwachsenenalter

Interdisziplinäre und empirische Zugänge

2008, 494 Seiten, br., € 39,90
ISBN 978-3-8309-2020-5

Es geht um Zeit als strukturbildenden Faktor und um subjektive Selbstauslegungen zur Nutzung eigener Ressourcen und individueller Prioritätensetzung für Lernzeiten unter dem Anspruch einer Wissensgesellschaft.
Ziel des Buches ist eine grundsätzliche – theoriegeleitete wie empirisch gehaltvolle – Klärung der Begriffe und Dimensionen von Zeit im pädagogischen Feld und speziell ihrer Selbstverhältnisse zur Erwachsenenbildung.

Bei der Auseinandersetzung mit Schmidt-Lauff kann man sich dem Eindruck nicht erwehren, jede Minute lohnt sich. [...] Das Buch sollte in keiner Bibliothek eines Instituts für Erziehungswissenschaften fehlen. [...] Die Arbeit der Autorin ist überdurchschnittlich gut gelungen.

Holger Böhm auf
http://www.socialnet.de/rezensionen/6888.php

WAXMANN
Münster · New York · München · Berlin